国家社会科学基金"十一五"规划教育学2007年度
"中国现当代课程问题史论"（CAA070213）研究

U0635691

国际视野中的高中技术教育
基于课程与史实的研究

马开剑◎著

科学出版社

北　京

图书在版编目（CIP）数据

国际视野中的高中技术教育：基于课程与史实的研究/马开剑著 . —北京：
科学出版社，2010.9
ISBN 978-7-03-028694-9

I. ①国… Ⅱ. ①马… Ⅲ. ①技术教育－教学研究－高中 Ⅳ. ①G633.933

中国版本图书馆 CIP 数据核字（2010）第 161845 号

责任编辑：付 艳 樊 飞/责任校对：包志虹
责任印制：赵德静 /封面设计：无极书装
编辑部电话：010-64035853
E-mail：houjunlin@mail.sciencep.com

科 学 出 版 社 出版
北京东黄城根北街 16 号
邮政编码：100717
http://www.sciencep.com

中国科学院印刷厂 印刷
科学出版社发行 各地新华书店经销
*

2010 年 9 月第 一 版 开本：B5（720×1000）
2010 年 9 月第一次印刷 印张：16
印数：1—2 500 字数：300 000

定价：45.00 元
（如有印装质量问题，我社负责调换）

序一

Preface

长期以来，在普通高中课程结构中，略带技术意味的课程，或许当属"劳动技术"。但遗憾的是，我们对"劳动技术"缺乏深刻的认识，在实践中常常是重劳动、轻技术，甚或是有劳动、无技术，这与 20 世纪 80 年代以来普遍重视技术教育的国际趋势很不合拍。在 2004 年秋季开始进行实验的现行高中课程方案中，"技术"是单独设立的八个学习领域之一，原高中课程计划中的"劳动技术"不见了。为什么要这样？什么是技术教育？它与劳动技术教育、与科学教育之间是一种什么样的关系？普通高中技术课程的内容应该是怎样的？更重要的，我们如何实施技术教育？几年过去了，这些问题在理论上仍然缺乏深入系统的研究，在实践中也不甚清楚，表现出理论研究的薄弱和实践中的茫然。

马开剑教授就是在这样的背景下，选择了我国课程研究最薄弱、课程改革实践又急需的领域——"高中技术教育"作为他的研究课题，这体现了他的学术勇气。研究这一课题，要求研究者不仅要具备全面的教育研究能力，还要具有一定的科技知识背景；更重要的，技术如此复杂，以致"横看成岭侧成峰"，当我们真正要触及这一课题的时候，才发现我们对于"什么是技术"这样最关键也最基本的问题还不是很清楚。本书创造性地从知识这一新颖的视角出发，将技术一般性地定义为直接操控或指向于操控物质材料和设备等资源、以满足人们某种需要的行动性知识；从技术教育的立场上看，又将技术广义地理解为实际做事的行动性知识。这启示我们，技术在本质上是内化于各种技术形态和载体之中、面向实际问题的解决的人的智慧与知识，这奠定了本书理论创新的基础。

　　但是，如果因为契合了课程改革实践的需要，就认为这本著作只是给我国教育部 2003 年颁布的《普通高中技术课程标准（实验）》作简单注解，那就错了。或者说，我们应该这样看，即本书所展示的，本来就是一个很值得研究的学术领域，但是此前我们对它的研究远远不够，由此彰显了此书的创新意义。本书站在国际视野的大背景下，面向我国的技术教育研究者与实践者，在对国际高中技术教育的历史发展进行透视的基础上，构建起技术教育的研究框架。在时间的跨度上，它考察了 1866 年以来 100 多年的技术教育史；从比较的视角，研究了美国、英国、苏联（俄罗斯）和我国的高中技术教育课程；在内容方面，包括基本概念辨析、中外高中技术教育发展轨迹、高中技术教育的内容领域与课程模式、技术课程实施等。借此，它给了我们许多新东西：技术与科学和而不同，并不一定是先有科学，才有技术，技术也不一定都是科学的技术；曾经的"劳动技术"折射了我国高中教育曾有的语境与思维，曾经的社会背景所导致的劳动概念的失范，不仅使"劳动教育"、"劳动技术教育"缺乏技术含量，甚至"劳动技术教育"本身就是一个很需要商榷的概念；我国的普通高中并不属于一般意义上的"基础教育"；对照国际先进水平，我国高中技术教育的课程领域还应该更广；实施高中技术课程的路径有多种，而且它完全可以与校本课程、综合实践活动课程等整合起来。……这些发现与观点，不仅给人以深刻的启迪，而且具有很强的实践指导价值。

　　一言以蔽之，本书堪称该领域近乎填补空白性的、有深度的研究成果，也为当前我国普通高中技术课程改革的理论研究和实践诊断提供了崭新的视野，它的出版将为我国高中技术课程改革送去启发与指导的"及时雨"。

　　　　　　　　　　　　　　华东师范大学终身教授　钟启泉

　　　　　　　　　　　　　　　　　2010 年 5 月 22 日

　　我对技术教育学科领域的关注，始于 1999 年，那时我正以富布莱特学者身份在美国宾夕法尼亚大学教育研究生院作访问研究。适逢美国国际技术教育协会推出了《技术素养标准：技术学习之内容》，联想到 1996 年就已经出版的第一份项目报告《面向全体美国人的技术：技术学习的原理与结构》，我意识到技术教育是一个有待挖掘的新的研究领域，也为此发表了几篇论文（见本书参考文献）。2000 年回国后，适逢基础教育课程改革刚开始启动，我欣喜地发现在教育部 2003 年发布的《普通高中课程方案（实验）》中，增加了一个以前未曾引起大家关注的学科领域——技术。毫无疑问，大家都对它感觉很陌生。于是，我建议马开剑教授深入、系统地研究一下这个问题。令人高兴的是，他接受了挑战。

　　技术是什么？这是一个首先必须回答的问题。将技术看成是物质手段，这或许是绝大多数人的观点，在这一点上，本书的观点颇有新意，它将技术看成一种独特的知识，一种区别于科学知识的行动知识，这种观点突破了将技术教育看做是一种教育类型的束缚。由此，技术教育既可以存在于职业教育中，当然也可以像德育、智育、体育和美育那样，存在于普通教育活动中，这是一种思维上的突破。同时，本书提出，我国普通高中并不属于通常意义上的"基础教育"，而且，它具有综合的教育功能。循此，作者通过引入一个"术科"概念，巧妙地完成了"技术"进入普通高中课程结构的论证，进而又系统研究了高中技术课程的内容领域。

作者的视野相当开阔，既研究了技术教育史，同时也考察了技术发展史；既有技术课程的研究，也有相应社会背景的剖析；既有国际视野，更指向于我国高中技术课程的实践。在这本书里，读者能发现国际高中技术教育发生了怎样的目标转向、课程内容领域已经发展到了何种程度、我国高中技术教育与国际水准的差距等。读罢此书，对我国在现行高中课程结构中增加"技术"这一新的学习领域所蕴涵的理论意义与实践价值，很有豁然开朗之感。特别是本书的所有章节，对真正理解高中技术教育、构建更好的高中技术课程均有帮助和指导价值。在第六章，作者还专门系统地研究了高中技术课程的实施问题，对现行高中技术课程改革实践具有较强的参照价值。对技术教育的课程构建与教材编写感兴趣的读者，也可以从中得到思维的启发。据我所知，作者完成初稿后，应南京师范大学的邀请，曾于 2009 年 3 月给相关专业的博士生、硕士生和来自全国从事高中技术教育的一线教研员、一线教师，连续做了三天关于高中技术教育的学术报告，颇受欢迎。本书的学术意义和实践指导价值由此可见。

作为一本严谨的学术著作，尽管理性思维充满字里行间，但作者文笔之流畅，使得阅读本书成了一种快乐的思维旅行。收获与愉悦相伴。

开剑是我的学生，他有情、有义、有才，亦是我兄弟般的朋友。今欣闻他的专著就要出版了，作为导师，很高兴，特作序致贺。

华东师范大学教授　赵中建

2010 年 5 月 20 日

目 录
Contents

导　论

一、问题缘起

对于技术教育问题的讨论，人们总是习惯将其与职业教育联系起来，或者与科学教育联系起来。而将它与普通高中联系起来，的确是一个新的课题。本书研究普通高中技术教育这一课题，主要是出于以下三点。

（一）技术教育的实践发展与理论滞后所产生的研究需求

如果从广阔的背景去考察教育所面临的问题，就会发现，教育世界与劳动世界的联系问题早已是教育的焦点问题之一。"如果有一个问题是其他所有问题的焦点的话，那么这个问题肯定是：在教育实践中确定并建立普通教育过程同劳动世界之间的连接。而目前的现状则似乎表明，教育和劳动这两个世界仍然相互漠不关心。"[①]"技术"作为教育和劳动这两个世界之间相互沟通的手段与路径，本应成为普通教育中的基本内容领域，但遗憾的是，这个问题在我国一直没有解决好。始于 20 世纪 80 年代初的中学"劳动技术教育"不仅长期得不到真正的重视，而且，在当前国际技术教育发展的大背景下，"劳动技术教育"概念本身就是一个值得探讨和商榷的概念。

当前，在推行普通高中课程改革的过程中，又遇到了新问题。在现行高中课程方案中，"技术"是被单独设立的八个学习领域之一，并已经从 2004 年秋

① 拉塞克 S，维迪努 G. 1992. 从现在到 2000 年教育内容发展的全球展望. 马胜利，高毅等译. 北京：教育科学出版社，165

季开始进行实验。原高中课程计划中的"劳动技术"在现行课程方案中在形式上不见了，而代之以"技术"教育。那么，什么是技术教育？它与劳动技术教育之间是什么关系？与科学教育之间又是什么关系？应该向学生提供怎样的技术教育课程内容？怎样实施技术教育？对这些问题，在理论上缺乏研究，在实践中也并不清楚，表现为理论研究的薄弱和实践中的茫然。

（二）技术素养已经成为人的全面发展的重要内容

面对当今这个正在飞速发展的技术世界，重视学生技术素养的培养正成为国际基础教育课程改革的新趋势。1988 年英国在国家课程中将"设计与技术"设置为基础教育的基础科目之一，美国于 2000 年春发布了《美国国家技术教育标准》，德国、日本、荷兰、瑞典、新加坡等国也都实施了面向基础教育的技术教育计划。至此，国际基础教育界形成了一道新的亮丽风景——技术教育。在这道风景的背后，共同的核心理念就是技术素养是现代人必须具备的基础素养。

在国际教育发展的大背景下，要培养出符合时代要求的人才，必须重视发掘学生的技术潜质，重视人才技术素养的培养。为此，技术教育就应该进入普通教育活动中，成为普通教育的重要部分，而高中阶段尤其如此。

（三）技术素养影响着学生的就业适应能力

教育与劳动世界的结合，要求学校培养人才的过程要充分考虑到学生未来就业的需要，而劳动世界已经并在继续发生迅速的变化。著名科幻作家艾萨克·阿西莫夫（Issac Asimov）曾在 20 世纪预言："21 世纪可能是创造的伟大时代。那时机器将取代人去完成所有单调的任务。电子计算机将保证世界的运转，而人类则最终得以自由地做非他莫属的事情——创造。"[①] 经济合作与发展组织（OECD）的研究也认为，技术进步的结果之一是"非技术性的工作将减少，技术性工作增加，两种工作间的差距加大"[②]。没有技术或者技术素养低下的一般劳动者，在未来的社会里将面临就业困难。

步入 21 世纪，阿西莫夫的预言正在变成现实。技术的进步正在改变着劳动的过程与性质，体力劳动正在被机器操作、维修、设计、研究等更需要知识、智慧的脑力劳动所取代。因此，"懂得技术，在现代世界上是十分重要的，而且

---

① 拉塞克 S，维迪努 G.1992.从现在到 2000 年教育内容发展的全球展望.马胜利，高毅等译.北京：教育科学出版社，157

② 拉塞克 S，维迪努 G.1992.从现在到 2000 年教育内容发展的全球展望.马胜利，高毅等译.北京：教育科学出版社，44

必须成为基本教育的一部分。如果一个人不懂得技术方法，那么他在日常生活中会越来越依赖别人，就会减少他就业的机会"①。国际 21 世纪教育委员会在向联合国教科文组织提交的报告中将"学会做事"看做是 21 世纪教育的"四个支柱"之一。"学会做事"旨在探讨："如何教会学生实践他所学的知识？还有在不能完全预计到未来工作变化的情况下，如何使教育与未来的工作相适应？"②学会做事的核心在于能力，"能力是每个人特有的混合物，它把通过技术和职业培训获得的严格意义的资格、社会行为、协作能力、首创能力和冒险精神结合在一起"③。虽然，"学会做事"的途径并不仅仅是技术教育，但技术教育却毫无疑问是促进"做事"能力发展的关键途径。而且，在最宽泛的意义上，所谓技术，就是指实际做事的行动性知识。"做事"的能力不仅与学生受到的学术性教育联系密切，更与技术教育密不可分。国际 21 世纪教育委员会还认为，传统正规教育主要针对学会"认知"，较少关心学会"做事"。因而，"在中学阶段就应该进行普遍综合技术教育——这种教育可以保证职业的流动性并将引向终身教育"④。

尽管我国目前已经实现了高等教育大众化，但每年仍有相当比例的高中毕业生要直接走向各种工作岗位，这部分学生的技术素养如何，直接影响了他们走向社会以后的就业质量与创业才能。由此，在普通高中进行技术教育是基础教育改革与发展的现实需要。

二、研究边界

技术是一个开放的领域，它无处不在，形态多样，不仅广泛存在于政治、经济、社会、军事、科学研究和文化娱乐等领域中，而且，作为教育与培训的重要内容，它也使技术教育呈现出多种类型。所以，有必要对本书的问题领域做出限定，并明确要研究的问题。

（一）技术教育的类型

按照技术教育所存在于其中的教育类型的不同，技术教育大致可分为四种类型：

---

① 联合国教科文组织国际教育发展委员会.1996.学会生存.华东师范大学比较教育研究所译.北京：教育科学出版社，95
② 国际 21 世纪教育委员会.1996.教育——财富蕴藏其中.北京：教育科学出版社，78
③ 国际 21 世纪教育委员会.1996.教育——财富蕴藏其中.北京：教育科学出版社，80
④ 联合国教科文组织国际教育发展委员会.1996.学会生存.华东师范大学比较教育研究所译.北京：教育科学出版社，97

第一，作为岗前培训的技术教育。

第二，作为继续教育的技术教育。

第三，作为职业教育的技术教育。作为职业教育的技术教育是最常见的一种技术教育形式，以至于人们往往将技术教育等同于职业教育，或含混地称之为职业技术教育。其实，技术教育如同美育、德育、智育等一样，是教育中的一个领域，它当然可以存在于职业教育中。又由于技术与职业的紧密联系，故"技术"成为职业教育的主要内容，成为职业教育的特色与标志。但职业教育中也要有普通文化知识教育。将技术教育视为一个领域，则可发现技术教育与职业教育并不是同一层级的概念，甚至其概念界定的视角也不相同。技术教育应该侧重于从内容属性上界定，而职业教育更主要是从培养目标的角度来界定的。

第四，作为普通教育的技术教育。尽管马克思在19世纪就提出要对儿童和少年工人进行必要的技术教育，苏联在20世纪二三十年代也曾进行过以传授生产知识为主要内容的综合技术教育，并且取得了一定的成功经验，但如何在普通教育中实施技术教育，却一直是一个未能很好解决的课题。技术教育在普通教育中时而受到重视时而又被冷落。在新中国成立后的30多年里，普通教育中几乎没有技术教育。

当今社会，以科学为基础的技术已经有了本质的飞跃，时代对人的技术素质的要求也在提高，不再仅仅是具体的操作技能，而是走向了以问题解决为核心的技术素养。如何结合时代的特点，将技术教育视为基础教育的基本内容，发掘学生的技术潜能，提升其技术素养，是一个需要深入探索的课题。

（二）问题界定

本书中的技术教育，属于第四类型，即普通教育中的技术教育，而且是普通高中教育中的技术教育。具体来说，本书主要研究三个大问题：

第一，技术教育的内涵是什么？

第二，高中应提供什么样的技术课程？怎样构建？

第三，怎样实施高中技术教育？

围绕这三个问题，还可以分化出若干次一级的问题。由此所构成的问题体系，正是目前技术教育实践中急需回答的问题，它们又由一系列相关的更次一级的问题组成，从而构成了本书的主要内容。

三、国内外研究现状

技术教育已经成为世界各国基础教育改革的热点领域之一。从国际视角看，技术教育是由工艺教育经20世纪80年代的转型发展而来。就其研究状况，国外关于技术教育的研究显著地强于我国。我国的普通高中"技术教育"起步于 20 世纪 80 年代初，是在"劳动教育"的基础上，结合当代科技发展的要求，以"劳动技术教育"的概念实施的。从目标理念到课程内容，传统"劳动技术教育"都与当今技术教育有相当的距离。我国关于技术教育的研究可谓相当薄弱。

（一）国外研究现状分析

尽管国外关于普通高中①"技术教育"的研究已经相当深入，"技术教育"的开展也较为普遍，但它依然还是一个探索中的领域。

国外相关研究大体可以分为以下几方面。

1. 关于技术教育概念内涵的研究

"技术教育"（technology education）正式出现，是 20 世纪 80 年代以后的事情，此前有关技术教育的称谓一般都是工艺或工艺教育（industrial arts education）。但何谓技术教育？学界众说不一。弗斯特（Foster）认为，较之于传统的工艺教育，"技术教育不过是对工艺教育进行了重新命名而已"②，但技术教育能够实现工艺教育所不能实现的理想。皮纳（Petrina）和沃克（Volk）呼应了弗斯特的观点，认为技术教育不过是"新瓶子装老酒"。③ 但是，克拉克（Clark）却认为，技术教育代表了一个"新范式"④。他的这个观点得到了近年来出版的一些权威文件的支持。国际技术教育协会（ITEA）分别于 1996 年和 2000 年出版的《技术学习的原理与结构》和《美国国家技术教育标准：技术学

---

① 由于学制不同，我国的普通高中与国外的普通高中或者相应的提法在内涵上不完全一致。在我国，普通高中与职业高中相对应，但它兼有升学和就业双重任务。由于升学导向的实际存在，普通高中是目前我国高中教育的主流，一般是 10～12 年级。在英国，一般 11 岁以后的教育就是中等教育，类型有文法中学、技术中学、现代中学、综合中学和中间学校。目前其主流是综合中学，它兼有文法中学、技术中学、现代中学的职能。英国中等教育是分段的，如英国教育与科学部希望中等教育的前二三年学习共同的课程，后四五年开始在课程上有所选择。一般 16 岁以后学生所接受的中等教育被称之为"第六学级"。许多学者认为，英国的"第六学级"即相当于高中阶段，本书基本认同这种说法。法国的普通高中大体相当于我国，分为普通高中和技术高中。美国的中学除特设的职业高中和特科中学外，基本都是综合中学，学制有"八-四"、"六-三-三"、"六-六"和"四-四-四"制等。美国高中的特点是科目的可选择性特强，学生拥有很大的选课自由。上述这些国家的学制特点是我们理解普通高中概念时需要注意的问题。我们需要从国外综合高中、第六学级或者中等教育的有关文献中，筛选出与我国普通高中相符合的技术教育资料

② Foster P N. 1994. Technology education：AKA industrial arts. Journal of Technology Education，5（2）：15～30

③ Petrina S，Volk K. 1995. Industrial arts movement's history，vision，and ideal：relevant，contemporary，used but unrecognized-part Ⅱ. Journal of Technology Studies，21（2）：28～35

④ Clark S C. 1989. The industrial arts paradigm：adjustment，replacement，or extinction? Journal of Technology Education，1（1）：7～21

习的内容》都强调技术教育是一个崭新的研究领域。就技术教育的概念，黑尔（Hill）等人于1996年研究了教师、管理者和咨询指导人员关于技术教育概念的转变。[①] 该研究显示，大家对于什么是技术教育并没有一致的看法，有些人认为技术教育是科学教育的一部分，有些人则认为技术教育是职业教育的组成部分，而另一些人则认为技术课程应该与数学、科学和社会研究整合起来。但是，教师、管理者与咨询人员在技术教育的最重要的属性和最不重要的属性上却具有较强的一致性，如面向全体学生、应用技术的能力、发展终身学习的能力、鼓励合作学习和培养学生问题解决能力等，被认为是技术教育的最重要的属性，表明大家对于技术教育还是有一个基本一致的认识的。同时，他们还几乎一致认为，技术教育的概念将在21世纪初，由工厂传授的"工业技艺（工艺）"彻底转向新的"技术教育"概念。

　　无独有偶，这种转向，在1997年7月召开的日本第42届全国教育专题研讨会上，也有明显的体现。在这次研讨会上，为了培养学生面向21世纪的"生存能力"和"创造能力"，技术教育课题研究委员会提交了题为《21世纪技术教育》的报告，"报告中将'劳动技术教育'界定为'技术教育'"[②]。由此，技术教育的概念存在一个概念内涵的纵向发展与超越问题，即如何超越"劳动技术教育"、超越"工艺"教育，走向现代意义上的"技术教育"。这是一个国际性的共同的问题。

2. 关于技术教育目的的研究

　　黑尔等人的研究，已经对技术教育的目的有所揭示，它与我国多数人头脑中固有的关于技术教育的认识迥然不同。美国学者亚历山大（Alexander）等人研究认为，技术已经使20世纪的美国文化发生了巨大转变，未来的工人将更多地从事技术工作而不是只在一个场所里从事重复性的工作。为此，学生要对变化中的、日益成熟的技术文化有一个更广范围的理解，实现这一目的，技术教育将起关键的作用。[③] 但是，不仅在我国，在美国也有许多人怀有这样的错觉，即技术教育就是或基本就是计算机教育。为澄清对技术教育的认识，卡斯特（Custer）指出，将计算机运用于教育，教会学生使用计算机，这属于教育技术

---

① Hill R B, Wicklein R C, Daugherty M K. 1996. Technology education in transition: perceptions of technology education teachers, administrators, and guidance counselors. Journal of Industrial Teacher Education , 33 (3): 6~22

② 潘可扬，潘卫东. 2001. 跨世纪日本的技术教育改革对我们的启示. 苏州教育学院学报，18 (3)：80~83

③ Alexander N C, Allen M, Nelson E, et al. 1998. Technology education in the United States: a national survey. Tech Directions，57 (9)：16~19

的范畴，但还不是完整的技术教育。[①] 技术教育包括一个有关技术的宽广范围，技术教育的目的是培养所有公民的技术素养，而不仅仅是计算机的使用，设计与问题解决的能力是技术素养的核心。桑德斯（Sanders）的研究也认同这种理念，指出中等学校的技术教育目的是将学生引向有关技术过程和概念的宽阔视野，以使学生理解我们所生活于其中的技术世界的复杂性。为达到这样的目的，就要建立能有效传递和反映技术的课程体系，通过课程活动，将一般原理和概念运用于具体问题解决。[②] 通过体会以上三人的研究，我们对于技术教育及其目的有了更深一层的理解。至少，技术教育的目的远远不是仅仅教人学会使用计算机。

3. 关于技术教育课程的研究

技术教育的课程问题，是技术教育研究不可回避的重要问题。世界各地的技术教育工作者从不同的角度，提出了关于技术课程构建的主张与设想。1997年，克鲁克斯（Clucas）提出了从公民生活、个人生活和工作生活三个方面构建技术课程的设想。他认为技术教育的内容应满足履行公民责任的需要，满足个人工作的需要，还要满足个人享受生活的需要。[③] 他还以建筑技术作为"课程组织者"对技术教育的课程构建进行了研究，给人以很好的启发。而麦克德（Mccade）和韦默（Weymer）从技术活动的过程结构出发，认为技术教育领域正在日益扩充，其内容结构至少要包括两个部分或维度，即"过程"与"内容"，技术课程结构必须在"动脑"与"动手"之间保持适当的平衡。麦克德和韦默还认为，许多的心智习惯都具有独特的技术教育作用，包括：运用系统模型解释技术现象；运用知识、技能和工具来解决实际问题；运用生活周期成本分析来平衡技术收益与成本；通过技术行动来解决技术问题等。[④] 这提示人们"动脑"对于"动手"能力培养的重要性，技术教育并不是纯粹的"动手"训练那么简单，科学认知与技术操作之间存在紧密的关联。

当代的技术教育，早已经超出了传统的敲敲打打练技术的阶段，技术教育

① Custer R L. 1999. Design and problem solving in technology education. NASSP Bulletin，83（608）：24～33

② Sanders M E. 1999. Technology education in the middle level school：its role and purpose. NASSP Bulletin，83（608）：34～44

③ Clucas S R. 1997. Construction as a curriculum organizer for technology education. Dissertation submitted to the faculty of the Virginia Polytechnic Institute and State University in partial fulfillment of the requirements for the degree of Doctor of Philosophy in Curriculu and instruction. 149～151

④ Mccade J M，Weymer R A. 1996. Defining the field of technology education. The Technology Teacher，55（8）：40～46

的内容范围当然也今非昔比。塞特韦尔（Satchwell）和达格（Dugger）研究认为，技术教育课程设计的内容范围从 20 世纪早期的手工操作技能（如木工、金工、绘图）到以学习者为中心的工艺设计，已经又发展到了今天的诸如问题解决、批判性思维、工程设计和多学科交叉课题等领域。[①] 鉴于此，寻找技术教育的哲学基础和共同主题就成为一个重要的课题。技术教育的共同主题将为规划一个统一的技术教育课程框架提供概念基础，这个基础是理解技术教育的思维图谱，非常重要。

还有许多学者从不同的侧面和角度对技术课程进行了研究。韩国金震松（Kim Chin-Soon）和兰德（Land Ming H.）于 1994 年撰文介绍了韩国中学技术教育的情况，提供了当时韩国中学的课程表，但并没有论述技术课程设置是如何考虑的。[②] 类似的还有许多，多为关于经验性做法的描述。这些研究对于我们的研究有一定的启示意义，但缺乏系统性，缺乏理论建构。

4. 关于技术教育实施的研究

对怎样实施技术教育这样一个重要课题，似乎并没有万全之策。万塞（Valesey）就技术教育教与学的策略和实施技术教育的观念障碍，向马里兰州的高中校长进行了调查研究。他发现校长们在较高的一致性水平上赞成在技术教育中采用多种教学策略来培养学生的问题解决技能，引导学生将知识运用于技术问题的解决。[③] 但具体到技术教育的实施过程，究竟什么样的策略与方法是最好的？从国外的专业文献来看，科学、技术与数学进行整合的思路似乎比较抢眼，相关的研究也较多，不过结论并不一致。尤瑟夫（Yousef）通过对比研究，发现接受技术、数学与科学整合教育的高中学生，在俄亥俄州标准化熟练测验中，其学业成绩显著高于接受非整合教育的学生。[④] 但是，莫瑞尔（Merrill）对这种整合的技术教育实施方式所进行的研究，却发现其在有效性、价值认同以及对改进高中生学习效果的影响等方面，并没有达到统计上的显著水平。他由

---

① Satchwell H，Dugger W. 1996. A united vision：technology for all Americans. Journal of Technology Education，7（2）：5～12

② Kim Chin-Soon，Land Ming H. 1994. Recent development of technology education in Korea. The Technology Teacher，53（4）：30～33

③ Valesey B G. 1996. Maryland high school principals' perception of technology education. Dissertation presented in partial fulfillment of the requirement for the degree of doctor of philosophy in the graduate school of The Ohio State University

④ Yousef E MA. 2000. The influence of an integrated math，science and technology education program on students' performance on the state of Ohio math and science sub-sections of the 9th grade proficiency test in a selected high school. Dissertation presented in partial fulfillment of the requirement for the degree of philosophy in the graduate school of The Ohio State University

此得出结论：整合的方式不能提高学生的认知水平，也不能对于所学知识有更好的保持水平。[①] 类似的分歧或支持性结果还有不少。看来，还没有一种公认的有效的教学策略。就技术教育实施的整合思路而言，尽管不少文献提出了跨学科技术课程的设想，提出将技术教育与其他学科相整合，甚至与人文学科、与日常学习活动相整合的建议，但这是不是最适合的方法，还要结合具体的技术教育实践。实施技术教育不可轻易地肯定或否定某一种策略，更多的时候它需要策略组合。

莫林（Merrion）和鲁宾（Rubin）在《小学课程实施的创造性策略》一书中，提出了培养儿童技术意识的"故事方法"令人称奇。[②]这种方法的运用虽然不是以高中为对象的，但也足见技术教育实施策略的多样性。英格斯卓（Engstrom）研究认为，不管你运用什么方法，只要符合下列 10 个要件，它就是很好的技术教育活动。这 10 个要件是：安全地使用工具和机器、思考各种解决问题的办法、尝试与评价解决方法、设计问题解决方案、从其他学术科目中整合知识信息、创造性地解决问题、从老师那里获得建设性的和概括性的反馈意见、规划和草拟可能的问题解决方案、利用或设计问题解决模型、评价技术的后果与影响。[③]

5. 关于技术教育的概括研究

詹姆斯（James）等人于 1997 年对 OECD 成员国的技术教育状况进行了考察。他们发现，当技术以独立的科目出现于学校课程中时，技术教育过程中的师生关系就要发生转变。并且，在技术课程实施中还要强调与实际工作相结合，强调在经验中学习。这被视为是国际技术教育改革中的创新。[④] 其他研究，如技术教育与教师专业发展、技术教育中的学习型组织、技术教育中的研究性学习和关于某地区的技术教育综合评论等，也可散见于一些文献中。

1988 年英国在国家课程中设置"设计与技术"的做法、2000 年《美国国家技术教育标准》的出台，都在世界上引起了很大的反响。技术教育发达国家所出台的权威文件为本书研究提供了至关重要的研究资料，尤其是美国出台的相关文件，如《美国国家技术教育标准》、《技术学习的原理与结构》以及有关各

---

① Merrill C. 2001. Integrated technology, mathematics, and science education: a quasi-experiment. Journal of Industrial Teacher Education, 38 (3): 45~61

② Merrion M, Rubin J. 1996. Creative approaches to elementary curriculum. Heinemann Drama

③ Engstrom D. 2001. Ten components of a good technology education activity. The Technology Teacher, 61 (3): 8~13

④ James E, Eijkelhof H, Gaskell J et al. 1997. Innovations in science, mathematics and technology education. Journal of Curriculum Studies, 29 (4): 471~484

州的技术课程标准，成为本书研究资料的重要来源。但从标准文件到实际的课程设计，仍有一段距离。如何依据标准开发技术课程并实际地走进学校技术教育实践，还是一个探索之中的课题。

（二）国内研究现状分析

由于历史的原因，我国对技术教育的研究一直不太重视。特别是对于普通教育中的技术教育，不仅本土研究很薄弱，而且对于国外研究成果的译介也很少。甚至至今也难说在普通高中真正建立起了"技术教育"的概念。我国对于高中技术教育的研究与实践，是在"劳动技术教育"的概念下进行的。"劳动技术教育"一直是我国普通高中进行技术教育的主导性概念，直到今天其概念影响依然十分强大。

国内研究大致可以分为以下几个方面。

1. 关于技术教育的意义与作用的研究

国内关于劳动技术教育的意义与作用方面的研究资料较多，都肯定了在中学开展技术教育（在我国称为"基本生产技术教育"、"劳动技术教育"等）的必要性和重要性。早在20世纪50年代中后期，以学习马克思主义关于综合技术教育的理论为契机，在苏联的影响下，我国翻译和发表了大量关于在普通中学开展"综合技术教育"的文章。查阅这一时期的《教育译报》，可以明显地发现，我国当时在中学广泛开展了"基本生产技术教育"。"文化大革命"期间，劳动教育基本上替代了技术教育。

但在20世纪80年代，随着我国开始实行改革开放，科技意识的唤醒与加强，技术教育重新受到重视。1982年，教育部颁布《关于在普通中学开设劳动技术教育课的试行意见》，对于劳动技术教育的研究开始重新活跃起来。《天津教育》1983年第7期发表毛广夫的文章，认为"劳动技术教育是中学教育不可缺少的组成部分"；黄济先生于1986年在《教育与职业》第1期中对"普通中学如何开展职业技术教育"发表了见解；孙喜亭在《新华文摘》1985年第1期中发表论文，认为"普通中学改革的根本特点在于实施综合技术教育"。于是，我国普通中学在这一时期开展了大量的关于"劳动技术教育"的经验性探索，这在许多文献中可以找到。

21世纪之初，在国际基础教育改革的直接影响下，我国教育界再一次看到了中学技术教育的意义。徐长发在《教育研究》2002年第12期发表文章《发展劳动技术教育的意义和途径》，认为劳动技术教育具有十分重要的时代意义，是实施素质教育的独特载体和基本途径，具有其他学科所不可替代的作用，也是素质教育的重要内容；潘可扬在《苏州教育学院学报》2001年第

4 期中撰文《试论劳动技术教育课中学生的创造性品质的培养》，认为劳动技术教育有助于培养学生的创造性品质。对于劳动技术教育的智育、美育和德育等诸多功能，也有许多研究。一句话，对于技术教育的作用与意义，可谓众口不一。

2. 关于劳动技术教育的研究与反思

这方面的研究主要体现在对于教育与生产劳动相结合的理论以及在这一理论指导下的劳动技术教育的研究。

（1）教育与生产劳动相结合的理论研究。1997 年成有信在《北京师范大学学报》（社会科学版）第 3 期发表文章《教育与生产劳动相结合理论的新探索》，认为教育与生产劳动相结合存在三个层次：事实层次、思想层次与政策层次。在现代社会中，教育与生产劳动相结合（简称"教劳结合"）有两个基本的模式：一是发达资本主义国家的自由主义和实用主义模式，二是 20 世纪 90 年代前，社会主义国家的理想主义与集中主义的模式。成文还认为市场经济是教育与生产劳动相结合的根本动力。显然，成文对于教劳结合的社会发展背景给予了相当重视。用成先生关于教劳结合三个层次的理论，可以发现，我国曾有一个时期，对于教劳结合的问题，过多地、不恰当地体现为事实层次。劳凯声等所著的《教育与生产劳动相结合问题新探索》（湖南教育出版社，1998 年）可以说是这方面较为重要的研究成果。该专著研究了教育与生产劳动相结合的理论源流、教育与生产劳动的关系，研究了从新中国成立初期到 20 世纪末期我国各历史发展阶段教育与生产劳动相结合的实践探索。该书还对德国、日本、美国、苏联等国家教育与生产劳动相结合的理论与实践进行了比较研究。但很明显，该专著主要是宏观层次的教劳结合理论研究，且在认识上还是维持在"劳动技术教育"的概念思维上，没有涉及技术课程的构建问题。同类的研究还有教育科学出版社出版的王绍兰主编的《国外教育同生产劳动相结合模式》，该书对于苏联、德国、印度、日本等国的教劳结合模式进行了概要性介绍。刘世峰在《中国教劳结合研究》一书中，同样地深入研究了马克思主义的教劳结合思想和综合技术教育思想，对我国实施劳动技术教育的历史经验进行了回顾与总结。该书还有一个创新点，即特别提出了"必须把技术教育列为教劳结合的一项重要内容"[①]。但可惜的是他仅仅是"点到为止"，并没有展开研究。不过，从这个创新点的表述中，可折射出在传统的教育与生产劳动相结合的语境中，不仅没有技术教育的位置，而且"技术教育"与"劳动技术教育"被看做是不同的。

---

① 刘世峰 . 1996. 中国教劳结合研究 . 北京：教育科学出版社，171

这是一点很重要的发现。

（2）劳动技术教育研究。专门以"劳动技术教育"为题所进行的研究，并不多见。有代表性的当属刘世峰的《中小学的劳动技术教育》（人民教育出版社，1993年）。该著作从马克思主义的教劳结合理论和综合技术教育观出发，阐述了劳动技术教育的作用、地位、内容和组织形式，是一本体系完整的"自学教材"。但这本基本内容完成于20世纪80年代初的"普及读物"明显地过于陈旧了，它基于劳动技术教育的概念体系，更没有涉及技术教育课程的构建问题；南京师范大学硕士研究生宫必京先生于1995年撰写的题为《劳动技术教育新论》的硕士学位论文，也是一篇该领域的出色文章。该文对于劳动技术教育的时代内涵进行了阐释，重点研究了社会转型期劳动技术教育的意义、劳动技术教育对于人的全面发展、对于人达到真、善、美和谐统一的重要意义。文章基本上还是属于对劳动技术教育的作用与意义的研究，属于纯理论研究。

（3）劳动技术教育反思。20世纪80年代中期以来，随着科学精神、科学意识在我国的"苏醒"，人们对于科技的重要作用、对于在普通教育中开展科学技术教育的意义的认识也愈加深刻。特别是90年代以来，随着"科学技术是第一生产力"的思想深入人心，我国基础教育界还提出了"科技教育"的概念，并在90年代中期前后讨论达到高潮。但是，"科技教育"并没有成为我国普通中学进行技术教育的强势话语。这一时期，在普通中学里，"劳动技术教育"和"科技教育"两种提法并存、两种活动并行，这实际上是改革劳动技术教育的前兆。

面对国际技术教育发展的新形势，我国学者赵中建教授在总结"面向全体美国人的技术"项目的成果之后，指出"重视技术教育反映了国际课程改革的趋势"①。相比之下，"劳动技术教育"的局限性也越来越显露出来，并开始引发我国学者的反思。至世纪之交，这种反思更加深刻而系统。于慧颖在《教育研究》2001年第12期撰文《深化劳动技术教育课程改革的思考》，对如何深化劳动技术教育的课程改革进行了深入思考。她认为要树立育人为本的现代课程观，且有必要对我国已经进行了20年之久的中小学劳动技术教育课程进行全面的总结、分析与再认识，同时要深化劳动技术教育的内涵、拓展它的外延，特别是要提高其科技含量。这实际是批评"劳动技术教育"的"科技含量"不高，是需要革新其内涵与外延的时候了。《中国教育学刊》2005年第9期发表的笔者的文章《劳动技术教育反思与重建》，深刻挖掘了劳动技术教育的原生语境，对劳

---

① 钟启泉.2003.国际普通高中基础学科解析.上海：华东师范大学出版社，15

动技术教育进行了系统的反思，提出"弃'劳动技术教育'用'技术教育'"的观点①，还简要勾画了改革与重建构想。由此，突破劳动技术教育的概念束缚，走向"技术教育"，已成为我国此领域学者的共识。

3. 技术教育研究探索

孙可平在《STS 教育论》（上海教育出版社，2001 年）中，对于科学-技术-社会（science-technology-society，STS）教育中的技术进行了专门的简短论述。她从技术哲学的角度探讨了技术的本质内涵、技术与科学的关系。作者认为技术与科学尽管不同，但在 STS 的理念下将通过多种适当的方式而重新走向统一。丁邦平的《国际科学教育导论》（山西教育出版社，2002 年）考察了中外科学教育的发展史，介绍了国际科学教育的新理念。在最后一章，丁认为，技术作为一种知识形式在人类的认知领域中具有相对独立性，技术与科学既可以相互联系，也可以独立并行，并认为，国际科学教育发展的最新趋势是科学教育与技术教育融于一炉。技术教育既可以与科学教育整合进行，如 STS 模式，也可以独立进行，单独设立技术课程。技术教育的影子在这两本专著中从科学的视角得以闪现。

（1）劳动技术教育研究转向。20 世纪 90 年代以来，"科技教育"在我国开始兴起，并在一定程度上促进了我国中小学"技术教育"的转向。有趣的是，这一转向在国内出版的三本书的书名上得到了部分体现。教育科学出版社 1995 年出版了《全国中小学教育同生产劳动相结合个案选编》，这本书作为当时全国普通中小学教劳结合的一个缩影，从内容上看还局限在"劳技"的概念水平。1998 年、2001 年科学出版社分别出版了两本基础教育界进行技术教育的经验总结性论文集，其书名颇有意味。一本是《中小学科技教育的实践思考》，反映了上海市徐汇区中小学实施科技教育的理论思考和实践研究成果；另一本是《走进科技教育》，是全国中小幼科技教育研究的论文汇编。从以上三本书的名字读者可以明显地感觉到，在实践上，中学"技术教育"的概念已经不再局限于传统的"劳动技术教育"，而是开始转向"科技教育"。无疑，这是一个明显的进步。但技术教育依然是在"科技教育"的名义下进行的，而且从内容上看，也多属科学教育，即在潜意识里还是认为技术教育存在于科学教育之中，还没有认识到"技术教育"的独特品性。所以，建立技术教育概念，还需要突破科学教育的光环。

（2）技术教育独现丽影。2004 年 9 月，《课程·教材·教法》杂志发表了周

---

① 马开剑.2005.劳动技术教育反思与重建.中国教育学刊，（9）：45~48

青等人的文章《论技术教育的重要性》，论述了在普通中学进行技术教育的重大意义。由此，突破了科学教育的光环，技术教育以独立的品性开始为人们所注目。至此，从刘世峰提出"必须把技术教育列为教劳结合的一项重要内容"、于慧颖委婉地对劳动技术教育提出批评，到赵中建指出重视技术教育是国际高中课程改革的基本趋势、笔者对劳动技术教育进行的系统反思与重建构想，再到周青等人对普通教育中的技术教育的重要性的论述，再辅以孙可平、丁邦平等人的相关研究，我们隐隐地感到了一条脉络初显的趋向性发展线索：技术教育开始摆脱"劳动技术教育"的束缚、走出"科学教育"的光环，开始呈现独立的品格。

　　（3）技术教育走向实践。"技术教育"正式走向实践，在 2004 年秋季进入实验阶段的我国高中现行课程方案中变成了现实。在现行课程方案中，"技术"与"科学"等并列，成为高中生学习内容的八大领域之一。虽然，现在还不能对技术教育在现行课程实验中的情况做出最终的判断，但"技术教育"独立于"科学教育"已经从理论走向了实践。从内容上看，普通高中的技术教育融合了"科技教育"和"劳技教育"的内容，体现出更高的定位，包括信息技术、多媒体技术、网络技术、技术与设计、电子技术、现代农业、家政与生活技术等。

　　然而，纵观整个基础教育阶段的技术教育，我们发现它不是一个连续体，在小学设"劳动"课，在初中设立了"综合实践活动"，将"劳动与技术教育"含于其中，而到了高中，又专设"技术"领域，可见我国中小学的技术教育是分裂的、断续的，而不是统一的、一贯的。如果说高中的技术教育具有职业入门教育的意义，那么，在初中阶段也存在分流问题，初中生不需要这种意义上的技术教育吗？如果说高中的技术教育需要有一定的科学知识做基础，那么，初中课程中有"科学"，可不可以有"技术"？这些都是急需研究的课题。但本书专门针对普通高中的技术教育。其他问题暂不涉及，可作为后续研究课题。

4. 国际技术教育的研究与译介

　　为了快速改变我国技术教育的现状，跟上国际技术教育发展的步伐，在世纪之交，我国教育界译介了一些外国技术教育成果。虽然不多，但还是促进了技术教育观的改变。

　　陈华生在《教育参考资料》1995 年第 7 期介绍了日本义务教育中的技术教育改革；张伟远在《外国教育资料》1997 年第 3 期对英格兰普通中学的职业教育和指导的目的与计划进行了评述；王斌华与马小文在《外国教育资料》1996 年第 5 期报告了对中学普通教育与职业教育一体化的综合研究成果；黄健耕在

《实验教学与仪器》1999 年第 7～8 期撰文介绍了日本的技术教育教科书《技术·家庭》；胡军在《课程·教材·教法》2000 年第 10 期撰文介绍了加拿大安大略省的科学技术课程；顾建军在《职教通信》2002 年第 1 期对世界各国如俄罗斯、英国、美国、法国、荷兰、日本和韩国的高中技术类课程进行了简要介绍；陆兴发在《外国教育研究》2000 年第 10 期对"面向 21 世纪的法国高中技术教育课程改革"的特色进行了探讨；潘可扬和潘卫东在《苏州教育学院学报》2001 年第 3 期撰文简要介绍了日本对于技术教育的重视与中学技术教育的开展情况；《全球教育展望》2002 年第 9 期赵中建的文章《面向全体美国人的技术》，对美国技术教育标准——技术学习的内容进行了研究与介绍，后又在《全球教育展望》2004 年第 1 期研究了"美国州级技术教育标准"；张永宗和魏炎顺在《比较教育研究》2003 年第 8 期撰文，对我国台湾地区与英国中小学阶段科技教育课程进行了比较研究，认为台湾地区的科技教育接纳了英国的技术教育思想；于慧颖在《课程·教材·教法》2003 年第 9 期发表了《英国中小学"设计与技术"课程成功发展的策略与启示》。还有笔者发表于《比较教育研究》2005 年第 12 期上的文章，研究了"国际中小学技术教育研究的若干特点"。这些成果，特别是由黄军英等人翻译的、国际技术教育协会所著的《美国国家技术教育标准：技术学习的内容》的出版，有力地促进和指导了我国普通高中技术教育研究的进程。

（三）相关研究总体判断

从总体上看，我国对于普通高中技术教育的研究还相当薄弱，即使是对劳动技术教育的研究也很薄弱，这在资料查阅中得到确认。不仅如此，技术教育的实践情况很不平衡，"农村学校好于城市学校，小学好于初中，初中好于高中，普通学校好于重点学校，低年级好于高年级，非毕业班好于毕业班"[①]。为改变这种状况，教育部于 2001 年推出的《基础教育课程改革纲要（试行）》和 2003 年的《普通高中技术课程标准（实验）》，为普通高中进行技术教育提供了政策保障，有力地推动了普通高中技术教育的发展。但由于是新生事物，尚有许多问题需要研究。

要推进技术教育研究，需要建立稳固的理论框架作支撑。而为了建立这个理论体系，就需要透视国际技术教育发展的大背景，需要突破"劳动技术教育"的概念樊篱，需要突破"科学教育"的光环笼罩，需要在纷乱的相关概念中抽取其技术教育精髓，需要考察我国技术教育的实际状况与需要。

---

① 　宋景文.1995.中小学劳动及劳动技术教育的困境及出路.教学与管理，(1)：11～13

四、研究目的与意义

本书既考虑了学术研究的意义，也服务于我国目前高中课程改革的实践需要。研究的总目的是构建普通高中技术教育研究的理论框架，为顺利实施我国普通高中技术教育提供理论支持和实践启示，并为今后普通高中技术教育改革探寻理论依据。

（一）研究目的

1. 建立技术教育的概念

概念是思维的起点，也是人们从事教育活动的思想基础，并由此制约人们教育活动的过程和方式。本书将对"劳动技术教育"概念进行剖析，反思其消极性，并试图打破与之相连的传统思维模式，通过探讨国际技术教育发展演变的过程与趋势、理清"技术教育"与"科学教育"和"职业教育"之间的关系、解剖普通高中的课程结构，从而建立起"技术教育"新概念。这是本书的第一个研究目的。

2. 探讨技术课程的构建模式

传统劳动技术教育的课程构建基本是经验式的。依据技术教育概念，探索高中技术教育的课程构建模式，包括目标导向、结构维度及其表述方式。同时，明确高中技术课程开发的基本技术领域和模块内容，在此基础上尝试提出普通高中技术课程模型，从而对高中技术课程形成一个清晰的概念谱系和结构图像。这是本书的第二个研究目的。

3. 探寻技术教育实施策略

实施普通高中技术教育的路径在哪里？就给定的技术课程内容，技术教育活动的实践形态是怎样的？作为一种特殊的教育活动，其教学的理论基础又是什么？通过这部分的探讨，我们期望能够给我国当前的高中技术教育实践提供指导与启示。这也是本书的第三个研究目的。

（二）研究意义

本书所研究的课题在我国尚相当薄弱，故开拓与探索是本书的两大基调。一方面，希望本书让更多的学者系统地认识技术教育；另一方面，也希望本书能给我国课程改革实践提供一些有益的启示。

1. 为我国高中技术教育实践提供启发性、指导性成果

"技术"在我国普通高中现行课程方案中作为一个相对陌生的领域，有许多理论与实践的问题需要回答。本书所涉及的是一个新的课题，不仅理论上很不明晰，实践中也有"山重水复疑无路"之感。本书之研究显然会对我国目前进行的课程改革实践具有重要指导意义。

2. 凸显技术教育的独特品格

科学技术是第一生产力。但在一般性地谈论科学技术对经济与社会发展的作用时，要清醒地认识到，科学与技术，即使联系再密切，当科学还没有物化为现实技术时，它也不会实现生产力的功效。对生产力产生直接功效的是技术，而不是科学。技术在现代经济与社会发展中起着直接的关键作用。

本书将深入探讨科学与技术的区别与联系，凸显技术本来就具有的独立品格，进而使技术教育在科学教育中凸显其独特性，由此使高中生树立起技术意识，并自觉地提高技术素养，发展技术才智，实现全面发展，形成丰富而独特的个性。

3. 彻底突破"劳动技术教育"的概念樊篱，形成崭新的技术教育概念

尽管教育与生产劳动相结合是指导教育活动的理论纲领，但不能由此就将所有吻合这一思想的教育活动形式与课程统统冠以"劳动"二字。"劳动"的概念与劳动世界一样，已经和正在发生着剧烈的变化，各种劳动形式中的"技术"日新月异。加之"劳动"概念本身的复杂性，有必要对"劳动技术教育"这一概念重新深刻反思。继续沿用"劳动技术教育"概念，会限制我们的思维创新，而且，就它本身来说，概念内涵也值得推敲。"劳动技术教育"可作"劳动教育"和"技术教育"、"为了具体劳动所进行的技术教育"、"通过劳动的形式进行技术教育"等三重解读。劳动教育显然不同于技术教育，而后两种解读中的技术教育内核则完全可以抽取出来。

当代技术教育已不再仅仅是关于一般生产劳动的教育，而更主要的是基于科学的技术教育，其科技含量已经大大提高。甚至，有些内容的技术教育也不一定是直接为着生产劳动的需要。普通高中的技术教育，应该将基于生活经验的、基于职业发展的和基于科学的技术教育等三重含义统于一体，这也是构建高中技术课程的基本理念。

4. 了解高中技术教育的国际现状与发展态势

在国际上，中学技术教育的价值理念已经从原来的技能发展、职业准备发展为今天的技术素养教育。在课程设置上体现出与生活世界、与职业发展、与科学世界的联系，并出现了从小学到高中整体一贯地设置技术教育课程的态势。了解高中技术教育的国际现状与发展态势，有助于增强技术教育研究与实践的紧迫感，并对改革与实施我国普通高中的技术教育具有重要的启迪价值。

第一章　技术的本质

　　技术是人类文明的标志，"技术史同时也就是人类史"①。那么，什么是技术？许多物理老师在讲授杠杆原理时，经常引用阿基米德的一句名言，用以形象和夸张地解说杠杆的作用："给我一个支点，我就可以撬动地球。"其实，这个"支点"，就是技术。技术表现为人们运用一定的手段解决问题、实现自身目的的方法策略。

第一节　技术的定义

　　我们每天都要与技术打交道，每天使用技术、享受技术的便利，同时也在承受着技术对人类的侵害。但什么是技术？技术是一个如此复杂的"多面体"，可以说是"横看成岭侧成峰"。在不同的历史时期，站在不同的角度，人们对于它的认识和由此所给出的定义都不一样，甚至几乎每个人都对技术有自己的认识。正如美国学者奥格伯恩所说："技术像一座山峰，从不同的侧面观察，它的形象就不同。从一处看到的小部分面貌，当换一个位置观看时，这种面貌就变得模糊起来，但另外一种印象仍然是清晰的。大家从不同的角度去观察，都有可能抓住它的部分本质内容，总还可以得到一幅较小的图面。"②事实上，历史上的哲学家、经济学家、科学家、工程师、技术专家和技术教育

　　① 〔法〕贝尔纳·斯蒂格勒.2000.技术与时间.裴程译.南京：译林出版社，158
　　② 林德宏.2004.科技哲学十五讲.北京：北京大学出版社，218

工作者，从各个角度，"给技术下过各种各样的定义，总数可达上百种之多"①。但直到今天，也没有一个统一的、一致性的定义，而且，要给技术下一个超历史、超具体现实的定义至今依然相当困难。但是，这并不影响我们对于技术概念的探讨。

如果从技术发展史的视角对技术进行界定，则可发现对技术的认识大体有三种水平，即技术是指技艺，技术是指物质手段，技术是指系统性行动知识。每种认识都带有技术发展史的痕迹，但即使是最复杂、最高级的技术也需要看似低级的技艺，故这三种认识至今依然并存。在对这三种认识进行讨论的基础上，本书将提出技术的定义。

一、技术是指技艺

中国有句古训："家有良田千顷，不如一技在身"，表达了人们对"一技之长"的重视。这里的"技"，其实是"技能、技艺"，不是当代意义上的科学技术。对技术的这种认识反映了一个区域或地方的经济与社会发展水平还处于不发达阶段。曾经在一个时期，那些游走于乡村间修锁配钥、锔盆锔碗的手艺人，就是这种技艺的生活写照。但技艺与当代技术不同，技艺、技能主要体现在具体的职业活动中，属于经验性技术层面。它不可以脱离主体而存在，并使不同主体在同一职业活动中表现出不同特色或水平。将技艺、技能视为技术的本质，是古代技术哲学的基本特征。

（一）技术侧重于肢体操作

在汉语中，"技"是指一种基于工匠经验的技艺。据《辞海》解释，所谓"技"，其意义如下：①技艺、本领；②工匠。② 至于"术"，在与"技"连用的情境下，则主要是策略、方法、技艺之意。可见，"技"和"术"都有技艺的意思。但"技"偏重于"肢体"本领，而"术"则侧重于发挥技艺时"心中"具有的方法和策略，甚至能陈述之。如果对比考虑另一个汉语词汇"心术"，则可发现，汉语中的"技术"侧重于肢体的外显操作，而"心术"则侧重于内心谋略。一般而言，一个技术问题的解决，需要肢体操作与心智活动协调合作，方可表现出令人满意的技术水平，这与人们现在对于"technology"的解读并无二致。

---

① 徐国庆. 2004. 实践导向职业教育课程研究（博士学位论文）. 上海：华东师范大学职业与成人教育研究所，36

② 辞海编委会. 1999. 辞海. 上海：上海辞书出版社，1821

（二）技术指实用技艺

从西文词源上看，"技术"一词可以追溯到希腊文"techne"，它是指手工或技艺（art 或 craft）和技能（technique），基本意思是指生产劳动中的实际技能或技艺。当"技术"一词首次出现在英语中时，它只是被用来意指对各种实用技艺的讨论。今天，英语"technique"一词，一般应译为"技能"，如果译作"技术"，也只能是技能意义上的技术。最早对科学和技术进行区分的是古希腊哲学家亚里士多德，他认为，科学是知识，而技术则是人类活动的技能。那时，由于机器还没有出现，人们在生产活动中所发挥的手工操作能力主要是基于直接经验的技能、技艺，人们对技术的认识于是就与物质生产活动建立直接联系。这决定了早期的技术，其实是一种技能或技艺，属于经验性技术。

今天，在各个职业领域和社会生活中，还有大量的属于经验性技术层面的技能、技艺，它们与基于科学的技术一样，在各自的领域中发挥着各自的功能。

二、技术是指物质手段

人们现在对技术的认识，主要是基于资本主义机器大工业发展所呈现的技术印象。

（一）由手工技艺到机器技术

随着资本主义工业的发展，纺织机、蒸汽机的发明与革新，各种机器在工农业生产中的运用，工业生产实现了从手工工具到机械化的转变。其中，技术发展也由手工技艺发展到机器技术。对于这场深刻的变革，恩格斯于 1877 年写道："蒸汽和新的工具机把工场手工业变成了现代的大工业，从而把资产阶级社会的整个基础革命化了。工场手工业时代的迟缓的发展进程变成了生产中的真正的狂飙时期。"[①] 列宁也曾指出："从手工工厂向工厂过渡，标志着技术的根本变革，这一变革推翻了几百年积累起来的工匠手艺。"[②] 这场变革，使得生产过程变成了机器技术的应用过程，技术过程也变成了制造和使用机器的过程，技术发展水平也以所制造和使用的机器水平为标志。

（二）机器成为技术的化身

生产过程与技术过程的机器特征，直接导致了人们对技术认识的变化：一是生产过程不再取决于劳动者的技能，而是取决于技术设备，对从业人员的技能要求也逐渐演变成为制造和使用机器；二是面对这样的巨变，本来由人

---

① 马克思，恩格斯 . 1972. 马克思恩格斯选集 . 第三卷 . 北京：人民出版社，301

② 列宁 . 1984. 列宁全集 . 第三卷 . 中央编译局编译 . 北京：人民出版社，411

运用技术制造出来的机器设备，在那些想学想用的人的眼里就成了技术的化身，甚至将机器设备本身视为技术。这时期，人们的普遍认识是技术就是机器设备，而不再是技能技艺。也正是在这个意义上，马克思主义技术理论将技术归结为工具、机器和其他机械性的劳动资料。① 受此影响，在技术哲学领域关于技术的定义一直存在着一个"手段说"，即把技术定义为各种劳动手段。苏联的兹沃利金就认为：技术是由在社会生产体系中发展起来的劳动手段组成的，并强调只有在社会生产过程中劳动手段才成为技术。日本的相川春善也持类似观点。

（三）"手段说"的局限

将机器等劳动手段视为技术当然有其合理性，特别是在资本主义工业发展的早期更易理解。但仔细斟酌，就能发现问题。所谓"劳动手段"是指人们在技术活动中所运用的物质资料和物质条件，其中最重要的是工具、设备。问题在于，各种"手段"只是技术的可见标志，是人们用以进一步发挥人力的"凭借"，但机器本身并不是技术。

将机器等劳动手段视为技术，其实是只看到了技术的表面现象，而没有看到技术的本质——已经内化到机器、设备等工具中的人的本质力量，如技艺、创造力、智慧等。机器本身是技术的结果；另外，"手段说"定义只强调物质生产领域中的劳动手段，这样则可能连石器时代的石斧都能称之为技术。而那些消费领域中的技术产品，如电话、电视、音响等，就容易被忽略，这当然是十分狭隘的。

三、技术是指系统性行动知识

从当代技术的特点来看，技术早已超越了技艺的概念水平，也不能再简单地将技术看成是机器、设备等这些物的东西。那么，当代意义的技术是指什么呢？

（一）从知识的视角理解技术

技术是一个"多面体"，认识技术的角度当然也是多样的，可以从技术的结构、过程、应用等角度进行研究。在考察技术的视角与维度中，从知识的视角来定义技术，最近受到越来越多学者的重视。"近年来，更多的关于技术的定义表现为这样一种趋势，将技术的定义与知识联系起来。"② 把对技术的认识向知

---

① 陈凡，张明国．2002，解析技术．福州：福建人民出版社，2
② 谢伟．2000．技术和技术结构．科学管理研究，18（5）：34～38，69

识维度集中，使人们对技术的认识不再局限于人造物、技能、技艺，这是一个很大的认识飞跃。

从知识的视角来把握技术很有道理。因为，"知识，包括经验范畴的知识，总是一切技术不可或缺的要素，是新技术发明的基础条件。而且，从一定的意义上说，人类的技术，无论是古代的，还是现代的技术，都是'知识技术'"①。无疑，技术包含了知识。

从知识的视角认识和理解技术，除了技术包含着知识这层意义以外，还有更为重要的含义，即技术本身也被看做是一种知识形式。"技术和科学、人类学一样，是研究人类知识的领域。"② "技术构成了知识，所有的技术都是人类某种知识形式的化身。"③ 但是，技术中包含"知识"，与技术是一种"知识"，这两个"知识"并不是一个意味。那么，技术作为一种知识形式，是一种什么知识呢？

（二）技术知识的行动特质

科学的特点是基于智力活动的探索，而技术的特点是运用知识、经验、智力和一定的物质手段实现人的功利目的。技术可以有多种形态、多种载体，这些形态和载体能够为人所看得见、摸得着，但它们并不是技术本身。技术本质内化于各种技术形态和载体之中，这个本质就是面向实际问题解决的智能与知识体系。技术发挥的过程，就是人的这种本质力量展开的过程。

1. 技术知识是基于行动的

关于技术知识，早在 1990 年，美国一个技术教育研究小组，出版了一份权威文件《技术教育的概念框架》（*A Conceptual Framework for Technology Education*）。在这份文件中，"技术"概念是这样定义的："技术是一种知识体系，是对资源的利用，以产生能满足人类愿望和需要的结果。"④ 这个界定不仅指出了技术是一种知识形式，而且进一步认为它是一种利用资源的知识形式。当遇到需要解决的问题时，技术知识可以系统地操控有关知识、工具、设备、规则和概念，最终实现问题解决。1998 年，考恩沃斯（Kornwachs）研究指出，"除

---

① 顾建军 . 2004. 技术知识的特性及其对职业教育的影响 . 教育与职业，（29）：16～18

② DeVore P W. 1969. Knowledge—Technology and curriculum. Addresses and proceedings of the thirty-first annual American Association of Industrial Arts Conference. 42

③ Parayil G. 1991. Technological knowledge and echnological change. Technology and Society，13（2）：289～304

④ Savage E，Sterry L. 1990. A conceptual framework for technology education. Reston，VA：International Technology Education Association. 7

了社会知识和组织知识以外，我们还经历和积累了如何使用手边物品和如何生产有用物品的知识，以及为了实现我们所期望的功能和获得手段以实现不同目的而设计人造物的知识，我们称这些知识为技术知识"①。这个定义抓住了技术知识的另一些重要特性，即使用、生产、设计。显然，两个定义都强调了技术知识的实践或行动特征，包括使用、生产、设计、利用等活动。透过大量的专业文献，可以发现人们倾向于认为"这个知识体系（指技术知识）是'实践的理论'、'实践的知识'、或者是'人类行为学'知识，它涵盖了人们做事的方式。通过行动，产生有价值的和应该出现的结果"②。相对于描述物理世界与物理现象的科学知识，技术知识产生并体现于技术活动之中。正是通过行动，技术知识能够被定义，也只有在行动中能够规范和建构技术的意义。

2. 技术知识的跨学科特点

与具体活动相关联的特性使得技术知识不能如科学知识那样可以轻易地分门别类，技术最好的表达方式是在具体的技术活动中应用知识和发挥技能。也正是在这个意义上，技术知识不是数学和物理那样具有高度严密逻辑体系的科学知识。技术没有"技术思维"的统一样式，也找不出普适性的"技术学科"的特征。技术应用需要整合来自不同技术分支的、不同种类的、多种性质和多种水平的知识因素。换句话说，技术知识的应用是相对于具体活动的、是跨学科的。"有一个关于技术的调查，调查对象有工程师、建筑师、生物化学专家、辛勤的农民和其他大量人士，他们都不认为技术是一门有内在一致性的学科。"③这表明，技术是一种跨学科的基于具体活动的行动知识。

四、本书对技术的定义

通过对三种认识进行分析讨论，我们对技术的概念有了基本的认知，但与技术的定义依然还有距离。

（一）技术理解的困惑

技术知识是实践知识、是活动知识、是行动知识，它指向于行动并基于行动。技术原理连同技术所使用的语言、文字符号只有转化成了个体的技术行动，

---

① Kornwachs K. 1998. A formal theory of technology? Society for Philosophy & Technology, 4（1）：47~64

② Erekson T. 1992. Technology education from the academic rationalist theoretical perspective. Journal of Technology Education, 3（2）：6~14

③ Herschbach D R. 1992. Technology as knowledge: implications for instruction. Journal of Technology Education, 7（1）：31~42

才真正具有技术的意义。技术知识的独特之处还在于有些东西难以言说,它只能存在于行动、并通过行动来表达它的存在,如各类技术中大量存在的默会知识就是这样。如此,技术的实践性、行动性本质显而易见。

　　但是,强调技术知识的实践性、活动性、行动性,虽然能够触摸到技术的本质,但我们仍然难以把握技术活动与其他活动的区别。在社会活动和经济活动中,也有所谓的组织技术、管理技术。甚至在哲学探索、文艺创作活动中,其所表现出来的知识也有许多是综合了各种知识、理念和运用了各种手段的实践性、活动性和行动性知识。那么,这是否应归入技术知识呢? 如果归入,我们就要调整与扩充对技术的理解。如果不归入,那又怎样定义技术呢?

(二) 技术的 "物性" 特质与狭义技术定义

　　问题的关键在于,仅仅了解技术的实践属性还不够,还要发现技术的实践性、活动性和行动性的技术本色在哪里。

1. 技术的 "物性" 特质

　　仔细思考,可发现技术实践活动与一般实践活动的不同之处在于技术实践是物质性实践,即它是关于工具、设备、材料、机器等各种物质资源的认识、操作、使用、管理和评价的实践,它要实现一定物质性功能价值。这里,我们想援引美国南卡罗来纳大学 (University of South Carolina) 哲学系教授拜德 (Davis Baird) 提出的一个很有意思的概念,即"物性" (thing-y-ness)。他通过研究声谱仪在金属加工质量控制方面的发展,论述了"物性"是技术的突出特点。所谓"物性",即是指技术物 (technological things) "占用空间、具有质量、由物质材料制成、易受污染、振动、加热和冷却,制造它们需要消耗实际时间,并且要在实际时间里发挥作用,人们必须安全地使用它们"[①]。这段阐述经典地将技术活动与其他实践活动 (如表情达意的文艺创作活动) 区别开来。在实践上,澳大利亚维多利亚州教育部在其现行的课程标准中,对"技术"就作了带有"物性"色彩的界定:"技术"一词是"指用来增强、维持和改造环境与资源的设备和过程,目的在于推动人类的进步。它通过对知识、技能、设备、材料、能源和资料的有目的地运用而生产出有用的产品"[②]。尽管这个界定也有它的局限性,但它关涉物质材料的特点十分明显。

---

　　① Baird D. 2009-08-12. The thing-y-ness of things: materiality and design, lessons from spectrochemical instrumentation. http: //people. cas. sc. edu/bairdd/thing. htm

　　② 澳大利亚维多利亚州.2005. 澳大利亚课程标准. 从立新,章燕编译. 北京:人民教育出版社,

2. 狭义技术定义

对于大多数人而言，一般性地理解技术，可以从技术的"物性"意义上把握技术。为此，我们认为可以一般性地将"技术"界定如下："直接操控或者指向于操控物质材料和设备等资源，以满足人们某种需要的行动性知识。"

3. 狭义定义的局限

技术的狭义定义显然"物化"了技术的概念，因而也容易缩小概念的外延，它让我们感觉容易把握。但从技术教育的意义上看，这个定义还是略显狭隘。我国香港特别行政区在高中课程中设置了独立的技术课程领域，其具体科目包括四组：商业科目组、电脑教育组、家政科目组和科技科目组。[1] 其中，商业科目组包括会计学原理、英文文书处理、商业通信和商业。显然，会计学知识与我们对技术的通常理解是有距离的，它似乎并不直接操控或指向于操控物质材料，它主要是对资金流动进行管理和核算，与材料、设备、工具最多只是间接相关。如此，上面的定义就显出了某些局限性。

(三) 技术的外延扩展与广义技术定义

1. 技术的外延扩展

一般将英文单词"technology"译为"技术"。[2] 依据萨格利（Zargari）和麦克唐纳（MacDonald）的研究，"technology"最早是在一部描写机械场景的文学作品中出现的[3]，这或许暗示了"technology"与表示经验技能"technique"的不同。实际上，technology 的字根"logy"在古希腊文中有逻辑（logic）、言语道理（logos）等含义。technology 的意义不仅包括"如何做"（know-how），也包括对行为效率原因和理论基础的探讨，即了解"为什么"（know-why）。由此，它是一种"技学"或者称之为"技术之学"。[4] 可以看出，现代意义上的技术（technology）较之早期的技艺（techne）和经验性技能（technique），增加了论述和解释的内涵。它不仅强调对于人造物的了解，强调操控技能，而且也强调技术中的知识与原理成分。

今天，技术的概念早已经远离了技术一词的初始内涵，几乎所有有关发明、设计、制造、维修等以及解决各种技术问题的方法与策略，各种"行动知识"，

---

① 教育部基础教育司，师范司.2004.技术课程标准研修（通用技术）.北京：高等教育出版社，5

② 在我国台湾，"technology"被译作"科技"，而中国内地则译作"技术"。研究技术教育要注意到这种不同，并体会其含义

③ Zargari A，MacDonald K.1994. A history and philosophy of technology education. The Technology Teacher，53（8）：7～11

④ 吴靖国.2002.技职教育哲学探究——亚里士多德对技术的阐释.科技学刊，11（3）：227～233

均被视为技术。"在当今世界，技术变成了一项复杂的社会事业，不仅包括研究、设计和技巧，还涉及财政、制造、管理、劳动力、营销和维修。"[①] 从宽泛的意义来讲，技术是人力本质的展现，它扩展了我们改变世界的能力。"technology"一词"更广义地指的是人们用来拓展人类能力以及满足人类需要和欲望的过程和知识的多种多样的集合"[②]。技术在本质上是意识、知识、经验、创造性才智和资源、需求的结合与重组。

2. 广义技术定义

从技术的扩展意义上考虑，可以将它的定义修订如下：

实际做事的行动性知识，一般要涉及资金、工具、材料、设备等资源的配置与操控。

这个定义考虑了技术的社会性意义，扩展了技术概念的外延。但如果内涵调整过度，则又要陷入困惑的漩涡。所以，关键还是要适度把握技术的"物性"特点。

技术是人类生活的重要成分，它影响着个人、学校和整个社会的日常生活，技术的历史与发展以及技术对人与环境的影响是人类文化的重要内容。既不能将技术盲目地看成是好处无限而机械地接受它，也不能用消极的心态去简单地否定它。无论是否需要，技术就在我们的工作、生活和休闲中。世界各国的技术教育都体现了一个共同的理念，那就是为了让学生在一个快速变化的技术世界中更好地生存而做好准备。

第二节 技术知识的结构

关于技术知识的结构，存在着不同的划分标准。影响较大的结构分析类型有内容结构和层次结构两种。

一、内容结构

对技术的内容结构的研究，影响最大的当属文森迪（Vincenti）于 1984 年依据功能性质的不同对技术知识进行的划分。他将技术知识分为三类：默会知识（tacit knowledge）；规定性知识（prescriptive knowledge）；描述性知识（de-

① 美国科学促进协会 . 2001. 科学素养的基准 . 中国科学技术协会译 . 北京：科学普及出版社，29
② 国际技术教育协会 . 2003. 美国国家技术教育标准 . 黄军英等译 . 北京：科学出版社，2

scriptive knowledge)。① 由于描述性知识和规定性知识都属于明言知识（explicit knowledge），这样，文森迪对技术结构的划分大体上是依照了波兰尼（Polanyi）关于明言知识与默会知识的划分。但描述性知识与规定性知识又是不同的。描述性知识是刻画事物是什么，而规定性知识是说明为了达到想要的结果必须做什么。

（一）默会知识

默会知识是那些只能意会而不能言传的知识。默会知识主要是个体发挥技能、判断力和实践经验的结果，它是不甚明确的知识，难以运用通常的形式进行表达。默会知识可以通过描述、图表、绘图加以解释，但它却主要源于个体的经验。由于默会知识与规定性知识都与做事的程序有关，故在实践中这两类知识是紧密关联的，也都是程序性的。

大部分默会知识是个人的、主观的和情境化的知识，不能通过书面文字或口头语言进行传递，它常常构成熟练工人的"职业窍门"。一位熟练的焊工在操作上能做到高质量地焊接好工件，但一般不能准确地说出他是如何做的。如果你追问他，他只有回答："我只是会干。"这并不是工人师傅不善于表达或谦虚，再出色的技术专家也不能完全解释他们所知道的，即使想说也说不清。波瑞恩（Perrin）甚至认为，操作知识基本上都是默会知识。② 因为，人在解说自己的操作时，说话不可能跟上操作的速度，而为了保证语言信息的连续性又不得不舍弃某些细节。这样，技术就很难通过明晰的教学语言来传递，至少不能主要地依靠语言解说。

其实，默会知识在技术活动中发挥作用的程度远比人们通常认识到的要大得多。而且，它不会因为在技术活动中使用了以科学为基础的、更加复杂的制造方法而消失。相反，关于"如何做"的默会知识会以更新的形式出现，那些不能编码的技能在工业生产和技术革新中依然扮演着重要的角色。即使在所谓的高科技领域，如飞机制造业、电子、无线电通信，在很大程度上也要依靠通过经验获得的默会知识，大量的工业技术革新就是通过这种非编码的技能实现的。波兰尼也有基本类似的看法，他认为"即使在现代工业中，默会知识仍然是技术的一个重要部分"③。

---

① Herschbach D R. 1992. Technology as knowledge: implications for instruction. Journal of Technology Education, 7 (1): 31~42

② Perrin J. 1990. The inseparability of technology and work organizations. History and Technology, 7 (1): 1~13

③ Polanyi M. 1958. Personal Knowledge：Toward a Post-Critical Philosophy. The University of Chicago Press. 52

（二）规定性知识

规定性知识是在追求更大成就的不断努力中获得的，比如，对工艺流程或操作的改进，其改进之处就成为新的规定性知识。规定性知识处于前理论水平，它常常通过实验、试误和试验而获得。虽然它有时需要科学知识做基础，但它与科学原理的联系却较少，所以也不容易运用一般的形式进行编码。由于只有容易编码的东西，才容易进行传递，所以，规定性知识一旦离开了具体的活动，就很难进行教学。这显然对于技术教学有重要的启示意义。

规定性知识可以随经验的丰富而增加或改变，但规定性知识并不是非心智的（nonintellectual），它甚至能与最新的智力研究成果建立关联，并因智力活动的参与而得到巩固。这给了人们一种启示，技术活动是一种既动脑又动手的活动。

（三）描述性知识

描述性知识是对事实的陈述，它常常提供一个关于材料属性、技术信息和工具特征的操作性框架。描述性知识可以采用科学结构、数学公式、规则、抽象概念和普遍原理等形式进行表述，并且也常常具有稳定的和概括化的结构。由此，它有些近似于"学科"的形式化知识（formal knowledge）。但是，也有某些描述性技术知识并不明显地存在于或者来源于科学理论。因而，描述性知识可以是科学的知识，也可以不是科学性的。与所有其他技术知识一样，描述性知识也是只有在人类的活动中才能寻到它的技术意义。

二、层次结构

技术的层次结构，是按技术的复杂性程度对技术进行的划分。1987年OECD根据生产新产品和掌握新工艺的复杂性，将技术知识划分为四个层次：操作知识、维护知识、调整知识和设计知识。[1] 1989年，弗雷（R. E. Frey）在《理解技术的哲学框架》一文中提出：技术的复杂性水平越高，则零散的知识就越多。他根据技术知识的理论化程度区分了不同水平的技术知识。[2]

（一）手工技能

这是最低水平的技术知识。尽管包括规定性知识和更少的描述性知识，但

---

① 谢伟.2000.技术和技术结构.科学管理研究，18（5）：34～38，69

② Herschbach D R. 1992. Technology as knowledge: implications for instruction. Journal of Technology Education，7（1）：31～42

它主要是默会知识。也正是由于工匠技能的高度默会性，对于这种技术知识的教与学的最好方式是观察、模仿和试误而非言传。

（二）技术准则

这是第二层次的技术知识。技术准则是对制造和技术使用过程中所应用技能的概括。但在实际的技术过程中，如果没有一定的默会知识的伴随，则技术准则通常也是不完整的。正是由于这个原因，技术准则、规则、秘诀、流程通常是在活动或者工作中学习得到的。

（三）描述性定律

这是直接来自于经验的类似于科学知识的明晰而概括化的技术知识。由于来自于经验，并且主要是在尝试与观察的基础上形成的。因而，描述性定律经常被视为是经验定律。尽管它也可以高度复杂，并且除了言语描述外，还可以通过公式和数学方程来表示。但因为缺乏足够的解释理论，描述性定律仍然达不到科学的水平。但描述性定律也可进行形式化的教学。

（四）技术理论

技术理论是最高水平的技术知识，是将科学知识运用于真实情境的成果。它与大量的定律相关，并提供具有内在一致性的解释框架。现代技术的特征之一就是需要运用大量的理论知识，也正是在这个意义上，技术有些像是一门"学科"。但是，理论知识越来越多地成为技术成分，并没有削弱通过实践经验而获得的规定性知识和描述性知识的重要性，也没有改变技术理论来自于应用情境这一事实。所以，技术仍然不是一门像物理、化学那样的学科。

技术理论其实就是技术原理，技术原理不是科学知识。比如，电话的发明者贝尔曾提出，"设法将说话所发生的空气振动变成电流的连续变化，再用电流的变化模拟出声音的变化"，这其实是提出了电话技术原理。但它与具有普遍解释功能的电磁感应和声音在空气中传播的科学知识显然是不同的。

除了内容结构和层次结构这两种结构分析类型外，技术知识还有其他分析类型。其中，对技术教育更具有指导意义的当属美国国际技术教育协会所作的技术结构描述。在1996年出版的《技术学习的原理与结构》著作中，IATE从系统地培养学生的技术素养这一目的出发，按照技术要素的普遍性标准，将技术的结构描述为过程、知识与背景。这一结构分析与本书关于普通高中技术课程构建的概念框架相吻合，故此处不作过多阐述。

第三节　技术知识和科学知识的区别

在技术发展史上，有许多证据表明，尽管技术与科学的关系在某些领域里是那样的紧密，但两者并不是同一性质的知识。"科学技术"首先可以解读为"科学"和"技术"。马克思就曾经将"技术"与"科学"并列，他说："劳动生产力是随着科学和技术的不断进步而不断发展的。"[①] 技术与科学同等并列，实际上就是暗含了技术与科学是有区别的。

就技术与科学的区别，本书后面在论述技术教育的独立品性时，还要涉及。此处谈其区别，主要是结合本章意图，从知识属性的角度进行研究，意在凸显技术的本质。

一、知识性质区别

技术知识与科学知识的性质是不同的。科学知识强调的是认识，注重的是其解释意义。作为知识，它是理论知识、观念知识、概念系统。而技术知识所强调的是"做"，注重的是其功效意义，实用是技术知识的核心特征。结合对它的定义研究，它是实践知识、行动知识、活动知识。技术知识的这种行动特征能够很容易地得到大量日常经验的支持。一些精通电路原理的大学教授很可能连收音机都装配不好，而物理理论知识一般甚至贫乏的人却可能是技术高手。

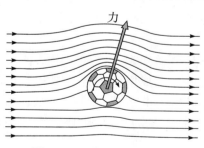

图 1.1　足球飞行受力示意图

的确，通常人们很难想象，乒乓球的"削球"技术、足球的"香蕉球"技术与飞机飞行（仅就空中飞行而言）共享着同样的空气动力学原理——静压大于动压的伯努利原理，其公式为 $P + \rho v^2/2 + \rho g h = C$。式中，$P$、$\rho$、$v$ 分别表示单位流体的压强、密度、流速；h 为所处高度；C 为常量。在图 1.1 中，线条代表空气流动方向，其中的足球可以换成乒乓球、机翼（升力）。其中所包含的空气动力学知识，一般是大学物理才会涉及的知识。但是，懂得这个知识与让飞机（甚至航模）飞起来，或者打出乒乓球的技术变化来，根本就不是一回事。一些乒乓球和足

---

① 马克思，恩格斯.1972.马克思恩格斯全集.第23卷.北京：人民出版社，664

球界的超级国手、国脚，能通过制造球的旋转，不自觉地运用伯努利原理，虽然他们未必理解其中的科学，但这并不影响他们打（踢）球的效果。同样，动量定理与火箭发射技术之间相差十万八千里，而从原子核知识和能量守恒定律到原子弹成品之间更是有漫长的征程。1850 年德国物理学家就提出了完整的数学形式的能量转化与守恒定律，但直到 1945 年第一颗原子弹爆炸，共经历了 95 年的时间。可见，技术知识与科学知识并不是一回事。

技术史家福格森（E. Ferguson）指出，"技术是一种高度依赖视觉的活动，技术知识即使能被表达，在很大程度上也是以视觉形式而非以口述或数学形式进行表达的"①。技术往往是包括了各种知识的综合实践，如摄影技术，既包括一定的光学成像知识、相机结构与各部件功能方面的知识，还有关于光线、景物、色温和曝光量等的经验知识，还包括摄影家的艺术敏锐力。它是一个综合的知识体，这个知识体就是关于摄影技术的实践知识。

二、思维方式区别

技术思维并不像数学、物理那样强调逻辑推理，而是更多地表现出人类行为学的特征。"科学的思维方式是分辨是非、弄清真伪、坚持真理、修正错误；技术的思维方式是权衡利弊、趋利避害，如何使低效变成高效。"② 科学知识是理性思考与实验验证的结果。虽然，在科学活动的各个不同方面与局部，存在着各种思维形式，如形象思维、逻辑推理和抽象思维。但科学思维的最根本特点还是它的求真性与抽象性。而技术思维就不同了，它不仅包括抽象思维、逻辑思维，还包括动觉思维。对于技能、技术的掌握，动觉记忆是技术必不可少的、独特的思维活动。动觉思维是一个与肢体运动相关的思维形式，这是"关于运动、在运动中和通过运动"的思维形式，是一种关于技术动作灵活调整的思维形式。长期不用的一项技能，甚至快要忘记的一项技能，当相应的运动场景出现时，技能可很快恢复，这就是动觉记忆的功劳。

相对于科学思维的"理性"，技术思维还具有"物性"特征，表现在技术与特定的技术物密切联系。拜德教授认为，"在纸上设计并不是技术的全部，运用物质材料是工具发明的有机组成部分，这点是很重要的，因为物不是观念。假如我们不能在头脑中对物质的'物性'保持清晰的认识，那我们将误解技术"③。

---

① 程显毅，扬健，盛文 . 2001. 软件 agent 是一个计算实体 . 计算工程与设计，22（1）：41～47

② 林德宏 . 2004. 科技哲学十五讲 . 北京：北京大学出版社，223

③ Baird D. 2009-08-12. The thing-y-ness of things：materiality and design, lessons from spectrochemical instrumentation. http：//people. cas. sc. edu/bairdd/thing. htm

哲学、数学、物理等领域的科学原理是具有普遍性的，即在任何情景下它的解释功能都是一样的。但技术不同，其"物性"特征决定了技术必然是情境性的知识。尽管技术知识也包括技术理论知识，但技术理论也是按照技术实践的需要而进行选择和组织的。因而，技术理论知识与一般的科学理论知识也是不同的，它是行动理论、实践理论、活动理论，也是情境性的。技术知识的情境性特点增加了技术在不同情境之间进行迁移的难度，不仅国与国之间的技术转移困难，在一个环境中技术出色的乒乓球选手刚进入另一个环境时也往往打不出原有水平——光线、打球的回声、场景的熟悉程度都会影响技术的发挥。

当然，如同设计不是技术的全部一样，"物性"也不是技术知识的全部属性。特别是基于科学的当代技术，心智活动往往贯穿于技术的全过程，即"智性"也是技术的一个重要特征。

三、知识目的区别

目的是区别技术与科学的主要维度或方式，"无论如何，它们是两类不同的活动，简单说就是，科学的目的在于推进知识的进展，而技术的目的则是改造特定的实在"①。亨德尔（Hindel）提醒人们，不仅在科学与技术之间存在着固有的历史性张力，技术远不是科学所能表达的。因为，"科学和技术有着不同的目标，科学寻求基本的理解——通常用语言和数学术语来表示观点、概念，而技术则寻求制造和做事的手段。技术是个方法问题——按照三维空间中做事所需要的方法"②。科学知识的目的是理解自然现象和自然法则，对现象进行解释，为事件提供真实的描述，并逐步建立知识体系；而技术知识是指向人类行为意义的，即技术知识的目的是有效地控制或操作物理世界，效率是技术的终极目的。

科学基于观察并做出假设以形成理论，而技术则在于影响和控制活动；科学理论的价值体现为抽象性和概括性，而技术强调工具性和应用性；科学寻求通过对现实的调查和理解以求扩展知识，而技术则致力于运用知识按照人类的设计创造一个物理的现实，为实现人类的愿望提供便利，解决问题。比如，相对于空气飞行的物体表面，流动速度大的空气在物体表面所产生的压力要小于流速小的一面所受到的空气压力，对于这个现象的解释是科学的任务。但依据这一现象是发

---

① 〔法〕让·特拉利尔.1997.科学和技术对文化的挑战.吕乃基，王卓君，林啸宇译.北京：商务印书馆，36

② Hindel B. 1966. Technology in early America. Chapel Hill，NC：University of North Carolina Press. 4～5

展出飞行技术，还是或有意或无意地发展成乒乓球的削球技术、滑板技术，则是技术要探索的了。再比如，"研究一种二进位制的计算方法以替代十进位制的计算方法，这是一项科学活动——如果数学能够被认为是一门科学的话，然而，用二进位制的计算方法设计成一种计算机，则应属于一项技术活动"①。

四、评价标准区别

科学关心知识的"真理性"，它显得很超脱。像静压大于动压这"一类"现象的流体动力学规律，人们并不去考虑它的利弊，事实上也不存在什么利弊问题，科学可以不关心用它去做什么，它就是它，是客观真理。类似的道理，"克隆"技术作为一项高新科技，在其研究的过程中，也可以不去考虑它的负面影响。而技术则显得更为现实，它关照世俗，关心技术结果的便利、实用与安全，还包括成本、价格、功能与操作等方面的考虑。在当代社会，技术还要考虑对环境、对人类社会的影响。仍以"克隆"技术为例，从科学的角度，克隆一个人与克隆羊、克隆牛在科学原理上是相似、接近甚至一样的。但如果真要克隆人，那必将引起社会伦理秩序的紊乱。

在人类中心主义的精神支撑下，人类滥用技术，向大自然母亲无限度地索取自然资源，已经严重地破坏了人与自然的和谐。这已经引起了全人类的共同关注，使技术发展的伦理问题成为现代社会普遍关注的问题之一。化学工业对于环境的污染已经在严重地威胁人类的生存，核扩散则引起了全人类的担忧，从而使技术的社会意义愈益彰显。此外，技术与市场的关系是直接的。在市场经济条件下，市场甚至会左右产品开发和技术发展的方向，而科学与市场的关系则是间接的，市场对科学的影响要通过对技术的选择来间接完成。

技术与科学是两个不同的概念，即使它们的联系再紧密，科学还是科学，技术还是技术，不可混淆。明白了这一点，也就容易解答所谓的"李约瑟难题"了。李约瑟在《中国科学技术史》和其他文献里曾经提出："中国在16世纪之前科学技术一直领先于西方，但为什么近代科学技术却诞生在西方而没有诞生在中国呢？"此乃所谓的"李约瑟难题"。这个问题固然很复杂，不过，他的问题本身就值得推敲，他没有区分科学和技术这两个概念。其实，中国在16世纪以前领先于西方的是基于经验的技术，而不是科学，更不是科学技术。在那时，无论东方还是西方均没有近现代意义的科学，只有作为思辨知识的自然观。但是，自从伽利略将实验方法引入自然现象研究之后，西方近代科学的发展开始

---

① STS教育研究小组.1990.STS教育的理论与实践.杭州：浙江教育出版社，31

发生实证主义转向，并取得了快速发展。依靠科学的强大支持，西方科学意义上的技术也获得了快速的发展。而近代中国，长期的闭关锁国政策和对"治人之术"的追求，并没有出现近代意义的实证科学，当然也不可能有以科学为基础的技术。

第四节　技术知识与科学知识的联系

尽管从本质上说，技术不同于科学。但当代技术与科学之间的联系正日益加强，以至于在某些领域里我们甚至难以区分科学与技术，这也是不争的事实。

一、当代技术对科学理论的依赖越来越强

19世纪中叶以来，技术对科学理论的依赖越来越强烈。电力技术、核技术、精细化工技术、电子技术、生物技术、信息技术、航天技术等，都是在科学理论有了突破以后才发展起来的。20世纪初的量子理论和相对论等，为原子能、合成化工和半导体技术的发展提供了理论基础；原子核裂变、核聚变现象的发现，促进了原子能技术的发展；对于二氧化硅的研究和晶格理论的建立，则催生了半导体技术和计算机技术。

20世纪以来，科学以惊人的速度向前发展，也极大地促进了技术的发展。同时，科学转化为技术的时间间隔在明显缩短，这在很大程度上标志着技术与科学联姻的"亲密程度"（表1.1）。

表 1.1　物理科学上的发现与技术应用之间的时间间隔

	发现年份	应用年份	时间间隔/年
摄影术	1727	1839	112
电动机	1821	1886	65
电话	1820	1876	56
无线电	1867	1902	35
真空管	1884	1915	31
X射线	1895	1913	18
雷达	1925	1940	15
电视	1922	1934	12
核反应堆	1932	1942	10
原子弹	1939	1945	6
晶体管	1948	1951	3
太阳能电池	1953	1955	2

资料来源：金含芬.1991.国外中学教育.北京：中国科学技术大学出版社，21

二、技术与科学在某些高科技领域已渐趋一体

20 世纪中叶以来，材料科学的发展，为人造卫星、航天飞船的制造提供了高性能的材料；20 世纪 60 年代对 DNA 的研究，导致了生物技术的产生。同样地，计算机芯片的设计在很大程度上依赖于对硅和其他材料电子特性的全面了解；某种特效药品的研制，在很大程度上依赖于对蛋白质和其他生物分子结构及其相互影响的研究。1996 年克隆羊"多利"的出生，更要归功于遗传科学。所有这些都显示，以科学理论做基础已经成为当代技术的重要特征，这是当代技术不同于传统经验技术的显著区别。

在许多前沿技术领域（如生物技术），技术与科学已经"难舍难分"了。以至于在某些领域里，如通信、计算机、医药和化工等领域，科学和技术的界限是模糊的，在高科技生长最活跃领域里的技术常常是科学性的。在这些领域里，技术是基于科学的技术，而科学知识也常常呈现为技术形态。至于一些重大的综合性科技项目或技术工程，如神舟飞船、登月工程或利用基因工程生产出抗病害植物，则人们更难甚至不可能将其中的技术与科学分清楚。由此可见，技术与科学的发展已经越来越紧密地融为一体，尤其是在某些高科技领域。

第二章　技术教育的历史发展

历史永远是人们革新事业的智力源泉，也是人们汲取教训的反思之源。高中技术教育的发展历史，是我们研究和革新的基础。

第一节　视角转换后的技术教育

英国著名科学与技术教育家赫胥黎曾在 1887 年的一次演说中说道："要给技术教育下一个能得到人们公认的定义，那就超越了人的才智。"① 不过，尽管定义难下，但探讨技术教育的基本含义不仅十分必要，而且也是可能的。

一、技术教育的发展

技术教育的历史大概与技术发展史一样久远，基本与人类社会的发展史同步。

（一）早期技术教育：师徒授艺

在早期的人类社会发展阶段，如原始社会、奴隶社会和封建社会②，技术教育是在生产劳动或者职业活动中，通过长辈示范、后生模仿即"师傅带徒弟"的方式进行的。在整个社会的生产力水平较低、人类知识经验还相当有限的情

---

① 〔英〕托·亨·赫胥黎.1990.科学与教育.单中惠，平波译.北京：人民教育出版社，283

② 这里所说的奴隶社会、封建社会应理解为生产力发展的阶段或水平。因为各国发展过程与速度不同，实际的社会发展阶段在时间上步调不一。比如，我国还处于封建社会时，一些发达国家早已进入了资本主义时代

况下，技术教育与劳动生产的联系是天然的，它并没有发展成为独立的力量。

早期技术教育的主要内容是传授谋生或职业所需的手工艺，即师徒间传授手艺。

（二）技术教育兴起于资本主义机器大工业生产

到了资本主义时期，特别是以蒸汽机的使用为标志的工业革命以来，纺织工业首先实现了机械化，火车、轮船也相继出现（图2.1）。这些技术上的革新极大地促进了当时资本主义世界的经济发展，使"资产阶级在它的不到一百年的阶级统治中所创造的生产力，比过去一切世代创造的全部生产力还要多，还要大"①。此时，如果一个人不具有机器大工业生产所需要的技术水平，那么，面临他的就只有失业。

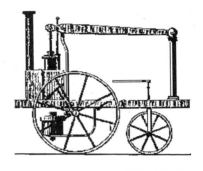

图 2.1 梅多克利用瓦特蒸汽机制成的蒸汽机车模型（1784）

这样，就产生了接受技术教育的需要。而单纯依靠经验式的言传身教又不能满足越来越多的人想要学习机器大工业生产技术的要求。于是，就需要有专门机构来提供专业化的技术教育。这是技术教育产生的社会基础。

（三）马克思对技术教育的论述

马克思看到了资本主义的整个生产过程，已经不再主要依靠工人的经验技艺，而是更多地依靠机器技术和新工艺，这一变化促使他对技术和技术教育进行了精心研究。他不仅研读过科技和经验方面的著作，研究过技术史、技术学和农学史，甚至还亲自听过大学教授的技术机械学实验课和实践课。这使他不仅看到了技术可能对人的异化，而且更看到了技术教育的价值。

1866 年，马克思在《给临时中央委员会代表的关于几个问题的指示》信中，提出将教育理解为以下三件事②：第一，智育；第二，体育，即体育学校和军事操练所传授的那种东西；第三，技术教育，这种教育要使儿童或少年了解一切生产过程的基本原理，同时使他们获得使用一切生产的最简单的工具的技能。

马克思的这一学说，代表了 19 世纪最先进的思想家对于技术教育的关注，也折射了这一时期资本主义世界技术教育的发展状况。18 世纪末 19 世纪初，法

① 马克思，恩格斯 . 1972 . 马克思恩格斯选集 . 第一卷 . 北京：人民出版社，256
② 马克思 . 1957 . 给临时中央委员会代表的关于几个问题的指示 . 教育译报，（1）：1，2

国等一些欧洲国家先后建立了中等或高等工业（工艺）学校。19 世纪 30 年代，"机械工人讲习所"在英美等国大量出现，并逐渐形成了一种不同于传统教育的类型——职业教育。"技术教育"在 19 世纪中叶以后渐渐成为一个广泛应用的术语，并与职业教育紧紧地联系起来。

技术教育作为以传授资本主义大机器生产所需知识技能为目的的教育，是机器大工业生产所带来的产物。

（四）技术教育发展的阶段描述

通过考察技术教育的发展史可发现，从 19 世纪末到现在，技术教育经历了许多重大的变化，这些变化大致可以表述为四个发展阶段：

第一阶段，19 世纪末至 20 世纪二三十年代，基本为手工艺教育时期。

第二阶段，20 世纪 30 年代至 20 世纪 60 年代，基本为工艺教育时期。

第三阶段，20 世纪 60～80 年代，基本为工艺教育转型、当代技术教育萌芽时期。

第四阶段，20 世纪 80 年代以来至今，属于当代技术教育时期。其基本特点为教育内容主要是基于科学的技术教育。

不同时期的划分，大体表征了技术教育的发展轨迹。当然，每一时期的特点都不相同，对其特点的阐述分散于本书的各章节。

二、技术教育与职业教育

在《教育大辞典》中既能查到"技术教育"，也能查到"职业教育"，可见两者还是有所不同的。《教育大辞典》对"职业教育"的解释是这样的："传授某种职业或生产劳动知识和技能的教育。18 世纪末产生于欧洲。"[①] 而对"技术教育"的解释是"培养技术员类人才的职业准备教育。由于生产技术的发展，尤其是到电力技术阶段，应社会需要而产生"[②]。《不列颠百科全书》对"技术教育"（technical education）的解释是："学生为谋求与应用科学和现代技术有关的工作而接受的学科和职业训练。重点是了解和实际应用科学与数学的基本原理，而不是熟练掌握职业教育所侧重的手工工艺。技术教育以毕业生就业为目标，其职业高于熟练技工，但低于科研人员或工程师的水平。这一类人就业后一般为技术员。技术教育不同于职业教育，后者主要着重于广泛学科内容的理论、原理和对这些学科内容的理解，旨在使毕业生能在科学、工程、法律或医

---

① 顾明远.1998. 教育大辞典（下）.上海：上海教育出版社，2032

② 顾明远.1998. 教育大辞典（上）.上海：上海教育出版社，652

学这样的领域中成为权威。技术职业在包括农业、商业管理、计算机和数据处理、教育、环境和资源管理、平面造型艺术以及卫生和医学在内的一系列广泛领域中至关重要。技术教育通常在高中毕业以后，授业两年，不授予学士学位。多种教育机构，如技术学校、初级学院、职业学校、正规学院和大学，都提供技术教育。"[①] 显然，上面所列举的技术教育定义，都是将其视为一种特殊的教育类型或阶段。

仔细体味这些定义，可感受到"职业教育"和"技术教育"：第一是同源；第二是因为同源，所以关系密切；第三是两者也有细微区别。技术教育具有明显的职业教育属性，只是技术教育的培养目标是技术职业的从业人员，比熟练工人的层次要高些，工作与电力等现代技术相关。而职业教育只是强调为职业服务，不关心培养目标的层次高低，工作可"贵"可"贱"。

技术教育与职业教育的差别是细微的、不明显的。技术教育具有明显的职业教育属性，加之技术教育的产生与职业教育的出现本来就是一致的。故而，今天的人们一般不对技术教育和职业教育进行严格的区分，而是笼统地称之为"职业技术教育"。"职业技术教育"作为一种教育类型，《教育大辞典》是这样解释的："进行科学、技术学科理论和相关技能学习的教育以及着重职业技能训练和相关理论学习的教育。与其他类型教育比较，偏重理论的应用和实践技能、实际工作能力的培养。大都处于高级中学阶段和高等专科阶段，也有的处于初级中学阶段。培养目标为各层次的技术人员、管理人员、技术工人和其他城乡劳动者。各国使用的名称不一，也无统一的严格定义。"[②] 显然，这是将"职业技术教育"作为一种教育的类型来定义的。1974 年，联合国教科文组织也建议将"技术与职业教育"（technical and vocational education）[③] 作为一类教育的一个综合性术语，权威地认同了两者的特殊联系。

技术教育与职业教育同宗同源，亲密到难以区分。反观 20 世纪 80 年代以来，我国学者曾热烈地讨论过"是不是应该将职业技术引入到普通中学的课程结构中？"甚至还无谓地讨论"劳动技术教育"与"职业技术教育"的区别，暗示普通中学可以开设职业技术课程，但它与劳动技术教育是不同的……凡此种种。此时看来，其争论的价值是令人怀疑的。因为，所有的技术教育肯定都具有职业属性。既然能开展技术教育，岂有拒绝职业技术课程的道理？引入几门

---

① 美国不列颠百科全书公司 . 1999. 不列颠百科全书（国际中文版第 16 卷）. 北京：中国大百科全书出版社，485

② 顾明远 . 1998. 教育大辞典（下）. 上海：上海教育出版社，2030

③ 笔者认为"技术与职业教育"的说法，基本等同于我们习惯说的"职业技术教育"

职业技术课程，给学生增加一点课程选择的机会，改变不了普通中学的"普通"性质。从课程实践上看，以往我国在"劳动技术教育"的名义下所开展的许多课程活动，有相当的比例就是职业技术课程！只是，如果强调劳动技术教育的道德教育功能，那它的确与技术教育有明显的区别，这点正是本书要进行剖析与批判的。

三、普通教育中的技术教育

（一）从"教育类型"到"教育领域"的视角转换

有学者认为，"从概念范围来看，技术教育是从属于职业教育的，把它并列在一起是不恰当的"①。这样，"职业技术教育"就应该理解为是"职业教育中的技术教育"。但是，这样理解，仍然是"条件反射"般地将技术教育归入了职业教育中。马克思曾将技术教育理解为"三件事"之一，是因为他看到了旧的社会分工对工人的身心发展造成了畸形后果。因而，他将"技术教育"看做是人的全面发展的重要组成部分。他倡导技术教育的目的就在于"弥补分工所造成的缺陷"。他认为"把有报酬的生产劳动、智育、体育和综合技术教育结合起来，就能够把工人阶级提高到比贵族和资产阶级高得多的水平"②。这实际上是从另一角度来看待技术教育的，这个角度无疑就是将技术作为人类知识技能的一个重要领域，看做是人的全面发展的一个重要领域，就如同人们熟悉的德育、智育、体育等"育"中的任何一"育"一样。

事实上，在我国出版的教育理论著作中，关于全面发展教育的组成部分，的确也有"德、智、体、美、技"这样的表述。③《教育大辞典》对技术教育的解释除了上述将其解释为"培养技术员类人才的职业准备教育"以外，还有另外一种解释，即"泛指以传授一定技术基础理论并以应用为目的的知识技术教育。区别于运用科学规律阐述自然和社会生活中各种现象发生、发展的科学教育"④。这里，技术教育被作为与科学教育相呼应的一个领域，它当然也是人的全面发展的重要领域之一。

（二）技术教育应该成为普通教育的一个领域

将"技术教育"视为人的全面发展的一个重要教育领域，而不再将技术教

① 门振华.1988.职业技术教育概论.重庆：重庆大学出版社，6
② 马克思.1957.给临时中央委员会代表的关于几个问题的指示.教育译报，(1)：1，2
③ 南京师范大学教育系.1984.教育学.北京：人民教育出版社，189～193
④ 顾明远.1998.教育大辞典（上）.上海：上海教育出版社，652

育视为一种教育类型。那么，它当然可以是"职业教育中的技术教育"。也正因为它是一个教育领域，当然可以而且应该是"普通教育中的技术教育"，即技术教育就是教育的一个重要的知识领域，它既可以存在于职业教育中，也应该存在于普通教育中。1974年联合国教科文组织第18届大会通过的《关于技术和职业教育的建议》认为，"技术与职业教育"包括：①普通教育的职业技术入门教育；②为了在某一职业领域就业而作准备的职业准备教育；③作为继续教育一个方面的职业继续教育。这表明将技术教育视为普通教育的一个重要组成部分，得到了国际权威组织的认可。"在中学阶段就应该进行普遍综合技术教育——这种教育可以保证职业的流动性并将引向终身教育。"①

技术教育在早期发展的过程中，主要是在工业学校、工艺学校和职业学校等这些职业教育性质的学校里进行，以至于人们容易将技术教育也看成是教育的一种类型。但今天，无论是对于职业教育，还是对于普通教育，它都是十分重要的知识领域。"懂得技术，在现代世界是十分重要的，而且必须成为基本教育的一部分。如果一个人不懂得技术方法，那么他在日常生活中就会越来越依赖别人，就会减少他就业的机会，而且会增添这样的危险，即过度地应用技术所产生的潜在的有害影响最终会变得猛烈起来（如个人之间的疏远和环境污染等）。"②苏联著名教育家 M. H. 斯卡特金在研究总结了苏联实施综合技术教育的经验之后，指出，"在普通学校和职业学校都必须进行综合技术教育"③。这表明技术教育作为普通教育的一个重要部分，不仅是应该的，而且是必需的。但是，"在目前的普通教育中，人们并没有系统地从理论上学习技术。人们也没有试图了解技术对个人、社会或整个世界的用处"④。因而，在普通教育中实施技术教育还是一项紧迫的事业。

（三）普通教育中技术教育的特点

诚然，由于普通教育和职业教育在办学宗旨上的不同，技术教育在普通教育中的表现也应该有所不同。技术教育的目标、内容与教学策略，都有各自的特点。但主要的区别是在教育目的上，而不一定体现在内容上。同样的技术内容，如果是以具体的职业为目的指向，那它就是职业技术。普通教育中引入一点职业技术课程，并不能改变学校的性质，学校总体上还是普通教育，课程的

---

① 联合国教科文组织国际教育发展委员会.1996. 学会生存. 华东师范大学比较教育研究所译. 北京：教育科学出版社，96，97

②④ 联合国教科文组织国际教育发展委员会.1996. 学会生存. 华东师范大学比较教育研究所译. 北京：教育科学出版社，95

③ 斯卡特金 M H. 1982. 现代教学论问题. 张天恩译. 北京：教育科学出版社，4，5

主流也还是普通文化课程。当然，普通教育中的技术教育，其技术课程的主体并不是具体的职业技术，而主要是一般的、基础性的和非职业指向的技术课程，目的在于培养学生的基础技术素养。对于引入的职业技术课程，在内容上一般也要进行适当的"剪裁"。

与职业教育中的技术教育相比，普通教育中的技术教育具有自己的特点：

第一，教育目的不同。普通教育中的技术教育，将技术视为人的素质的一个重要领域，意在提高学生的技术素养，促进学生的全面发展。而职业教育中的技术教育，其目的性则很明确：指向于就业，培养职业所需要的技术技能。

第二，职业指向的精确性不同。虽然普通教育中的技术教育也具有一定的职业意义，但其职业指向并不具体。主要是通过技术教育初步了解多种职业，掌握在多种职业中需要的、一般的、基础性的和综合性的技术。而职业教育中的技术教育则要求学生精深掌握某一具体职业所需要的技术与工艺。

第三，受教育的对象不同。普通教育中的技术教育面向全体学生，而职业教育中的技术教育则面向选定了具体职业发展方向的特定学生。

基础教育是为人生的发展打基础的阶段，因而，各方面都具有很强的不确定性。学生将来要从事什么职业、进入到哪一个部门，还是个未知数，但要想成为一个全面发展的、个性丰满的、有技术素养的人，中小学生就必须接受一定的技术教育，一方面是作为一个21世纪新人必备的素养部分；另一方面，也为他们未来可能的技术职业生涯发展打下一定的基础。

四、普通高中的技术教育

普通高中是基础教育的一个特殊阶段，不仅面临着高中生毕业分流，更意味着学生发展的多样化与个性化。无论他们是升学，还是直接就业，具有基础的技术素养是21世纪对青年人的基本要求。

（一）普通高中进行技术教育具有现实意义

普通高中是基础教育的最高水平和最后阶段，也是学生发展大量分化的开始。一部分毕业生进入了高等学校学习；而另一部分学生，则要走向社会，进入到各行各业，开始职业生涯。近几年，我国每年都有几百万高中毕业生直接进入社会。大批未能升学的学生就业情况在很大程度上取决于他们的技术素养。他们对社会的稳定与发展也会产生重大影响。

但是，目前大多数普通高中却只重视学生的应试技能以及相应的高考科目，毕业生的技术素养和职业素质令人伤神。有位学生家长对高中生"种地不如他爸，绣花不如他妈"的朴素评论，就是现状的真实写照。因此，在高中课程中设置一些技术类课程，如服装设计、农业种植、商店经营、加工制造等，是教育现实的需要。考虑到高中教育的基础性质和学生个性的多样性，技术类课程可多设置为选修性质的模块。

（二）普通高中技术教育的基本含义

技术活动的过程一般也是解决问题的过程，其中要涉及工具、设备、材料、资金和各种知识。技术就是由这些因素综合而成且能发挥一定功能的系统。不同的技术情境，其技术因素的质和量也会不同，它们组合成系统的方式也要发生改变。技术教育就是教育学生学会用最适宜的因素和最佳的组合方式，让系统发挥最佳功能的一种教育活动。

在普通高中，技术教育是完整的普通教育的组成部分，是实现教育目的的途径之一。普通高中技术教育就是对高中生所进行的关于如何运用系统方法解决实际问题的教育活动。这种教育活动一般要综合运用工具、材料、资金、能源、信息、人力等技术资源和各种知识，以问题解决的方式实现一定的教育目的。同时培养学生理解技术对个人职业选择、社会发展和文化价值观所产生的实际影响。

不同的国家和地区在表述技术教育时，所使用的术语不尽相同。如"工艺"、"设计与技术"、"技术教育"。我国台湾则使用"科技教育"（technology education）一词来表述技术教育。

（三）普通高中技术教育的特殊性与综合性

1. 普通高中技术教育的特殊性

普通高中技术教育不同于面向具体职业的技术教育。其主要目的不是要培养专门技术人才，而是要培养学生的技术意识和技术能力，使他们掌握那些在多种行业和日常生活与工作中具有通用价值的基础技术，包括金工、木工、电工、电器、计算机、能源、运输、建筑、制造等领域的知识，也包括当地经济社会发展中最需要的技术知识，并从中形成对于技术发展的正确理解。以澳大利亚普通高中的"手工艺"课程为例，它"是普通教育的一个组成部分，而不是一门狭隘的，以手工艺为主的职业技术课程。这门课程传授的知识和技能不是针对某一种职业的，而是面向各行各业的。……旨在培养学生的创造性能力、研究能力和设计能力"[①]。

普通高中的技术教育是一个既要动脑构思、设计，又要动手操作的实践过程；是一个将高中的科学知识（物理、化学、生物、数学、地理等）转化为技

---

① 王斌华.1994.澳大利亚中学普通教育与职业教育的一体化趋势.现代教育论丛，(5)：45～52

术应用的试验场；是一个激发学生创造性思维的、具有"物性"特征的综合实践活动——一个运用技术原理和工具手段解决问题的实践活动。通过技术教育活动，学生对于技术过程、方法和常见的技术设计、结构等具有基本的技术意识和眼光，形成技术思维。其终极目的是培养学生适应 21 世纪社会所要求的技术素养。

2. 普通高中技术教育的综合性

技术素养不可能在真空中培养起来，也不是只靠理论就能堆积起来的，它必须扎根于实际的技术活动中。这决定了普通高中的技术教育不可能排除职业意义的技术课程。

更为重要的问题还在于，从最一般意义的基础技术到具体职业活动中的技术应用，这是一个难以分割的"连续谱"，这一点也是本书的理论成果之一。判断一项技术是基础技术，还是职业技术，主要是看该技术距离实际职业活动的远近。以此为标准，可以将技术区分为基础技术、行业技术、职业技术。当它与职业距离较近甚至能直接运用其中的时候，它就是职业技术；否则，距离较远，远到人们不好判断它能具体应用到什么职业活动，或者它能应用于多个行业领域，甚至对生活、工作的各个方面都有价值时，它就是基础技术。而行业技术是主要运行于某个行业系统的技术，由于行业内包括多个职业工种，故行业技术既有职业性又有通用性。

普通高中技术教育主要的不是要培养专门技术人才，因而在技术内容上强调其基础性。但又由于技术知识的"连续谱"性质，高中技术教育就难以确认哪些技术是基础技术、哪些技术是职业技术。而且，所谓的基础技术也往往是通过具体的技术活动来体现的。加之高中教育阶段的特殊性，至少在其技术课程中存在一些职业课程是合理的。所以，普通高中技术教育应该是一个包括基础技术、行业技术和职业技术的综合性体系。当然，由于高中的普通教育性质，其技术教育又不能过于强调职业目标。

第二节　国际高中技术教育的历史发展

虽然马克思在 1866 年就提出将技术教育作为普通教育的一部分，对当时工人阶级的子女进行最基本的、综合的技术教育。但实际上，当时真正地实施技术教育的机构并不是现代意义上的普通学校，而是工艺学校、工业学校和农业学校，这可能与当时资本主义世界普遍存在的教育"双轨制"现象有着直接的关系。人们通常把技术教育视为是职业教育的特殊形式，并将其作为实科中学或者职业学校的任务。而普通教育的任务则仅限于学术性课程，以帮助受教育者攀登社会的阶梯。工业革命以来，由于技术对工业发展的决定性影响，技术课程以各种名称渐渐进入到普通学校中。1976 年，联合国教科文组织对 23 个发展中国家进行调查后，指出："几乎在所有的国家里都已经或开始采取措施，把职业技术教育课程列入普通教育的课程计划。"①

技术教育进入高中，大致始于 20 世纪初。在近百年的发展中，尽管世界各国都同样地经历着技术进步对本国社会发展所带来的极大影响，但高中技术教育所经由的发展轨迹却并不完全一样。概括地论述这种发展过程并不容易，也难免流于空泛。所以，本书将选择几个国家，分国别进行研究与考察。

美国作为世界上科学技术最发达的国家，在教育理论与实践上，对我国教育产生了多方位的影响。改革开放以来，我国先后介绍、引进了杜威的教育理论、布鲁纳的《教育过程》、布卢姆的掌握学习理论和《教育目标分类学》、奥苏贝尔的"先行组织者"教学理论。近年来又研究和引进了美国学者派纳的《理解课程》和多尔的《后现代课程观》。这些对我国的教育理论研究与改革实践都产生了很大影响。而在改革开放前，无论是教育理论还是教育实践，苏联都是对我国教育影响最大的国家，又以新中国成立之初尤甚。甚至在 20 世纪 80 年代以前，我们在教育观念与实践运行方面都还带有"苏式思维"。英国是历史上科学最发达的国家之一，但 20 世纪经济的持续衰退，促使英国于 20 世纪晚期开始反思和改革教育，其重大举措之一就是重视技术教育。1988 年英国颁布《教育改革法案》，将"设计与技术"列为所有 5～16 岁的儿童都必须学习的基础学科。此举在国际教育界产生了很大影响，对我国基础教育改革也有一定的启示作用。

基于以上考虑，本书选取美国、苏联（俄罗斯）、英国三个国家，对其高中技术教育的发展进行考察，以期从中窥探普通高中技术教育发展的国际脉络。

一、美国高中技术教育的发展

（一）由"俄罗斯制"到手工艺进入普通高中

1868 年，莫斯科开办了一所培养工程技术人员的"帝国技术学校"，开始进行"工艺劳作"（shopwork）教学。"工艺劳作"主要是机械工艺，其中包括一系列金属加工和木材加工训练。它致力于发展学生的操作准确性、操作技能和

---

① 刘潮.1989.国外普通教育劳动技术课初探.外国教育，（5）：45～48

建筑知识。

　　1876 年，"帝国技术学校"的发展成就在美国"费城百年博览会"上展出，其机械工艺教学的"俄罗斯制"（Russian system）深深地吸引了美国一些教育家。其中有一位马萨诸塞州技术学院的院长，名叫瑞恩科（John D. Runkle），他对俄国人将工艺教室分割成不同的教学工作区、每个区都提供不同的具体活动、配备足够的设备工具以尽可能满足学生需要的做法大加赞赏。他从费城回到马萨诸塞州技术学院后，就在学院试行一种新教学方法。他建议建立工艺室（shops）以满足培养未来工程师所必需的机械工艺教学的需要。后来，马萨诸塞州技术学院工艺劳作系（the Department of Shopwork）建立了一所新型中等学校——"机械工艺学校"，该校对那些希望在工业领域就业而不是想当科学家的学生提供手工艺教育（manual education）。

　　对"费城百年博览会"同样有深刻印象的另一位教育家是华盛顿大学的伍德沃德（Calvin M. Woodward），正是通过他的号召与推动，"圣路易斯手工艺训练中心"得以于 1880 年 9 月创建。"这所中等学校向学生提供一系列的课程：除了英语、数学、科学、文学外，还提供仪器绘图、木工手艺、模具制造（pattern making）、浇铸（foundry）、锻造（forging）和机器维修（machine shop）。"① 由于影响日渐扩大，"圣路易斯手工艺训练学校"的课程模式被广泛地借鉴。1892 年，手工艺课程被引进旧金山"波伊斯高级中学"（Boys High School），但手工艺课程在性质上还是属于基础性科目。普通中学引入手工艺课程，这大概是最早的。

（二）"工艺"普遍成为普通高中的一个学科领域

　　然而，美国自 1906 年开始，兴起了一场职业教育运动。《马萨诸塞州工业教育委员会报告书》对中学设立目的不明、与职业毫无关联、脱离生活实际的手工训练课程进行了批判。1917 年《史密斯·休斯法》的颁布，使职业教育受到重视。于是，"工艺劳作"是不是属于职业教育引起争议。但另一种声音也很强烈，就是为了使美国的所有青年对于当时的产业状况有所了解并掌握相应的基本技术，作为与职业性的技术教育相区别的普通教育技术学科，"工艺劳作"理应成为普通中学学习的基础学科。1918 年，全美教育协会为了改革中等教育而任命的"中等学校教育十人委员会"发表报告，强调中学教育的目的是要培养中学生的健康、表达和计算技巧、家庭成员素质、职业能力、公民品德、能

　　① California Department of Education. Industrial Arts Curriculum Committee. 1970. Guide for Industrial Arts Education in California. Sacramento：Author. 1

有效利用闲暇时间等各方面品质。结果，20世纪20年代的美国中学课程从学术性传统中脱离出来，增加了诸如消费、家政、保健、体育等以及金工、木工等与生活和职业有关的实用课程。加之杜威教育理论的影响，"进入20世纪不久，工艺劳作就被普遍地接受为普通高中课程的一个学科领域"[①]。与此同时，一些新型高中也开始使用技术高中、综合技术（polytechnic）高中和机械工艺高中等名称。这些高中所提供的课程与"圣路易斯手工艺训练学校"相似，除了传统的学术性课程外，还包括机械制图、木工手艺（woodworking）、木材加工（woodturning）、模具制造、浇铸、锻造和机器维修。这些课程代表了当时商业和加工制造业的时代要求，也预示了新型高中的改革趋向。在这些高中学校里的11年级和12年级，也给那些准备在具体领域里就业的学生提供职业训练。

20世纪30年代前后，随着新材料的出现及其加工方法的革新，相应的教学方法也相应改革。"工艺"（industrial arts）这一术语逐渐形成并替代了"工艺劳作"（shopwork）术语。自此，"工艺"一词被广泛接受。20世纪80年代后，"技术教育"一词又逐渐替代了所谓的"工艺教育"。

（三）对传统工艺课程的时代改造

随着术语的转换，技术教育的内涵也发生了变化。在美国工艺协会1947年召开的年会上，美国著名技术教育家沃纳（William Warner）首次提出对传统的以手工艺训练为主要内容的技术教育进行转换。沃纳认为局限于木材加工、模具制造、浇铸、锻造和工业制图（drawing）的手工艺训练内容应该逐渐为主题更为宽广的动力、运输、通信、建筑、制造等领域所替代，由此勾画出现代技术教育的基本轮廓。在20世纪40年代末期的佛罗里达州的一些高中，工艺的内容就包括了动力、运输、通信、制造和建筑等五个领域。

20世纪50年代末，美国许多学者对20世纪20年代以来的"生活适应"功利主义教育提出了严厉的批评。特别是1957年苏联的卫星上天，更使美国教育界感到不安。20世纪60年代以来，以布鲁纳的学科结构主义为理论指导，以康南特（B. Conant）在广泛调研的基础上所提出的改革方案为参照框架，美国中学逐渐形成了以必修课程和学术课程为主、必修和选修相结合、兼顾升学与就业的课程结构理念。其中，技术教育主要是通过设立职业类选修课程的方式来进行，并与生活实际相联系。鉴于20世纪60年代以来，美国工业、技术、社会发展的实际，许多教育家认为，既然汽车是家家户户都要接触、使用的交通工

[①]　California Department of Education. Industrial Arts Curriculum Committee. 1970. Guide for Industrial Arts Education in California. Sacramento：Author. 1

具，将它列入中学课程是完全必要的。于是，许多中学除了一般的机械技术方面的基本技能训练外，还增设了汽车原理的学习与汽车驾驶与维修方面的课程。通过这门课程可以使学生掌握普通机械原理、制造、机器性能和使用方面的知识与技能，也有助于养成学生运用机械、仪表和初级装备的习惯。由于汽车是一门综合性的课程和技能训练，该课程对于学生学习农业机械、排灌设备、各种现代化的家用器械、工具、电器也有极大的正向迁移作用。同时，汽车又是一门职业技术课程，能增加学生的就业机会。

（四）技术教育与"职业与生计教育"相结合

由于 20 世纪 60 年代以来的中学课程存在压抑个性和过度重视智力训练的特征，于是，70 年代在"人本主义"的口号下受到诘难。在课程结构方面，70 年代的中学课程选修课大量增加，一度达到了 59%，职业类课程在综合中学大量增加，高中阶段的职业课程一度达到了 24%[1]，技术课程就包含在职业课程之中。在这一时期，美国还开展了影响较大的生计教育，以期将美国中学教育从"升学主义"引导到"生计发展"的轨道上来。生计教育面向所有学生提供持续全程的新型课程，在各年级将所学科目与社会生活联系起来。特别是在高年级，将所学科目与职业生涯结合起来，让学生掌握毕业后能直接就业的入门技能，使中学毕业生，哪怕他中途退学，都将具有谋生的技能，以维持其个人和家庭的生活需要。生计教育力图消除"普通教育与职业教育之间的鸿沟，学术与职业之间的人为樊篱"，被称为"是一种综合性的职业技术教育，但它比综合技术教育更具实用性、生活性"[2]，它加强了美国高中技术教育的综合性。

20 世纪 80 年代，由卡耐基教育促进会主持撰写的《高中：关于美国中等教育的报告》提出了美国高中阶段课程结构的详细规范：高中阶段的课程主要由核心课程（必修课程）和选修课程组成。其中，共同核心课程主要包括语言类课程（英语、文学、外语、艺术）、历史课程、公民课程、科学类课程、数学课程、技术课程、健康课程、职业课程和跨学科课程等，核心课程占 2/3，而选修课程则占 1/3。为了使中学的技术教育跟上科学发展的速度，促进未来技术人员的素质现代化。美国有 41 个州的教育部在 20 世纪 80 年代中期还共同提出了一项雄心勃勃的计划：在中学里开设"技术原理"课。[3] 该课程是为了使中学生们对技术的物理学原理及与之有关的数学获得实际的理解，以适应工作市场的需

① 王定华．2003．美国中小学课程考察．课程・教材・教法，(12)：59～66
② 钟启泉．1993．国外课程改革透视．西安：陕西人民教育出版社，364
③ 龚威．1987．美国在中学里试开《技术原理》．外国中小学教育，(5)：35

求变化。由于现代设备常常是机械、流体、电、热、磁等系统的结合，因而，"技术原理"课程就包括了适用于上述系统的物理学知识。这些报告和改革举措体现了美国高中20世纪80年代以来对技术教育的重视。这也可以从课程结构比例上体现出来。据统计，美国高中的课程计划，各科目在课程结构中所占比重分别为职业与生计教育24%、英语18%、数学13%、社会科13%、理科11%、体育9%、艺术8%、外语4%。[①]

当然，由于综合中学是当今美国中等教育的主流，它的内部一般分为学术科、普通科和职业科。对选择不同科类的学生，其课程要求也不一样，课时结构比例也有很大差异，同一课程对不同"科类"学生的要求也不一样。[②]

（五）强调更加宽广适应力的21世纪技术教育

20世纪90年代以来，由于工作岗位的技术含量越来越高，职业的更替加快，要求从业者不仅要具有较高的技能水平，还要具备很强的适应能力以应对变换岗位的需要。于是，对高中阶段的技术教育再度进行了改革。美国职业教育协会要求从1998年起，使用"生计和技术教育"（career and technical education），即CTE这个术语代替"职业教育"（vocational education）。[③] 在高中所实施的CTE计划，要求高中教育要提供更为广泛的学术性课程和职业技术课程。但又不局限于某种具体的工作，而是建立在宽泛的职业范围基础上，培养学生适应多种工作的能力，扩大他们的就业出路和发展空间，这其实与我们今天普通高中的技术教育宗旨是一致的。美国喜瑞都高中为帮助学生有效学习多个领域的工作所需要的基本技术、基本技能和工作习惯与态度，为学生开设了工业、维修职业技能课程。其内容包括：空调、电热器和电冰箱维修；自动设备与保护；计算机保养技术；工业电子；自动机械；经济技术；产业技术；通信技术；贸易往来的建立；金融技术；商业资料分析；整容/美发；烹饪；婴幼护理；医药助理；石工；木工等。[④] 可以看出，其技术课程与职业课程是混合在一起的。

不仅如此，随着人们对科学、技术与数学关系的认识的深入，美国高中的技术教育更加富有时代特征。在理论上，1993年推出的《科学素养的基准》专门设立"技术的本质"一章，涉及技术与科学、设计与系统、技术中的问

---

① 江山野.2001. 外国中学课程设置. 石家庄：河北教育出版社，432，433

② 王斌华.1995. 今日美国综合中学. 外国中小学教育，(3)：7~11

③ Lynch R L. 2000. High school career and technical education for the first decade of the 21st century. Journal of Vocational Education Research，25 (2)：155~198

④ 陈玉琨，钟海青，江文彬.1998. 90年代美国的基础教育. 桂林：广西师范大学出版社，139

题等内容。其他章节如第八章"被改造了的世界"、第十章"历史展望"和第十二章"思维习惯"等也都从不同的角度论述了技术。在实践中，美国在许多州和学区开展了大量科学、数学与技术教育的整体改革实验，使技术教育不仅已成为高中课程结构的一个重要部分，而且向其他学科渗透。作为技术教育时代特征的标志，其技术教育的领域也越来越向当代技术的经典领域靠拢。如表 2.1 所示。

表 2.1　美国喜鹊孩高中技术教育体系

通信系统	运输系统	制造/建筑系统
通信系统导论 绘图与设计技术 先修课程：通信系统导论 计算机辅助绘画设计	动力、能源与运输导论 动力、能源与运输应用 动力与能源实验 先修课程：能源/动力/运输导论 自动化实验	制造导论、建筑导论 材料与制造技术 先修课程：制造系统与建筑系统， 制造、系统-材料高级课程 先修课程：材料与制造技术
提高性的附加技术课程		
技术实验 1 技术实验 2 工程与设计 航空与空间基础 家庭/自动化系统中的生活技能	先修课程：技术实验 1	

资料来源：陈玉琨，钟海青，江文彬 .1998.90 年代美国的基础教育 . 桂林：广西师范大学出版社，140

　　在刚刚推出了《科学素养的基准》之后的 1994 年，美国国际技术教育协会在美国国家科学基金会（National Science Foundation）和国家航空航天局（National Aeronautics and Space Administration）的资助下，启动了"面向全体美国人的技术"项目。项目组于 1996 年出版了《面向全体美国人的技术：技术学习的基本原理和结构》。2000 年春，又出版了《美国国家技术教育的标准》（以下称《标准》），为幼儿园大班到 12 年级（K-12）的技术教育提供了标准。这无疑对推动美国包括高中在内的各阶段的技术教育，是一个极大的动力和标准参照。但如何依据《标准》在原技术教育传统课程的基础上开发出更合适于各教育阶段的技术课程，却是一个有待于探索的课题。

　　当然，由于教育体制的地方分权特点，各州教育权力掌握在各州教育部，故美国没有统一的高中课程模式。各州甚至各学区、中学，课程结构不尽相同。即使是在同一所中学里，由于学生发展方向不同，学校一般会提供几种选课模式。如升学模式（文科模式、理科模式）和就业模式（不同就业志向）。一般来说，就业选课模式在技术类科目上的要求要高一些，学生所选的技术科目也多些，其课程内容主要有工业世界、基本工业技术、技术原理、技术和制造、设计技术、机械制图、建筑制图、机械工业、电器工业、电子工业、汽车工业、航空工业、印刷工业、化妆品工业、汽车修理、建筑维修、木工、空调等。[①] 有的课程如饮食、保健、服装设计、家庭装饰、市场和广告等，也被看做是技术类的课程。在一些课程方案中，许多技术类课程也常被称为实用课程。这种多样的选课模式与我国高中近乎单一的升学模式有很大的不同，也是我国需要借鉴和努力改革的地方。

二、苏联（俄罗斯）高中技术教育的发展

苏联在20世纪（尤其是前半期）以马克思主义理论为指导，在普通学校进行了综合技术教育，对世界尤其是对我国教育产生了很大影响。

（一）综合技术教育的理论基础考察

苏联在普通学校中进行技术教育的理论基础是马克思综合技术教育理论，其源头是1866年马克思《给临时中央委员会代表的关于几个问题的指示》（以下称《指示》）。

1. 马克思所意指的技术教育即综合技术教育

根据我国学者刘世峰的研究，在这封用英文所写的《指示》中，马克思对"技术教育"给出了解释。原文是："Technological training, which imparts the general principles of all processes of production, and, simultaneously initiate the child and young persons in the practical use and handling of the elementary instruments of all trades."[②]一般译成：技术教育，这种教育要使儿童和少年了解生产各个过程的基本原理，同时使他们获得运用各种生产的最简单的工具和技能。但接下来，马克思在该《指示》中谈到"把有报酬的生产劳动、智育、体育和综合技术教育结合起来"[③]。"其中，'综合技术教育'一词使用的英文是'polytechnic training'。而该文的德文版，前面的'技术教育'和后面的'综合技术教育'用的是同一个术语——polytechnicher ausbildung，即'综合技术教育'。……从马克思为technological training所作的释文来看，是确指'综合技术教育'。"[④]当然，说"技术教育"也没有错，但要注意，马克思所处的机械工业时代，技术的发展还没有达到今天这样的高度精密和高度分化，"工艺"（industrial arts）就等于当时的技术。

---

① 江山野.1992.美国高中的课程门类.课程·教材·教法，(6)：57～60
②④ 刘世峰.1996.中国教劳结合研究.北京：教育科学出版社，50
③ 马克思.1957.给临时中央委员会代表的关于几个问题的指示.教育译报，(1)：1，2

2. 综合技术教育的概念

在马克思著作中经常交替出现的"技术教育"、"综合技术教育"、"工艺教育"等术语，其实是当作同义语使用的。鉴于马克思在阐述其技术教育理论时，经常使用"基本原理"、"基本工具"、"多种的"和"最简单的"等修饰词，我们可以判断，"综合"的含义就是基础性、通用性，"综合技术教育"就是让青少年在没有进入工作岗位前，在学校里接受基础性的、具有普适性的技术知识和技能的教育。在马克思时代主要是指关于生产技术的教育。还要注意到，原文中的"training"一般指技能性训练，与"education"是有区别的。

那么，什么叫做综合技术教育？列宁认为，综合技术教育不同于面向具体职业的"单一技术教育"。综合技术教育的目的不是培养"手艺人"，也不是什么都要教，而是要学习现代工业的基础。列宁的夫人克鲁普斯卡雅也认为，不能将综合技术教育理解为只是局限于获得一定的技巧。"综合技术教育应该理解为了解并且明了各个互相联系着的生产部门。"① 她认为："综合技术教育不是一种什么特殊的教学科目，它应该贯穿到各门课程里去，体现在物理、化学、自然课和社会科学概论课的材料选择上。它们之间应有联系，特别是这些课程要跟劳动教学联系起来。只有这种联系才能使劳动教学具有综合技术的性质。"② 她还举了一个例子，如果把"学习缝纫跟学习材料、工具和发动机等等联系起来，这就成为了综合技术教育"③。

3. 统一劳动学校的建立

"十月革命"胜利不久，1918 年 10 月苏联颁布了《统一劳动学校规程》，正式宣布废除旧的学校制度，彻底消除旧学校的等级性、阶级性和宗教性，建立九年制统一劳动学校。"统一"原则表现为学校类型是统一的，不再分职业学校和普通学校，也没有等级性之分；"劳动"原则表现为学校带有普通教育的综合技术性质，是进行综合技术教育的。1919 年制定的苏共党纲提出："对于 17 岁以下的所有男女儿童，都要实施免费的义务普通教育以及综合技术教育（使学生在理论和实践方面懂得所有生产的主要部门的教育）。"④ 1920 年，列宁提出："把立即过渡到综合技术教育、或者确切些说立即实行许多马上就能做到的进行

---

① 克鲁普斯卡雅.1959.克鲁普斯卡雅教育文选.北京：人民教育出版社，454
② 克鲁普斯卡雅.1959.克鲁普斯卡雅教育文选.北京：人民教育出版社，456
③ 克鲁普斯卡雅.1959.克鲁普斯卡雅教育文选.北京：人民教育出版社，453
④ 土井正志智.1983.技术学科教育法.应俊峰译.华东师范大学教育科学研究所印，16

综合技术教育的步骤，规定为必须绝对执行的任务。"[1] 为此，他亲自提出了第二级学校[2]（12～17岁）综合技术教育的内容[3]：关于电力的基本概念（明确规定哪些概念）；关于机械工业中应用电力的基本概念；关于化学工业中应用电力的基本概念；关于俄罗斯联邦电力化计划的基本概念；参观电力站、工厂、国有农场分别不得少于一次至三次；知道农学的某些原理等。

可以感觉到，苏联在"十月革命"胜利后，在改革旧教育方面有些急迫。1929年苏联人民委员会决定，第二级学校增加第10年级，这样完全中学就有10个年级。到20世纪30年代，实施综合技术教育的统一劳动学校已经成为苏联教育体制的基础。其特点就是：教育与生产劳动相结合；主要学习关于生产的理论与知识；学习使用机器的基本技术；强调"劳动"的教育形式。

（二）综合技术教育的起伏

1. 曾经废除

在普通中学里，综合技术教育是以"劳动课"的形式开设的。但实践的结果，却是"劳动课"导致了中学物理、化学、数学、国语、地理等基础理论水平的下降。而20世纪30年代后，苏联大多数人认为学校的劳动教育实际上是水平非常低的原始性的技术教育，它与当时苏联的工业化迅速发展的现实之间存在较大的差距，劳动教育容易掩蔽以近代技术为基础的社会生产的实际状况。于是，1937年苏联教育部发布训令，在小学、准中学、中学全部废除综合技术教育。但第二次世界大战结束以后，苏联教育家经过讨论认为，曾经实行的综合技术教育，尽管总体上是失败的，但其为学生未来从事生产进行预备性教育的目的还是正确的，只是方法和手段是错误的。

2. 重新确定综合技术教育的内容

1952年，苏联共产党第19次代表大会召开，会议决定推行10年制义务教育，并要求中学生要具有广泛的职业适应能力。为此，就要重新加强综合技术教育。于是，从1954年起，在8～10年级设立了农业、机械、电气方面的实习课程。既然综合技术教育要让学生了解"生产的主要部门"，那么，哪些部门才是主要的生产部门呢？经过讨论，人们认为，那些供给基本生产资料的部门，生产粮食和加工业原料的部门，机械工业部门，农业、化工和运输、通信、动力以及材料制造等部门，应该算是主要的生产部门。在综合技术教育实践中要向学生主要传授与上述部门有关的技术与知识。从1956年起，在8～10年级，

---

①③　列宁.1956.论综合技术教育.教育译报，(1)：1，2

②　即中等学校

中学普遍开设了名称统一为"生产基础"综合技术教育课程。在城市中学，第8年级开设机械学；第9年级则开设以具体企业为例的工业生产基础；第10年级则学习汽车与电气技术。在农村中学，第8年级是植物栽培基础与农业机械学；第9年级是农业机械学、畜产及拖拉机；第10年级则是农业机械学（拖拉机）。

　　显然，现代生产的机械技术、电气自动化技术和与之相关的机械原理、材料、装置结构设计以及特别适应于农村高中的动植物生长规律方面的知识和技术，是此一时期苏联高中综合技术教育的主要内容。

3. 改称 "劳动教育" 并予以加强

　　1958年，为了纠正普通高中大学预科化的倾向，进一步加强教育与生产劳动的结合，以赫鲁晓夫为首的苏联政府对中等教育进行了改革。从1959年开始，将中等教育分为两个阶段：8年制义务教育学校和3年制中学（高中）。综合技术教育改称为"劳动教育"，内容包括一般技术科目、生产教育、生产劳动等。与20世纪50年代初相比，课程比重得到明显加强。"在中学，用于生产教育和生产劳动的时间约占全部课时数的三分之一。"[1]

4. 迎合科技发展要求

　　20世纪七八十年代以来，在列宁建设"统一的、劳动的、综合技术的学校"的办学方向指导下，尝试实行"教育、生产、科学一体化"。同时明确了普通中学兼有为升学和就业做准备的双重任务。在综合技术教育方面，开始明显地"按照科学技术进步的要求，对学生进行综合技术教育、劳动教育和职业指导"[2]。中学高年级教育与生产劳动相结合的基本内容着重于机器制造、电力利用、生物过程和化学过程等方面，包括金属加工、电工技术、木材加工、应用化学、农业技术原理、建筑技术、自动化、纺织生产原理等。

（三）俄罗斯高中技术教育掠影

　　苏联解体后，俄罗斯继承了苏联的主体部分，并将1964年制定的"三-五-二"学制恢复为"四-五-二"并沿用至今。高中一般为两年，即第10年级和第11年级。

1. "工艺学" 成为高中必修课

　　1992年，俄罗斯教育部颁布《俄罗斯联邦教育法》。1993年公布《普通教育学校基础教学计划》（以下称《计划》），将普通中学的课程分为可变部分和不可变部分。所谓可变部分，就是可依据地区和学校的特点而进行调整的部分，

---

　　[1] 〔日〕细夫俊夫．1984．技术教育概论．肇永和，王立精译，北京：清华大学出版社，86，87

　　[2] 刘潮．1989．国外普通教育劳动技术课初探．外国教育，(5)：45～48

不可变部分就是为保证俄罗斯全国统一的标准要求，学生必须掌握的课程内容。《计划》对此前的劳动与综合技术教育大纲进行了修订，加强了信息技术教育，将制图、手工、劳动、职业和《技术是人的生命活动的媒体》等课程合称为"工艺学"，并作为必修课。"工艺学"与语文、数学、自然科学、社会科学、体育一起，属于基础教育计划中的不可变部分。工艺学在高中的第10～11年级开设，周课时2小时。

2. "工艺学" 成为1～11年级必修课

1997年，俄罗斯再次对"工艺学"教育大纲的内容进行了适度调整。初中阶段的主要内容是设备、材料与机器零部件的加工、家政艺术、缝纫、食品、手工艺、维护修理、微机应用和完成个人方案设计。高中阶段工艺学的主要内容是家庭经济学、企业管理基础，生产和环境保护、社会劳动和职业自我选择、情报信息技术、材料工艺加工①、技术制作、艺术设计入门和个人方案设计等。整个中学阶段的"工艺教育"还设置了许多的辅修科目：艺术劳动、家政（女生）、家政（男生）、家庭男主人、家庭女主人、木材加工、缝纫、食品加工制作、金属加工工艺、电器安装、建筑修理工作、艺术设计、艺术装潢、植物栽培、产品加工工艺、畜牧产品加工、建筑、机器人技术、日常生活技能、无线电技术、企业管理、汽车驾驶与维修、农林技术、家庭经济学、民间工艺与装饰品创作等。②

虽然1997年的调整减少了《计划》中的不可变部分。但作为必修课的工艺学，其课时比重仍然超出了物理、化学，从1年级到11年级连续开设，周课时为2小时。

3. "工艺学" 成为1～11年级的一个知识领域

1998年2月，俄罗斯教育部发布《俄罗斯联邦普通教育机构基础教学计划》，并规定从1998年9月1日起执行这一新的基础教学计划。这一计划将工艺学科视为1～11年级的一个知识领域，周课时均为2小时，其高中部分可参见表2.2。

表2.2　俄罗斯联邦普通高中基础教学计划

知识领域	教学成分	高中各年级周课时/时	
		10 年级	11 年级
语文	作为国语的俄语 语言和文化	4	4
数学	数学 信息学	4	4

① 原文为"材料艺术加工"，本书研究者疑为翻译不妥，改为"材料工艺加工"

② 汝骅．2002.俄罗斯中小学的劳动教育与综合技术教育．苏州教育学院学报，19（1）：96～99

续表

知识领域	教学成分	高中各年级周课时/时	
		10 年级	11 年级
社会学	历史 社会 地理	5	5
自然学科	生物 物理 化学	6	6
艺术	音乐和造型艺术		
体育	体育 生命活动的安全原理	3	3
工艺学	工艺 劳动培训 制图	2	2
供选择的必修课、选修课、个人活动和小组活动 （一周 6 天学习日）		12 12	
一周 6 天学习日的学生最大负荷量		36 36	

　　资料来源：依据《俄罗斯联邦普通教育机构基础教学计划》（俄罗斯教育部第 322 号令附件，1998/02/09）析出。见：俄罗斯教育部.1998.俄罗斯新的基础教学计划.丁曙编译.课程·教材·教法，(9)：58～61

　　俄罗斯普通高中技术教育的现状，由表 2.2 可见一斑。

三、英国高中技术教育的发展

　　19 世纪 70 年代，结束了南北战争的美国迅速显示出强劲的发展势头，严重威胁了英国在资本主义世界中的地位，成为英国最大的竞争对手。为了重振地位，教育改革成为当时英国政府的策略之一。

（一）振兴技术教育的努力

　　为了探寻发展实力的源头，比较英国与外国在教育上的差距。1881 年，英国成立了专门委员会对国外的技术教育情况进行调查比较。委员会最后提交的报告说："进行技术教育的最好准备……应有好的近代中学。……不幸的是，与欧洲大陆相比，由于我们的中产阶级没有完备的近代中学，所以是非常不利的……为了弥补教育制度的最大缺陷，我们必须探索某些公共措施。"[①] 显然，报告认为，当时英国的中等教育是不完善的，并提出了革新中等教育的要求。

---

　　① 日本世界教育史研究会.1984.六技术教育史.李永连，赵秀芹，李秀英译.北京：教育科学出版社，109，110

英国中等教育由此开始充实、调整与完善。

但是，尽管英国为此倾注了不少力量，但直到第二次世界大战结束前，英国的技术教育"尚没有在生活上和国家经济中确立应有的地位"。其间的所谓技术教育实际上是白天劳动、晚上去夜校学习，质量可想而知。

（二）三种中学类型的形成

1944 年，英国颁布《教育法》，倡导"使所有的儿童少年都能接受中等教育"。也正是在这一理念的影响下，中等教育才真正地走向普通大众，不再为资产阶级所垄断，而此前的中等教育并没有向所有 11 岁的儿童提供中等教育机会。在第二次世界大战结束后到 20 世纪 70 年代这段时间，技术、商业、工艺是获得最显著发展的教育领域。期间，英国沿袭并正式形成 1926 年就有人提出的三种中学类型。

1. 文法中学——基本不进行技术教育

文法中学适应于抽象思维能力较强的学生。他们以书本上的哲理内容为中心，通过思考来理解并获取知识，学习目的是准备升学，大约占学生总数的 20%。

2. 技术中学——徒有虚名

技术中学适应于那些想在工业、商业、农业等实业界从事工作的学生。他们对操作性工作有浓厚的兴趣，学校对他们主要进行数理和技术教育。这部分学生大约占学生总数的 5%。

在技术中学的前两学年，全体学生都学习共同的普通教育课程：宗教、国语、数学、地理、历史、理科、体育、美术、德语或法语等。在第三、第四学年，则学习相对具体的技术类课程，男生主要学习：砖瓦建筑、管道工程、木工、涂饰、装饰、设计、机械、机械制图、理科、数学、实习；女生主要学习：家庭、生物、音乐、美术、速记、打字、会计、办公事务、化学、物理、人类生物学、初级生理学。

但是，由于没有得到社会职业团体的支持，技术中学很快沦落为文法中学升学失败者的补习学校。这样，本应发挥技术教育中心作用的技术中学，最终却成为"文法中学第二"，实在发人深思。

3. 现代中学——进行技术教育的主力

现代中学针对天资一般的儿童，一般不强调抽象的理论教育，而是强调通过具体事例进行教育，重视学习内容与学生生活的联系。这部分学生约占学生总数的 75%。

现代中学的毕业生都要进入社会就业，这决定了它的课程特点要具有一定的职业色彩，即在传统的重视基础学力的基础上，增设职业技术课程。特别是20世纪50年代以来，现代中学一般都设有下列课程：工艺、烹调、家政、裁缝、设计、汽车机械、机械买卖、农业、音乐、船舶驾驶、普通理科、电气、商业、护理等。可以说，在一定的程度上，它取代了技术中学的职能，再加上由于毕业考试的要求而增设的一些其他科目，使得现代中学的课程范围大大加宽了。这在一定的意义上为60年代出现的组建综合中学运动，并使综合中学成为英国中等教育的主体，奠定了一定的发展基础。

（三）综合中学的技术选修课程

1965年，英国劳动党政府为了追赶美国、苏联等发达国家的科学技术水平，挖掘国民的潜能，决定在全国范围内废除11$^+$考试制度，将传统的三种中学类型改组为综合中学。

综合中学接纳所在地的所有儿童入学，并为儿童提供多种课程方案。提供传统上在文法中学、技术中学和现代中学所提供的兼顾升学和就业的课程。以1962年设立的纽汤纳兹中学为例，该中学第一学年到第三学年为第一阶段，向学生提供的科目为宗教、英语、理科、音乐、体育、美术、历史、地理、法语、数学、体育运动、电影欣赏，技术教育的共同科目有金属加工、木工、家务、裁缝；第二阶段包括第四、五两学年。[1] 这一阶段的指导思想是根据学生的能力倾向，在前面学习的基础上，增加选修课程。除了英语、数学、现代学科（含宗教）、艺术、体育和体育运动等共同课程外，所提供的选修课程基本上是两大类。一是为学生的就业所准备的选修课程：法语、物理、化学、德语、家务、（历史、制图、艺术）选一、（木工、金属加工、地理）选一；二是为毕业考试而准备的课程：地理、生物、历史、（宗教、办公事务、裁缝）选一、艺术、（拉丁语、经济、社会经济）选一。技术教育的选修课程有工业、美术设计、农业、生活设计、家务和育儿、商业六种。

（四）20世纪80年代中学技术教育的政策推动

到20世纪70年代，英国和其他西方工业发达国家却长期陷入深深的经济危机之中，导致英国的经济实力迅速下滑，失业人口大增。但同时，依靠新技术支撑的新兴工业却找不到足够的技术熟练工人。对战后教育进行反思的结论是：英国教育重人文、重学术传统、轻视技术应用，甚至涌动着一种与科技发展背道而驰的"反工业精神"。在中学，中学生不愿意学习科学与技术，甚至到80

---

① 日本世界教育史研究会.1984.六技术教育史.李永连，赵秀芹，李秀英译.北京：教育科学出版社，162，163

年代后期，"在 14 岁学生（中学四年级）中只有 20％的人学习一门技术性课程。学习技术性课程的绝大多数又属于成绩中下的一半"①。在这种情况下，大批中学毕业生不愿意升学到应用技术学院，而是更愿意去重视学术与人文传统的那些大学去圆他们的"绅士"梦。

为了迅速改变这种状况，英国首相卡拉汉于 1976 年在牛津大学发表了具有历史意义的演讲，提出了"统一基础课程标准"的设想，引发了全国关于教育的辩论。同时，政府拨款资助和实施了 10 多个技术教育项目，出台了许多政策和研究报告。到 80 年代中期，在中等教育中开展技术教育已经受到广泛重视。以 1984 年内伦敦②教育局公布的中学教育内容为例，技术学科的课时比例已经达到了每周 4 课时，占总课时的 10％，且技术被作为共同必修课。③

（五）"技术"成为义务教育的基础课程

1988 年，政府颁布《教育改革法》，将技术与历史、地理、音乐、艺术、体育和现代外国语一起列为基础课程，将数学、英语和科学列为核心课程，并规定所有公立中小学都必须面向所有 5～16 岁义务教育年龄的学生开设技术课。这一动作引起了世界教育界的巨大反响。1988 年以前，英国中学的技术性课程主要属于选修课性质，而此次将它规定为必修课，不仅"成绩中下的一半"要接受，就是那些"致力于学术发展"的学生，也必须接受 11 年的技术教育。同时，技术课程也不再局限于传统的金工、木工、电工、家政等领域，以计算机运用为核心的信息技术也被纳入其中。1990 年，英国政府下发《国家课程：设计与技术》文件，要求全国中小学根据学生的年龄阶段（5～7 岁、7～11 岁、11～14 岁、14～16 岁）实施"设计与技术"课程。其中，在第四学段（14～16 岁），技术课程所占的课时比例为 10％，它为 20 世纪 90 年代至今的英国义务教育阶段的技术教育建立了基本框架。

10 多年来，"设计与技术"课程不断地进行着适当的调整，如在 2001 年，英国设计与技术协会就建议将课程内容分为以下几个部分：资源、能源、系统、控制技术、技巧与过程、美学、革新与设计技能、制作技能、交流技能、文化、

---

① 张民选 . 1991. 技术：英国学校教育中的基础课 . 外国教育动态，（1）：40～43
② 伦敦市是围绕着伦敦城逐步发展而成的。伦敦在行政上分为 33 个区，伦敦城单独是一个区。城外的 12 个市区叫内伦敦；内伦敦以外的 20 个市区叫外伦敦。伦敦城加上内、外伦敦合称大伦敦市。内伦敦主要行使行政、金融、贸易和文化职能
③ 于慧颖 . 2003. 英国中小学"设计与技术"课程成功发展的策略及启示 . 课程·教材·教法，（9）：68～71

社会与环境影响等。[1] 在实施"设计与技术"的过程中，英国政府主要是提供政策与资金支持，开发课程资源和开展教师培训等。目前，"设计与技术"已经在英国义务教育中稳固下来（表2.3）。

表2.3 切斯特坦中学10～11年级周课表

序号	1	2	3	4	5	6	7	8	9	10	11	12	
课程	体育	个人与社会教育与宗教教育	信息技术	短期选修课	技术	任意选修课	美术\实践	人文学科	现代语言	数学	英语	科学	每周总学时
周学时	2	1.5	0.5	1.5	1.5	2.5	2.5	2.5	2.5	3.5	3.5	6	30

资料来源：江山野．2001．外国中学课程设置．石家庄：河北教育出版社，416

（六）第六学级（高中）技术教育

1. 第六学级即英国的高中

1992年以前，英国的中等教育包括5～16岁的义务教育阶段和16～18岁的"第六学级"。第六学级也被称为中等教育的第二阶段。义务教育阶段结束后，学生参加国家统一考试——中等普通教育证书（general certificate of second education，GCSE）考试，又称16岁考试。成绩优秀或合格者进入到第六学级。相当于其他国家普通高中的正是这个"第六学级"（sixth form）。1992年《继续和高等教育法》颁布，将所有16～19岁阶段的教育归入继续教育，第六学级因此被归入继续教育（further education）。[2] 第六学级通常为两年制，以升学为主要目的，兼顾就业。故它的课程结构中既有普通学术性课程，也有少量职业技术课程。

2. 第六学级的（职业）技术课程

第六学级的发展史要追溯到19世纪初，当时第六学级的概念刚刚确立，它意指基础教育的最高阶段，但只有王公贵族的优秀子女才可入学。如前所述，受1944年《教育法》的影响，三种中学类型正式形成。其中，文法中学学制7年（11～18岁），其中的后两年（16～18岁）为第六学级。在20世纪40年代，第六学级的课程已经形成了各种不同的分科课程群：人文科、自然数学科、技术科、经济科、家政科、医科、商科等。60年代以来的中学综合化运动，使综

---

① 王治君．1999．英国公立普通中学的课程设置．课程·教材·教法，（3）：58～61
② 汪亚利．2004．英国第六学级的课程改革研究（硕士学位论文）．上海：华东师范大学课程与教学研究所，4

合中学成为英国中等教育的主流，于是，第六学级也变得主要是综合中学基础上的第六学级。较之文法中学的第六学级，综合中学第六学级在课程内容上除了学术性课程外，增设了少量技术课程和职业课程。

1966年，第一所独立于义务教育的专事第六学级事务的"第六级学院"出现。这样，英国的"普通高中"就有文法中学的第六学级、综合中学的第六学级、第六级学院三种形式。70年代又出现了融职业教育与学术教育于一体的第三级学院的第六学级形式。在这种情况下，第六学级单一的升学目标动摇了，调整为升学与就业双重目标。为此，在传统学术性课程的基础上增加了技术和职业类的课程。

3. 第六学级毕业制度与技术选修课程

第六学级自产生之日，就有两年内修习三门学术课程即可毕业的传统。只要学生在人文科、经济科、数理科等这些分科领域内修习三门学术课程，就可以得到"高级水平普通教育证书"（advanced level general certificate of education，A Level）。A Level考试既是"高中毕业"考试，又是升学考试。根据我国学者的研究，20世纪80年代，英国第六学级为学生提供的A Level课程主要有以下几类：语言类、数学类、自然科学类、人文和社会科学类、艺术类、经济和技术类、企业管理类。[①] 随着科学和技术的发展，第六学级增加了一些新的学术课程，如电子系统、环境科学、心理学、人类生物学、商业科学、计算机等。但随着时代的发展，过于狭窄的"三门课程"知识面受到越来越多的批评。1987年，英国政府在第六学级设立"国家职业资格证书"（national vocational qualification，NVQ）。同时，要求第六学级在A Level课程的基础上，增设"高级补充水平"（advanced supplementary level，AS Level）课程。AS Level课程内容广泛，但时间、内容安排与分值却只有A Level课程的一半，即两门AS Level课程相当于一门A Level课程。但是这个措施在实践上实施得并不顺利。于是，1996年有人又"旧事重提"，希望推出一种新的AS Level课程以拓展学生的知识面。[②]

1991年，英国在第六学级又尝试实施"国家通用职业资格"（general national vocational qualification，GNVQ）。GNVQ分初级、中级和高级三种水平，在第六学级实行的是高级水平。1997年英国工党上台后，政府将学术资格的管理机构"学校课程与评估局"和职业资格的管理机构"国家职业资格局"合并，

---

① 吕达.1989.英国第六学级及其课程与考试（上）.课程·教材·教法，（7～8）：51～56

② 汪亚利.2004.英国第六学级的课程改革研究（硕士学位论文）.上海：华东师范大学课程与教学研究所，11

成立"资格与课程局"（qualifications and curriculum authority，QCA），由此打破了第六学级学术教育与职业教育之间的管理樊篱。

2000 年 9 月，该局正式展开对第六学级的课程改革，改革的目标是提高第六学级的课程选择性、宽广性和灵活性，以适应学生多方面的、多种可能的发展。根据这次改革，A Level 证书由第一学年的高级补充水平（AS Level）和第二年学习的水平（A2）组成。A Level 证书课程共包括六个单元，其前三个单元是 AS Level 证书课程，但它可以单独颁发证书；后三个单元是 A2 水平课程，但不单独发证。2000 年，英国资格与课程局开列了供第六学级选择的 72 门 A Level 课程，其中属于技术教育的课程为 8 门[①]，所占比例大体为 11%。

在 2000 年课程改革中，资格与课程局还在第六学校实施了关键技能证书。关键技能主要有交流能力、数字能力、信息技能、与他人共处和问题解决等技能。2002 年，第六学级又在批判性思维、生物学、化学、经济学、数学、物理、英语、历史等 17 门课程中实施"高级拓展证书"（advanced extension awards，AEA）以替代此前面向尖子生的"特殊试卷"（special paper）。这样，目前在英国的第六学级所开设的课程有 A Level 课程、NVQ 课程、高级 GNVQ 课程、AEA 课程和关键技能证书（key skill）课程，以及其他非证书类课程与活动，如运动与娱乐、时间管理、生涯设计、毒品教育、社区服务和普通常识课等。

每门课程或培养项目对应一个证书，学生只要获得 3 个 A Level 证书，或者 1 个 A Level 证书加 4 个 AS Level 证书，或者 2 个 A Level 证书加 2 个 AS Level 证书就可毕业。学生拿到的证书越多，说明其知识结构越宽广，就越容易申请到好的大学。而高级 GNVQ 则说明了他的职业能力，这对他求职就业是个有力的说明。当然，学生选课也不是为证书而证书，而是要考虑自己将来要考什么样的学校、专业，想谋取什么样的职业。一般在第一学年，允许每个学生选择 4～5 门 AS Level 课程。从表 2.4 可以看出，设计与技术是资格与课程局开列的第六学级重要课程之一。实际上，在 20 世纪 80 年代末就已经有 24% 的第六学级开设了这门课程。[②] 当然，英国高中技术教育的课程选择并不局限于这一门。

4. 第六学级课程组织模式与技术教育

在 2000 年资格与课程局颁布的《2000 年课程指导》中，共列出了 7 种第六学级的课程组织模式。这里仅列出其中一种，即体现学生知识宽广性的以"学习领域"为主线的课程表（表 2.4）。

---

① 英国资格与课程局 . 2000. A Level 和 AS Level 学科大纲 . 转引自：汪亚利 . 2004. 英国第六学级的课程改革研究（硕士学位论文）. 上海：华东师范大学课程与教学研究所，15

② 吕达 . 1989. 英国第六学级及其课程与考试（上）. 课程·教材·教法，（7～8）：51～56

表 2.4 第六学级以"学习领域"为主线的第 1～2 学年课程表

课程领域	模块一 4.5 小时/周	模块二 4.5 小时/周	模块三 4.5 小时/周	模块四 4.5 小时/周	模块五 4.5 小时/周
数学	AS/A2 课程：数学	AS/A2 课程：高级数学	AS/A2 课程：数学、高级数学		关键技能课（2 次/周，1 小时/次）
科学与技术	AS/A2 课程：地理、化学、生物、设计与技术	AS/A2 课程：高级数学、家庭经济学、物理、设计与技术	AS/A2 课程：化学、高级 GNVQ 课程：健康与社会护理（3 单元）	AS/A2 课程：纺织、生物学、物理	指导课（每周 40 分钟）AS/A2 水平的普通常识（每周 40 分钟）
外语			AS/A2 课程：法语、工作中的法语	AS/A2 课程：德语	活动课（每周 1 小时）
艺术与人类学	AS/A2 课程：艺术、音乐、英国文学、历史	AS/A2 课程：英语、宗教研究	AS/A2 课程：英国文学、地理、艺术	AS/A2 课程：运动研究、戏剧研究、艺术	校内服务课（每周 1 小时）
	高级 GNVQ 课程：旅行与游览（3 单元）				
社会	AS/A2 课程：商业研究、心理学、高级 GNVQ 课程：商业（3 单元）	AS/A2 课程：政治学、经济学、媒体研究	AS/A2 课程：社会学	高级 GNVQ 课程：商业（3 单元）	

注：(1) 校内服务课即在学校内开展的社区服务，如帮助教师或其他教学工作人员进行管理等；

(2) 活动课包括：运动、救生、服务、探险、身体休养、技能等；

(3) 选择高级 GNVQ 课程及艺术课程的一、二年级学生在一起上课。

资料来源：英国资格与课程局.1999.2000 年课程指导.转引自：汪亚利.2004.英国第六学级的课程改革研究（硕士学位论文）.上海：华东师范大学课程与教学研究所，21

　　在这样的课程组织方式中，学生在自己感兴趣的领域及其模块内选择相应的课程，同时还要在第五模块中再选择部分学习内容。如某学生可进行如下选择：第一学年他可选 AS Level 课程如设计与技术、法语、数学、宗教，再选关键技能、指导课、活动课。第二学年选设计与技术、数学、宗教三门 A2 课程，一门高级 GNVQ 课程：商业（3 单元），再选关键技能、指导课、活动课。这样，两年下来，他就可以拿到设计与技术、宗教、数学三门的 A Level 证书、法语的 AS Level 证书、商业高级 GNVQ 证书和关键技能证书。它们分别属于科学与技术、艺术与人类学、数学、外语和社会五个领域。

四、国际高中技术教育发展的特点

对更多甚至所有国家普通高中技术教育的历史与现状进行考察，超出了本书的边界。但就普通教育中的技术教育发展史视角，在所有技术教育最先进的国家中，上述三国堪称典范。特别是苏联和美国常常是别国学习和研究的对象。20世纪以来，"在对职业科及技术科进行教育实践、研究和批评时，常常被拿来作比较和引证的，大概是美国的工艺劳作和苏联的综合技术教育了吧"[①]。本书之所以同时也对英国普通教育中的技术教育进行考察，一方面是由于1988年英国的《教育改革法》将"设计与技术"列为义务教育阶段的基础学科，是普通教育的技术教育史上的一件重大举措，给国际教育界以很大影响；另一方面也是由于英国普通教育中的技术教育具有不同于美国和苏联的味道，感觉是另一种"风味"的技术教育，值得关注。当然，我国在普通高中长期开展的"劳动技术教育"也是一种有特点的样式。但从它的实践效果来看，需要对它进行反思和清理，这也是后面要认真研讨的问题之一。

（一）同样的追求、异样的风格

国际高中技术教育有一个共同特点，都重视技术教育，并将它视为高中教育的一个独特知识领域。但在具体进行技术教育的过程中，其风格也有明显的差异性。

美国虽然自20世纪90年代以来，实施了一系列以"标准"引领基础教育课程统一的教育改革项目，但是直到今日，并没有强制统一的课程标准。这也使得美国高中的课程设置各州、各学区甚至各校都不尽相同，甚至差异很大。但重视实用技能的培养，强调学校要反映社会发展的要求则一直是美国基础教育的传统，这在一定程度上保证了技术教育的开展。20世纪80年代中期实施"2061计划"以来，无论是《面向全体美国人的科学》，还是随后的《面向全体美国人的技术》，都对世界教育产生了极大的影响，在事实上引领着当今世界普通教育中技术教育发展的走向。而英国虽然在1988年以前也没有统一的基础教育课程标准，但1988年后，它统一规定了义务教育阶段的国家课程，"设计与技术"被规定为一门基础学科。由此，保证了英国义务教育阶段学生的国家水平的学力标准。虽然文法中学的第六学级还依然保存着，但高中的主流是综合中学的第六学级，它虽然不在内部明显地分学术、职业、普通三科，但多样的课程组合方式，却保证了学生个性发展的宽阔空间。"设计与技术"、信息通信

---

① 土井正志智等．1983．技术学科教育法．应俊峰译．华东师范大学教育科学研究所印，6

与技术、电子学等技术课程与其他文化课程一样，具有同等的地位和获选概率。但美英两个国家在技术教育上也有不同的风格。美国是从技术发展的角度，将技术划分为若干"内容"领域来进行教育，更强调技术教育的功利效用。而英国则是从技术"过程"的角度来设计课程，着重学生对技术过程的理解。这是它们技术课程风格的不同。

苏联是一个典型的中央集权型国家，教育实行的是国家统一标准，这使得苏联的技术教育具有统一性或划一性。苏联实施综合技术教育是站在培养"与工农打成一片"的"共产主义劳动者"的角度来进行的。因而，其技术教育具有明显的政治属性，这是它与美国、英国的不同。苏联的经验表明，以劳动（主要是体力劳动）的形式、或为了劳动或者在劳动中进行的综合技术教育，不仅没有能够很好地提高学生的现代技术水平，而且，过多的劳动时间安排还会影响学生学术水平的发展。1937年苏联教育部取消综合技术教育就证明了这一点，我国"文化大革命"期间也有过类似教训。当然，苏联的综合技术教育对于在普通高中开展技术教育也有积极的借鉴意义，比如，在科学学科的某些知识点上，与技术建立联系，就是很好的经验。俄罗斯在20世纪90年代所采取的一系列改革措施，合理地吸收了传统经验，但更多地迎合了普通教育中技术教育发展的国际趋势。这对于我国是一个很重要的启示。

（二）技术教育的名称变化折射时代印痕

考察国际高中技术教育发展的过程，可发现普通中学开展的技术教育，在历史上曾有着各种各样的名称，如"职业技术"、"工业"、"工业技术"、"劳动教育"、"生产技术"、"科学与技术"、"工艺"以及新近的"设计与技术"、"技术"（technology）等。在课程结构中，技术教育科目还不时以"实用科目"或"实业教育"的名目出现。名称的不同体现了对技术教育认识的不同视角，也表征了技术教育的时代特征。这种技术教育名称上的变化，尽管对技术教育的研究产生了一定的麻烦，但也能让我们体味技术教育发展的时代印痕。

以当今"技术"概念为例，"技术"作为一门新学问为人们所认识到，是在第一次工业革命之后。第一次工业革命发生在18世纪60年代至19世纪中叶。此前，技术与科学尚未真正地结合在一起，许多技术发明都来源于工匠的实践经验。只是到了后来，由于"工艺"概念的出现，技术的概念才超越手工艺而指向工业领域，此时已经是第二次工业革命的尾声。就技术教育的意义，20世纪可以说是"工艺"的世纪，只是到了80年代以后，"工艺"之声才日渐减弱。在我国早期出版的词典中，technology的意思就是指"工学"　（industrial science)，也称"工艺学"（systematic knowledge of the industrial art）。① 电力的使用、化学工业的建立、通信手段的革命、原子弹的爆炸、生物技术的发展、计算机的出现等，使技术与科学越来越紧密地结合在一起，以至在许多领域技术与科学难以区分，"technology"也就成为以科学为基础的技术或称"科学的技术"，也可简称"科技"。我国台湾就将 technology 称为"科技"。实际上，俄罗斯在 1993 年、1998 年两次颁布的《俄罗斯联邦普通教育机构基础教学计划》中所规定的所谓"工艺学"，既包括传统工艺，也包括现代"科学的技术"。作为一个知识领域，它综合了科学知识在工业、能源、通信、农业、交通和人类活动其他领域中的运用。所以，俄罗斯的所谓"工艺学"其实就是"技术学"。

"过去一提到技术就会联想到制造、冶炼、印染、制药等工艺流程方面的具体技术以及工程师们的技术活动。现在的技术内涵更加丰富（材料、能源、信息、系统），并且在外延上更注重了它与社会各领域的结合，包括对技术的理解、对技术的探究方法、技术发展的历史、人类对技术发展方向的控制，以及对技术发展的人性化等问题的思索，等等。"② 我们当然不能囿于概念名称的束缚，但也要看到概念名称背后所蕴涵的实质性变化。由传统的工艺发展到以科学为基础的技术，其间的变化是巨大的。同理，当代的"技术教育"较之于传统"工艺教育"也有很大发展。由工艺教育转向技术教育大约只有 20 多年的时间，直到 1980 年，第一次"技术教育学术研讨会才召开"③。但是，技术教育的"这种进化绝不仅仅是表面上的，也不仅仅是名称的简单改变"④。当代"技术教育"是对传统"工艺教育"的继承与超越。

（三）在综合改革中寻求技术教育的空间

在普通高中课程发展的历史过程中，存在着一个有趣的"钟摆"现象。当教育的主导性目标追求学生的学术发展时，往往强调学术科目的增加，而技术则不被视为一个学术的科目，因而它只有"靠边站"。而当指责教育脱离社会、脱离生活时，那些能促进学校与社会联系、教育与生活联系的课程，则往往以"实践课程"、"实用科目"的名义而得到加强，其中的重要内容就是技术性

---

① 郭秉文，张世鎏. 1924. 英汉双解韦氏大学词典. The Commercial Press，Limited. Shanghai，China. 1475

② 顾建军. 2002. 世界各国高中技术类课程设置及其启示. 职教通讯，（1）：57～60

③ Sanders M. 2001. New paradigm or old wine? The status of technology education practice in the United States. Journal of Technology Education，12（2）：35～55

④ Foster P N. 1994. Technology education：AKA industrial arts. Journal of Technology Education，5（2）：15～30

课程。

在当今技术社会中，技术不仅对生产过程产生革命性影响，而且也对日常生活和人们的价值观念、审美观念产生着重大影响。更有那些随处可见的高新技术扮演着社会发展的重要角色。由此，不能再让技术教育在普通高中教育中继续缺失下去。但是，怎样在学术科目与技术科目之间保持适当的"张力"，是普通高中教育改革面临的共同课题。而且，普通高中的技术教育当然要体现出一定的职业性，安排一定的职业技术课程，以适应学生的需求。甚至也可以像英国第六学级那样，引入职业资格证书。但普通高中的技术教育又不能过于职业化，因为快速发展中的科学技术的每一个微小进步，都可能引起职业领域的分化与重新组合。因而，劳动者要具有较强的适应能力才能取得职业生涯的成功。英国1987年在中学教育中实行了"国家职业资格证书"（NVQ）之后，又在1991年实行了"国家通用职业资格证书"（GNVQ），也正是由于这个原因。所以，普通高中的技术教育还是应强调基本性、通用性、综合性。

总之，在普通高中开展技术教育，要与普通高中的综合改革结合起来。在美国，占主流的综合高中在内部是分科培养学生的，即分职业科、普通科和学术科，而且选课相当自由，甚至提供给学生选择的课程约达2100门之多[①]，保证了学生个性的发展。在英国，虽然在形式上"高中"分科不明显，但多样的课程选择和自由也有异曲同工之效。但在我国，虽然名义上也有农业高中、职业高中和普通高中的类型划分，但在实践上，差不多只是一种类型——"高考高中"。而且，在课程管理上养成了统一标准的管理习惯，缺乏个性化发展的培养模式。

研究技术教育还要考虑到学制差异。我国基础教育的学制主要是"六-三-三"制，美国则有"六-三-三"、"六-六"、"八-四"和"四-四-四"等学制模式，而英国则是"十一-二"制，即11年义务教育加2年高中教育。以英国为例，其义务教育的高年级阶段（14～16岁）并不是高中教育，当然地，其该阶段的技术教育也不是高中阶段的技术教育。英国的第六学级才相当于其他国家的高中阶段。[②]

第三节　我国普通高中技术教育的历史变迁

"十月革命"的胜利，给中国送来了马克思列宁主义。在当时"民主"与

---

①　王斌华.1995.今日美国综合中学.外国中小学教育，（3）：7～11

②　汪霞.1992.英国第六学级的课程设置.外国中小学教育，（2）：6～8

"科学"精神的影响下，20世纪二三十年代的一些先进知识分子，猛烈抨击"万般皆下品，唯有读书高"的传统观念，倡导知识分子自食其力，躬身劳动。他们主张教育机会人人均等，主张工人、农民要受教育、要有知识，倡导知识分子参加劳动，走向田间、进入车间，与工农打成一片。革命先驱李大钊（1888～1927）提出，"要想把现代的新文明，从根底输到社会里面，非把知识阶级和劳工阶级打成一气不可"①。从这个意义上说，马克思主义者们实践教育与生产劳动相结合的最初动机，在于希望由此改造社会，改造旧知识分子身上轻视、鄙视劳动和劳动人民的封建思想。这在当时是极其进步的革命思想。

　　思想意识形态的同宗同源，注定了我国教育与苏联教育在政治精神上的极其相近甚至一致。新中国成立后我们在教育上全面学习和模仿苏联，也就不足为怪。同时，这也给共产党人在取得了全国胜利后，特别是在新中国成立之初一段时间如何发展教育，奠定了政治基调。

一、新中国成立后17年的探索

　　本书将"文化大革命"前的探索分为新中国成立之初和1957年至"文化大革命"开始前两个时期。

（一）新中国成立之初的综合技术教育探索

1. 舆论准备

　　为了在百废待举的基础上尽快规范我国的教育事业，促进我国国民经济的快速发展，新中国成立之初，国家即对教育开始进行社会主义改造。鉴于过去"忽视了劳动教育，对于旧社会学校教育中流行的轻视体力劳动和工农劳动人民的剥削阶级思想，没有进行系统的深刻的批判，这是一个原则性的错误"②。《人民教育》1955年第1期发表《积极稳步地提高教育质量是今后普通教育的中心任务》的社论，文中提到："必须遵循全面发展的方针，贯彻智育、德育、综合技术教育、体育和美育，使学生获得全面发展。"1954年5月，中共中央批转教育部党组《关于初中和高小毕业生从事生产劳动的宣传教育工作报告》，指出："中小学校必须进一步加强劳动教育。除主要培养学生劳动观点和劳动习惯外，还应当注意进行综合技术教育，使学生从理论和实践上懂得一些工农业生产的

---

① 刘世峰.1883.中小学的劳动技术教育.北京：人民教育出版社，26

② 中央人民政府政务院.1954.关于改进和发展中学教育的指示.见：华东师大教育系教育学教研室.1980.教育学参考资料（上）.北京：人民教育出版社，16

基础知识。"为了学习发展社会主义教育的经验，1955 年 10 月，教育部还派出访苏代表团，重点研究和考察了苏联实施综合技术教育的情况。显然，新中国成立之初我国已经打算在普通中小学实施"综合技术教育"。

2. 更换提法

或许是"当时因怕把综合技术教育曲解为专业技术综合教育"[①]，所以，在 1955 年全国文教工作会议上提出要在中小学实施"基本生产技术教育"，而没有使用"综合技术教育"的提法。但由此可知，所谓"基本生产技术教育"其实就是苏联"综合技术教育"的翻版。不过，由于我国当时尚不具备实施基本生产技术教育的条件，并且，在实施不长时间后发现（从 1956 年秋季开始实施），"有些问题尚须作进一步的研究"[②]。于是，在 1957 年 7 月将"基本生产技术教育"发文取消了。这或许与中苏外交关系此时起了波折有关，但从后来我国社会发展所经历的躁动看，更多是由于我国政治气候的调整改变了教育发展的环境。此后，在我国政府发布的各种政策文献中就再也没有提过综合技术教育，以至于我国对综合技术教育的理论研究也很薄弱。

3. 实践探索

从实践上看，我国一直在进行着普通高中的技术教育探索。1950 年 8 月，为统一全国中学教学工作，教育部颁发《中学暂行教学计划（草案）》。在高中第二、第三学年开设每周 1 学时的"制图"，"内容为与工农业建设有关的各种图样的绘制"。此课程一直开设到 1956 年，并且从 1952 年起在高中的各年级开设。1956 年的高中课程计划还增加了"实习"，包括农业实习、机器实习和电工实习等内容。应该说，在这一阶段，我们还是在真正地探索我国基础教育如何实施技术教育的问题。虽然没有使用"综合技术教育"的名称，但从理论基础、实际做法上看，都在学习和模仿苏联的综合技术教育。或者说，我们在这一阶段的高中技术教育就是在力图实践马克思主义的综合技术教育理论。

（二）1957 年至"文化大革命"前的"生产劳动"教育

从普通中学进行技术教育的角度看，1957 年到"文化大革命"开始前也是一个自主摸索和发生转向的时期。

1. 转向的开始

1957 年，中苏关系出现裂缝，我国开始独立自主、自力更生地探索自己的

---

① 靳希斌.1985. 如何理解和实施综合技术教育. 教育理论与实践，5（6）：17～19
② 教育部.1956. 关于 1956～1957 学年度中、小学实施基本生产技术教育的通知. 见：李慧君.
2001.20 世纪中国中小学课程标准·教学大纲汇编：课程（教学计划）卷. 北京：人民教育出版社，249

发展道路。同年，毛泽东提出："我们的教育方针，应该使受教育者，在德育、智育、体育等几方面都得到发展，成为有社会主义觉悟的有文化的劳动者。"于是，在1957～1958年度的中学教学计划中，高中增加了农业基础知识，允许城市中学按实际情况开设工业常识之类的课程或工厂实习。1958年，党中央、国务院又进一步提出，"教育要为无产阶级政治服务，教育要与生产劳动相结合"，并将其确定为党的教育方针，拉开了"教育革命"的序幕。从此，阶级观点、劳动观点、群众观点、集体主义观点和辩证唯物主义观点得到无限的强化。结果，教育部在《关于1958～1959学年度中学教学计划的通知》中明显地加强了"劳动教育"。高中各年级规定了每周2课时的"生产劳动"，包括农业实习和工业实习，还专门设立了"体力劳动"科目，规定高中各年级每学年要参加14～28天的体力劳动，其主要内容仍是生产劳动。另有每学年6课时的"参观"。1963年对原教学计划进行调整，规定高中设"劳动"课程，并且每年参加劳动时间一个月。

2. "生产劳动" 教育的意图

那么，"生产劳动"的课程意义在哪里呢？在1963年制定的《全日制中学暂行工作条例（草案）》中，对生产劳动作了这样的阐述："学生参加生产劳动，主要目的是养成劳动习惯，培养劳动观点，向工农群众学习，克服轻视体力劳动和体力劳动者的观点；同时，在劳动过程中学习一定的生产知识和技能，扩大知识领域。"[①] 此后，关于高中教育再也没有进行过大的调整。仔细品味上面这个关于"生产劳动"的表述，不难发现，我们进行"劳动教育"的出发点是基于阶级立场的政治思想教育。至于"同时"学习的"生产知识和技能"，则是个"同时"意义上的副产品。至此，从新中国成立初期对综合技术教育的实践探索，到此时已经主要强调政治思想教育意义了。显然，我们应相信其当时实践上的政治合理性，对于改造部分人中的轻视劳动和劳动人民的思想观念也具有很重要的意义。不过，技术教育的意味此时已经很淡了。或者说，此时的劳动教育已经很难说还有什么技术教育的意义，它更主要地具有政治教育和思想改造的意义。"一般学校要给学生参加劳动的机会，劳动也是教学，是政治思想课。"[②] 但它恰恰是我国20世纪80年代初所开始实施的"劳动技术教育"的实践源头与发展基础。

---

① 教育部.1963.全日制中学暂行工作条例（草案）.见：李慧君.2001.20世纪中国中小学课程标准·教学大纲汇编：课程（教学计划）卷.北京：人民教育出版社，286

② 刘泓.2001.中学劳动技术课研究（硕士学位论文）.上海：华东师范大学职业与成人教育研究所，7

二、强调思想改造功能的劳动教育

"文化大革命"开始后，教育所受到的冲击和影响众所周知。实际上，从1958年开始，由于在实践中对"教育要为无产阶级政治服务，教育要与生产劳动相结合"的方针的曲解与泛化，普通中小学各种形式的与阶级斗争相联系的"劳动教育"就已经开始且被推至极端。1962年，毛泽东发出"千万不要忘记阶级斗争"的口号，1966年5月7日，毛泽东发出"五七指示"："学制要缩短，教育要革命，资产阶级知识分子统治我们学校的现象再也不能继续下去了。"由此，完成了将阶级斗争引入学校的理论准备，它在实践中产生了极其严重的后果。

与此形成呼应的是，"文化大革命"期间更加强调学生参加体力劳动的重要性，认为只有下到工厂、农村，通过自身的劳动，才能彻底消除资产阶级思想，才能实现自身的工农化，才能培养对劳动人民的感情，才算是站对了立场。此时，"劳动教育"就只剩下了思想改造的功能，而技术教育的意味则荡然无存。

笔者记得1972年刚上小学时，经常被安排参加生产劳动。因为是小学生，主要是做摘棉花、捉虫子之类的事。由于学校里还养着牛、羊、驴、猪，学生就得经常去割草喂它们；为了给学校的"试验田"积粪造肥，学生们还得将野地里的牛羊粪捡回来……班里的最后一只羊就是当时担任班长的笔者带领几位班干部卖掉的，那只羊卖了15元……写下这一段回忆，一是因为写至此处，那时的情景自然地就浮现在眼前；二是想由此说明，像这样的"劳动教育"是称不上技术教育的。

三、20 世纪 80 年代以来的劳动技术教育

（一）建立普通高中"劳动技术教育"

"文化大革命"结束后，在1978年1月所制定的《全日制十年制中小学教育计划（试行草案）》中，在高中阶段开设了一门"农基课"，主要是农业科研的一些基本知识。1978年9月制定的《全日制中学暂行工作条例（试行草案）》仍然强调要学工、学农、学军，学工、学农与1963年所强调的"生产劳动"并无差别。在高中阶段的课程中，设置了"生产知识"和"劳动"课。"生产知识"课的设立，有点合理吸收和恢复新中国成立初期"基本生产技术教育"的意味，但整体上依然强调政治教育的核心意义。

1981年，教育部颁布《中学教学计划修订意见》，在中学各年级设立了"劳

动技术"，这就是在我国延续了 20 多年的"劳动技术教育"的开端。高中"劳动技术"的课时共 4 周，其内容包括工农业生产、服务性劳动的一些基本技术和职业技术教育以及公益劳动等。同时，《中学教学计划修订意见》规定，职业技术教育的内容一般应为适应面广一些的共同基础技术。1982 年拟订的《教育部关于普通中学开设劳动技术教育课的试行意见》中称："劳动技术教育是中学教育不可缺少的组成部分。开设劳动技术教育的目的，在于培养德、智、体全面发展的一代新人。通过劳动技术教育课，培养学生的劳动观点、形成劳动习惯。同时，使学生初步学会一些基本生产技术知识和劳动技能，既能动脑，又能动手，为毕业后升学和就业打下一些基础。"[1] 显然，从这里的表述来看，劳动技术教育已经明显地区别于此前的"生产劳动"教育，特别是提到了为学生就业打基础的职业技术教育，并强调技术的"共同基础"性。这与"培养对劳动人民的感情"的原表述有了性质的不同。

（二）"劳动技术"成为普通高中必修课

1986 年的《全日制普通中学劳动技术课教学大纲（试行稿）》又将劳动技术课规定为"普通中学的一门必修课"。"大纲"还详细规定了劳动技术课的内容，在高中的劳动技术课内容中，出现了"无线电技术"、"电动机修理"、"土壤和肥料"等明显与科学相联系的技术内容[2]，体现出 20 世纪 80 年代中期改革开放、尊重科学的时代特征。1990 年，国家教育委员会在《现行普通高中教学计划的调整意见》的说明中，建议开设一些职业技术选修课；在 1991 年《关于在普通高中开设选修课的意见》中，再次建议开设技术类选修课，并认为此类课应是综合技术性的基础课程，其中部分带有初步职业培训的特点。[3] 1997 年，《全日制普通高级中学劳动技术课教学大纲（供试验用）》再次强调了劳动技术教育的必修课地位，并详细规定了劳动技术教育的内容要求，提供了各教学单元知识与技能的要点。相对于 1986 年的"大纲"，1997 年的"大纲"还提供了技术教育的操作性参照，课程内容涉及农业技术、工艺、电气技术、职业技术、电子技术和计算机等内容。2000 年，在《全日制普通高级中学课程计划（试验修订稿）》中，劳动技术教育被作为综合实践活动的一部分。时间安排为每学年 1 周，体现了对劳动技术教育的新探索。

---

① 教育部 . 1982. 关于普通中学开设劳动技术教育课的试行意见 . 课程·教材·教法，（1）：1～3

② 高宇征 . 2001. 20 世纪中国中小学课程标准·教学大纲汇编：音乐·美术·劳技卷 . 北京：人民教育出版社，435～440

③ 李慧君 . 2001. 20 世纪中国中小学课程标准·教学大纲汇编：课程（教学计划）卷 . 北京：人民教育出版社，359～368

（三）与"科技教育"联姻

20 世纪 80 年代以来，科技教育的重要性为人们所逐渐认识。1984 年 10 月，在日内瓦举行的第 39 届国际教育会议上，世界各国达成共识：要进一步加强对儿童和青少年进行适当的科技教育。1985 年，美国实施了一项以提高美国人科技素养为目标的"面向全体美国人的科学"计划，即著名的"2061 计划"。美国科学促进会 1989 年发表的报告中指出，"在下一个人类历史的发展阶段，人类的生存环境和生存条件将发生迅速的变化，科学、数学和技术是变化的中心。它引起变化，塑造变化，并对变化做出反应。所以，科学、数学和技术将成为教育今日儿童面对明日世界的基础"，并提出"应当以神圣的方式，把技术教育成为我们讲授历史、现状和我们未来的一个组成部分"[①]。计划还列举了青年人应当了解的一系列技术领域中的主要内容，包括材料、能源、加工制造、农业与食品、生物和医疗技术、环境、信息交流、电子、计算机、交通运输、太空技术等。

在国际科技春风的吹拂下，我国的科技意识日渐苏醒与高涨起来，反映在普通高中的技术教育上主要有两个方面：一方面，是对传统的劳动技术教育进行改造和创新，这在劳动技术教育的内容中有明显的体现。中国人民大学附中从 2002 年起就开始了《中小学劳动技术创新教育发展研究》。中国人民大学附中在全国率先建成汽车模拟驾驶实验室，建立了电子技术教室和陶艺室，并将"设计技术"作为高二年级的必修课；上海市华东模范中学不仅一直坚持对学生进行实用技能的培养，而且也结合上海经济与社会进步的特点，创新了传统的劳动技术教育，建有汽车模拟驾驶、电子技术等实验室。它们的做法为革新传统劳动技术教育提供了很好的范例，在价值理念和精神追求上，体现了科技发展的时代特点。只不过名称（当时）还在沿用"劳动技术教育"罢了，但早已不是传统意义上的劳动技术教育了。另一方面，表现为普通高中所开展的大量的"科技制作"、"科技发明"活动，如航模、机器人制作与比赛等，极大地提高了普通高中技术教育的科技含量。

今天，尽管在《上海市中小学劳动技术课程标准》（2004 年出版）这样的文件中还保留着"劳动技术"的提法，但已经不是昨天的劳动技术教育了，它在实践上已经充分地融合了科技教育的理念与内容。

四、21 世纪初的高中技术教育

2001 年，《基础教育课程改革纲要（试行）》提出，"在开设必修课的同时，

---

① 张志勇.1998. 前言. 见：亓殿强. 中小学现代科技教育导论. 青岛：青岛海洋大学出版社，1～3

设置丰富多样的选修课程，开设技术类课程"，并要求学生要"了解必要的通用技术和职业分工，形成初步技术能力"；又说"城市普通中学也要逐步开设职业技术课程"。2003 年，"技术"与语言与文学、数学、人文与社会、科学、体育与健康、艺术和综合实践活动等一起，在《普通高中课程方案（实验）》中被并列为八大学习领域之一。2004 年，高中现行课程方案付诸实施，高中技术教育开始了新世纪的征程。

（一）20 世纪劳动技术教育的发展轨迹回眸

任何事物都有它的历史，创新与改革不是不要历史，更不是要割断历史。高中技术教育发展过程中的历史经验与教训，是我们今天进行技术教育的重要资源。本书认为，尽管"技术"作为一个领域出现在我国高中的课程计划中是在 2003 年，我国高中技术教育的历史并不是始于 2003 年，而是已有一个较长的历史发展过程。当然，在历史发展的过程中，对技术的认识、技术教育的价值理念、技术教育的内容与方式会随着时代的变化而调整。甚至在某个历史时段它完全走了样。但超越局部，宏观地考察其所呈现的发展轨迹仍有参考价值。更何况在进行劳动技术教育的实践过程中，我国广大教师和教育科研人员已经积累了丰富的经验。

有学者对 1952～2003 年普通高中"劳动技术"课程名称与地位的变化进行了考察，结果见表 2.5。

表 2.5 1952～2003 年我国普通高中劳动技术课程名称与地位变化

年份	课程名称	备注
1952	生产劳动	未列入教学计划，作为课程外的活动
1956～1957	基本生产技术教育	地方结合实际处理
1958～1959	生产劳动	作为"科目"单列
1963	劳动	作为"学科"单列
1978	"生产知识"和"劳动"	作为"科目"单列
1981	劳动技术	作为"科目"单列
1990	劳动技术[a]	作为"学科"单列
1991	劳动技术	作为"学科"单列
1995	劳动技术	作为"课程"单列
1996	劳动技术	作为"学科"单列
2000	劳动技术教育	作为综合实践活动课程
2003	技术	作为科目

a 李臣之先生的原文此处为"劳动"，似有误，经核对后更正。
资料来源：李慧君.2001.20 世纪中国中小学课程标准·教学大纲汇编：课程（教学计划）卷.北京：人民教育出版社，359～368；李臣之.2004.普通高中综合实践活动课程目标与内容浅析.教育科学研究，(8)：36～39

表 2.5 大致体现了新中国成立以来我国普通高中技术教育发展的轨迹。品读上表，对比现行课程，相信定会引起读者的回味。

（二）21 世纪高中技术教育的新探索

在 2003 年颁布的高中现行课程方案中，技术教育的变化较大。"技术"包括信息技术和通用技术两部分，每一部分又包括必修部分和选修部分。通用技术和信息技术都要求至少取得 4 个学分方可达到毕业要求。信息技术包括"信息技术基础"必修模块，另有算法与程序设计、多媒体技术应用、网络技术应用、数据管理技术和人工智能初步共 5 个选修模块；通用技术包括技术与设计 1 和技术与设计 2 两个必修模块，另有 7 个选修模块：电子控制、建筑及其设计、简易机器人制作、现代农业技术、汽车驾驶与保养、服装及其设计、家政与生活技术。

《普通高中技术课程标准（实验）》所体现出来的时代特点和价值追求是非常明显的。它完全改变了传统劳动技术教育留给人们的印象，代表着我国 21 世纪初对普通高中技术教育所进行的新探索。正因为它是新的探索，因此有太多的问题需要研究，而这正是本书的价值所在。

第三章 技术教育的时代内涵

　　要真正地把握技术教育的时代内涵，还需要突破两道障碍："劳动技术教育"所带给人们的思想樊篱和"科学教育"的炫目光环对"技术教育"的笼罩。

第一节 突破"劳动技术教育"的概念樊篱

　　"文化大革命"结束后，尽管整个国家迫切需要新思想来激活已近枯萎的头脑，可是人们并没有能够马上从"左"的思想束缚中解放出来，甚至在多数人的脑海里，连科学技术的意识都没有。这是劳动技术教育产生前的基本社会背景。

一、劳动技术教育的原生语境

　　由于极"左"思想的影响，科学特别是来自西方的科学技术，一度被贴上"资产阶级"的标签。而从事科技研究的知识分子，也是批判和怀疑的对象。

（一）科学的春天来了

　　1978 年 3 月，全国科学大会召开，邓小平在会议上发表了重要讲话，重申和论述了"科学技术是生产力"的著名论断，并同时指出，知识分子是工人阶级的一部分。由此，科学和科技人员才真正有了政治地位。郭沫若以诗人的激情描述了他的心情："科学的春天已经大踏步地走来了，让我们张开手臂，去拥抱它吧！"

　　1978 年 5 月，《光明日报》发表特约评论员文章《实践是检验真理的唯一标准》，促动了全国人民的思想大解放。而支持这篇名著论点的论据却主要是自然科学成就：门捷列夫制定的元素周期表发现了新元素，证明了元素周期表的真理性；哥白尼的太阳系学说在相当长的时间里一直是个假说，而今早已被确认为真理等。思想的解放为人们认识科学技术提供了新的契机。

（二）重科学理论轻技术应用

思想解放的大门刚刚打开，人们还来不及弄清什么是科学，就以真诚而空白的心接受了科学，甚至将"科学"与"真理"画上了等号，认为凡是科学的，就是正确的，就是真理，就是好的。没有认识到科学技术是一把双刃剑，更没有正确理解科学与技术的关系，认为科学发展的结果自然而然地就会带来技术上的突破。于是，技术被科学掩蔽起来，甚至在这个时期人们所关注的其实是"技术"，而讲的却全是"科学"。"学好数理化，走遍天下都不怕"；重理论研究、轻技术开发；重理轻文、重理科轻工科等，被看做是很自然的事。1979年中美联合招收首届赴美物理研究生时，报考者绝大多数选择了理论物理，个中原因就与此社会背景不无关系。

1978年秋，邓小平宣布我国将实行对外开放、引进外国先进技术的重大决策，进一步激发了国人的科技兴趣。1978年12月，在北京召开的中共十一届三中全会，坚决批判了"两个凡是"的错误方针，果断停止使用"以阶级斗争为纲"的口号，决定把全党的工作重点转移到社会主义现代化建设上来。这是我国社会历史发展中的重大转折。

（三）劳动技术教育的"合成"性质

1980年前后，我国开始大量介绍、引进西方的科学研究成果。信息论、系统论、控制论及一些科学概念，如信息、反馈、非稳态等，都在一定程度上加深了人们对科学的认识。科学意识在中国内地此时开始真正苏醒，甚至像哥德巴赫猜想这样一般人根本不可能弄懂的纯科学研究，也能激起当时公众的极大兴趣。只是由这种"饥饿"心情所产生的对于科学技术的兴趣和不假思索的接收，并不表示人们具有成熟的科学理性。相反，它证明我们并没有真正地理解科学和技术，只是开始有了科技意识。20世纪80年代初的科学春天其实算不上真正的科学春天，最多只是"乍暖"，但"还寒"。

自然地，此时的"劳动技术教育"（1981年），也一定没有成熟的科技理论的支持。虽然有科学精神影响的作用，但它仍停留于旧的时代。考虑到我国历来强调对学生进行思想政治教育和长期进行的劳动教育的政治意义，将"劳动教育"与"技术教育"捆绑或许是最为稳妥的办法了。它是一个"混血儿"——培养劳动观点的"劳动教育"与80年代前后还不成熟的科技精神的合成物！（当然，也很可能融入些许国际技术教育的影响因素，但不会太多。）

二、劳动技术教育的目标疑惑

（一）强调德育目标

劳动技术教育的目标是什么？劳动技术教育从 1981 年提出设立以来，其目标一直是双重的，即其思想政治教育目标和技能目标。这个目标一般表述如下：要培养正确的劳动观点，形成劳动习惯，培养对劳动和劳动人民的感情；同时，还要学习基本的生产知识与技能以及与就业相关的职业技术。类似这种表述一直没有发生太大的变化，特别是其中的德育功能，一直备受重视。

1997 年，国家教育委员会编订的《全日制普通高级中学劳动技术课教学大纲（供实验用）》，其中对劳动技术教育的目标是这样表述的："一是在初中劳动技术课的基础上，继续培养和提高学生动手能力，使学生具备现代社会生产、生活所必需的一些基础知识和基本技能，具有初步的设计和创新能力，为他们进一步学习和掌握有关的劳动技术奠定基础；二是培养学生正确的劳动观点，使学生养成热爱劳动、勤俭节约、认真负责、团结协作、遵守劳动纪律的优良品质和良好习惯；增强质量意识、效益意识、环保意识和参与当地经济建设的意识，具有服务社会的责任感和为祖国社会主义现代化建设甘于奉献的精神。"如果读者留心，就会发现其德育目标虽依旧被强调，但被放在了知识技能目标的后面。这或许表明了人们对劳动技术教育的一种思考。

（二）劳动教育和技术教育的目标指向本不相同

有学者认为："劳动技术教育包括劳动教育和技术教育两个方面。劳动教育的任务是培养学生正确的观点、劳动习惯、热爱劳动和劳动人民的感情，即培养学生的劳动素质；技术教育则是使学生掌握一些劳动技术的基础知识和基本技能，培养他们动手的能力，进而进行一些初级的职业技术预备教育。"[1] 本书基本赞同这一看法。《中国百科大辞典》对劳动技术教育也给出了类似的解释："全面发展教育的重要组成部分之一。由劳动教育和技术教育两部分组成。劳动教育是以劳动实践为主，结合进行思想教育。技术教育是使学生掌握一定的生产知识及技术和劳动技能。其实施有利于培养学生的劳动观点，劳动技能和劳动习惯，为普通教育和职业教育打下基础。"[2] 关于"劳动教育"，《辞海》这样解释："德育内容之一。对学生进行热爱劳动和劳动人民、珍惜劳动成果、树立正确的劳动观点和劳动态度、通过日常生活培养劳动习惯和技能的教育活动。

---

①　鲍龙.1997.我国劳动技术课发展方向探讨.课程・教材・教法，(5)：51，52
②　中国百科大辞典编委会.1990.中国百科大辞典.北京：华夏出版社，460

有助于清除好逸恶劳、贪图享受、损公肥私、挥霍浪费、好吃懒做等思想和作风对学生的不良影响。"①

至此，我们不难看出，劳动教育指向德育方面的目标，而技术教育则指向技术、技能方面的目标。而劳动技术教育的目标是双重的。

（三）劳动教育和技术教育分离之合理性

本书毫不怀疑给劳动技术教育建构双重目标的积极意义，并且也相信，没有坚定正确的政治思想，一个人即使拥有再好的技术本领对人民生活和社会发展也无益。就像当年为希特勒服务的物理学家，其中竟然也有诺贝尔物理学奖获得者。诚然，高中生不仅要政治思想坚定，而且还要技术本领高超，但这是总要求，实现这一总要求需要通过不同科目的教育共同完成，各科目在承担实现总要求的责任时所设定的目标指向是有侧重的。对劳动技术教育设置双重目标，容易使人们难分主次，甚至会产生我们究竟是在进行德育还是在进行技术教育的困惑。加之劳动技术教育产生的特殊语境和政治思想教育的特殊地位，也就很容易出现重"劳"轻"技"的现象。政治思想教育的目标还需要有专门的思政课程来保证。既然劳动教育主要地承担着政治思想方面的目标，那么就让它从劳动技术教育中分离出来，放手让它发挥自己的独特作用好了，不必将"劳动教育"和"技术教育"捆在一起。分开不是不要劳动教育，更不是不要思想政治教育，只是为了各自能更好地发挥独特功能。分开后，不仅目标主体更加清晰具体，而且也并不排斥在技术教育的过程中可以随机地进行适度的思想政治教育。

依据新时代要求，技术教育的目标应突出以育人为本，并综合考虑社会、学生和技术发展的要求。基于此，技术教育目标一般应当包括以下几个方面：具备基本的技术能力，并能在当代社会生活中运用之，特别要具备基本的信息技术能力；对职业世界有基本的了解，增进职业生涯规划与发展的能力，适度渗透职业技术，增强学生的职业意识与创业精神；在"动脑"与"动手"之间保持适当的平衡，培养学生解决问题的实践能力；培养学生的技术探究能力、反思能力与创造能力，并从中促进对技术的理解，激发创造的欲望；了解技术发展的历史与趋势，深刻理解技术对社会、环境和人类生活的影响。

三、劳动概念的实践失范批判

尽管劳动技术教育一直被强调，但它在我国普通高中教育中却并没有得到

---

① 辞海编委会.1999.辞海.上海：上海辞书出版社，4383

很好的实现，一直处于"忽上忽下"的脆弱状态。这其中，既有社会因素的影响（如升学理论），也有劳动概念实践失范的原因。故需要深入考察"劳动"概念。这是一个不可绕过的概念，是人们理清认识的学理源头。

劳动概念是马克思主义理论的重要基础概念之一。同时，它也是一个极其抽象和复杂的概念。它在最抽象的意义上代表了人的类本质——人的体力和智力的支出。它常常依附于多重言说语境，具有多种复杂的语义。对于什么是"劳动"，学术界也一直智者见智、仁者见仁。本书无力也无意对它进行学术考古，只想就其在实践中的理解局限进行追问和批判。

劳动概念的实践失范主要表现在三个方面。

（一）概念泛政治化

劳动概念本应是一个哲学范畴，其经济属性也很明显。马克思为了从抽象的角度分析劳动创造价值的过程，将劳动假定为直接生产劳动。"劳动首先是人和自然之间的过程，是人以自身的活动来引起、调整和控制人和自然之间的物质交换的过程。"[①] 但是，苏联和我国在具体应用这一概念建设社会主义的过程中，一度机械地将劳动和劳动者概念引入政治领域，并将指称对象工农化。在"十月革命"胜利和新中国成立之后相当长的时期内，都是将工人、农民（特别是贫农）视为劳动者，视为财富的创造者。而商人和企事业经营管理者，甚至自耕农、手工业者都不算劳动者。知识分子甚至被划入资产阶级范畴，属于被改造的对象。

在劳动人民当家做主的政治理念支配下，甚至还形成了一种奇特的理论：谁越穷谁就越革命，就越愿意走社会主义道路，谁也就越可靠。于是，入学、配备基层干部也以劳动人民出身为主要标准。同样的逻辑，谁经受的劳动磨炼越大，谁就政治上越先进、越光荣。是否劳动、是否到农村去参加体力劳动、是否到艰苦的地方进行劳动锻炼，甚至成为一个人政治上是否可靠的基本参照。

反映在我国学校教育领域，"劳动概念是站在共产主义者的立场上被引入学校课程的"[②]。不喜欢劳动或者劳动不积极的学生被认为是思想不先进、政治不可靠的，不能与工农打成一片的，因而也不能成为共产主义者。

劳动概念政治化有其当时历史条件的合理性，只是过了度。今天，时代变了。而且，既然劳动概念具有丰富的政治内涵，那么，不妨将劳动教育归入政

---

① 马克思，恩格斯.1972.马克思恩格斯全集.第23卷.北京：人民出版社，201，202

② Fouts J T，Chan J C K. 1997. The development of work-study and school enterprises in China's school. Journal of Curriculum Studies，29（1）：31～46

治教育或者道德教育的范畴中，并由此体现劳动概念的思想政治意义，这应该是合理的思路。

（二）劳动定位过低

有学者考察了马克思、恩格斯经典原著中有关"教劳结合"的论断，发现其中使用过"劳动"、"体力劳动"、"生产劳动"、"工厂劳动"等概念，认为马克思主义关于教育与生产劳动相结合意义上的"劳动"是指"以机器大工业为前提的、以体力（手工）劳动为内容的物质生产劳动"[①]。若结合考察我国"劳动技术教育"实践，则可以发现，"劳动"被认为主要是指以工农业生产为背景的、伴随体力消耗的物质实践。劳动本是一个十分复杂的概念，既包括简单劳动，也包括复杂劳动，但在实践中却一度将劳动概念简单化，仅仅教条式地引证马克思关于劳动的言论，将劳动仅仅看做是工业、农业领域里的直接劳动，并将对劳动的看法引向人本身。这不仅是其泛政治化的表现，也降低了劳动的定位。

教条式地引证马列关于劳动观点的结果，是将劳动看成是运用简单机械和工具加工物质资料的体力劳动，认为只有消耗体力的劳动者才是物质财富的创造者，流通领域、管理领域里的劳动和其他的劳动形式都被排除在创造价值的劳动之外。从这一点出发，在生产力领域里就极力推崇体力劳动，其劳动定位囿于传统的肢体肌力付出和简单机械的运用。体力劳动被看成是创造价值的唯一劳动形式。不通过自己的体力劳动而获得财富的人被批为"不劳而获"，资本家、商人、企业管理者都是"不劳而获"的人，甚至是剥削者。在这样的概念支配下，对学生进行的劳动技术教育，就本能性地推崇劳动越多越笨重、教育与生产劳动结合得就越好的理念，结果可想而知。

（三）内容范围狭窄

马克思创立劳动价值论的时期，正处于从工场手工业向机器大工业过渡的时代，其"劳动"意蕴是以机器工业为前提的、以体力消耗为特征的生产劳动。"如果整个过程从其结果的角度，从产品的角度加以考察，那么，劳动资料和劳动对象表现为生产资料，劳动本身则表现为生产劳动。"[②] 并且，"就劳动过程本身看，只有以产品（物质产品，因为这里只涉及物质财富）为结果的劳动是生产的"[③]。长期以来，我们对劳动概念的理解就是处于这样的一种理论高度。特

① 刘世峰.1996.中国教劳结合研究.北京：教育科学出版社，2～21
② 马克思，恩格斯.1972.马克思恩格斯全集.第23卷.北京：人民出版社，205
③ 马克思，恩格斯.1972.马克思恩格斯全集.第49卷.北京：人民出版社，108

别是教条地用马克思的这一理论根据来指导实践时，人们对劳动概念的思维就往往凝固在简单劳作层次上。

1. 劳动概念的传统理解缺乏科技属性

无疑，"劳动"具有经济学属性，是劳动经济学的重要概念，它甚至是马克思《1844年经济学哲学手稿》中的居于主导地位的概念。《不列颠百科全书》就强调了它的经济学属性，认为："labour 劳动（劳动力），在经济学中，是指以挣工资为生的人们的总体。"[①] "劳动"具有哲学属性，"劳动创造人"是其经典表述。按照《辞海》，"劳动"有三层意思：①人们改变劳动对象使之适合自己需要的有目的的活动，即劳动力的支出或使用；②谓活动，锻炼自我身体；③犹言偏劳，表示感谢。[②] 显然，②③层意思与本书研究无关，但第一层意思仍过抽象，体现了劳动的哲学属性；"劳动"也具有政治属性，前面已经进行论述，"劳动人民"是其典型术语；它也明显地具有教育属性，如"劳动教育"。但是，在长期的对"劳动"的理解过程中，它唯独没有被赋予科技属性，或者严格地说，它没有被赋予现代意义的科技属性。这并不是劳动概念本身不能容下科学技术，也不是劳动概念本身出了什么问题，而是我们在长期的社会实践中对它的理解出了问题，是由实践失范造成的局限。

2. 马克思关于劳动概念的英明之处

尽管马克思的"劳动"概念是以机器工业为前提的、以体力劳动为标志的物质生产劳动。但他也清楚地指出"这个从简单劳动过程的观点得出的生产劳动的定义，对于资本主义生产过程是绝对不够的"[③]。"从资本主义生产过程的观点出发，则要加上更贴切的规定：生产劳动是直接增殖资本的劳动或直接生产剩余价值的劳动。"[④] 我们能体会到，马克思指出这一点是非常英明的，也是有远见的。

一百多年后的今天，随着科学技术的发展，生产劳动已经由原来的体力劳动为主变为今天的脑力劳动为主。尽管今天依然有大量的体力劳动存在，但科学技术性工作、经营管理和创造发明已经成为重要的劳动形式，并且越来越成为主导性的劳动形式。传统的体力劳动密集型产业正在快速地向科技知识密集型产业转移。"相对于农业经济时代以土地为资源，以劳动力为基础的封闭的个

---

① 美国不列颠百科全书公司.1999.不列颠百科全书（国际中文版第9卷）.北京：中国大百科全书出版社，409

② 辞海编委会.1999.辞海.上海：上海辞书出版社，4380

③ 马克思，恩格斯.1972.马克思恩格斯全集.第23卷.北京：人民出版社，205

④ 马克思，恩格斯.1972.马克思恩格斯全集.第49卷.北京：人民出版社，99

体化生产；以及以原材料、能源为资源、资本为基础的集体大生产，新经济则是建立在知识、科技基础上的灵活的个性化生产。"① 在这个过程中，劳动形式和劳动工具发生了巨大的变化，基于脑力劳动的科技含量高，所以这种劳动形式在物质财富和精神财富的创造中所占有的比重，已经远远超出了体力劳动所占的比重。比尔·盖茨创造出的令人惊叹的巨额财富就不可能用体力劳动的付出来解释，而只能诉诸"科技是第一生产力"的理念。如果对劳动概念的理解抱残守缺，将劳动概念指向传统的体力劳动，必贻笑于时代并为时代所抛弃。不更新劳动概念，劳动技术教育的科技含量也不可能得到真正提高。

四、劳动技术教育反思与重建

古希腊哲学家阿那克萨戈拉（公元前 496～前 428）认为，尽管"在体力和敏捷上我们比野兽差，可是我们却使用我们自己的经验、记忆、智慧和技术"②。这意味着技术是人区别于动物的特征之一。恩格斯也指出，"没有一只猿手曾经制造过一把哪怕最粗笨的石刀"③。因而，猿类的活动并不是真正的劳动，"劳动是从制造工具开始的"④。这就表明，劳动从一开始就是与技术连在一起的，技术一定是劳动的技术，所有的技术都是各种形式的劳动的技术。如果将劳动看成是人们支出体力和智力、运用工具改造环境以满足自身需要的实践活动。那么，"劳动技术教育"的提法也并不是不可以。只是，既然所有的技术都是劳动的技术，那么"劳动"二字似乎就没有必要。这只是从语法分析的角度所得到的认识。

但是，问题在于，提出"劳动技术教育"的理论基础是教育与生产劳动相结合，这一指导思想已经并将继续对我们的教育产生重要的指导作用。然而，人们对这一理论的认识与理解并不一致。但无论怎样，长期的劳动技术教育实践已经表现出明显的局限性，以致我们不得不对劳动技术教育进行反思，探寻重建之策。

（一）"劳动技术教育"概念解读

"劳动技术教育"可作"劳动教育"和"技术教育"、"为了具体劳动所进行的技术教育"、"通过劳动的形式进行技术教育"等三重解读。其中，第一种理解最为多见，常常见诸时下的各种教育文献中。在我国基础教育现行课程方案

---

① 杨俊玲 . 2002. 新经济时代科技、劳动与价值创造 . 教育理论与实践，22（增）：16，17
② 陈昌曙 . 1999. 技术哲学引论 . 北京：科学出版社，20，21
③ 恩格斯 . 1984. 自然辩证法 . 北京：人民出版社，296
④ 马克思，恩格斯 . 1972. 马克思恩格斯选集 . 第3卷 . 北京：人民出版社，513

中，在初中设立了"劳动与技术教育"，加了一个"与"字。

就第一种理解，已经研究发现，改革开放前的时代背景赋予"劳动教育"以强烈的政治教化功能，教育者将爱不爱劳动作为评判一个学生政治立场是否正确、道德觉悟是否高尚、甚至是属于哪个阶级的重要标准。尽管在劳动教育的过程中也能附随性地进行一定程度的技术教育，但"劳动教育"截然不同于"技术教育"。"劳动教育"的广义理解是泛指一切与劳动、生产和技术有关的教育活动。从这个意义说，技术教育与劳动教育有重合相通之处，但劳动教育的技术指向并不鲜明。只有当劳动教育明确地指向传授技术原理、培养技术意识和相应的技能时，劳动教育才具有鲜明的技术教育特质。遗憾的是，由于如前所述的劳动概念的实践局限，劳动教育从来就没有过鲜明的技术指向。于是，人们对劳动教育的认识主要地倾向于它的狭义理解，即劳动教育指在劳动教育活动中对学生（即劳动者）进行劳动态度、劳动观念、劳动习惯和劳动体验的教育。它在很大程度上，意在塑造或者改造劳动者的思想观念和价值追求，培养学生"对劳动人民的感情"。这基本上属于德育范畴。

而"技术教育"作为实现人的全面发展的重要手段，是科学文化知识和技能的重要内容，是普通高中教育必不可少的重要组成部分，是学生素质发展的重要方面。技术教育的范畴包括了技术本质、技术与社会、技术与环境等技术发展理念。技术教育目的最主要的是达到对于技术的理解、习得、运用和评价，而不是政治思想和道德觉悟。在教育的方式上，劳动是劳动教育的唯一途径和形式，但劳动只是技术教育的途径之一，而不是唯一途径。技术教育特别是普通高中的技术教育完全可以或者主要不是通过体力劳动的形式来进行，更多的是通过非体力劳动的形式进行的，如理化生实验、技术实验、科技探索、研究性学习、综合实践活动等。在普通高中，劳动教育不一定必然地表现为太多的事实安排，因为高中生的主要任务是学习科学文化知识和技能，而不是进行体力的劳动。在这方面，我们有过惨重教训，在"文化大革命"中，各级各类的学校在"劳动教育"的名义下安排了太多的劳动，结果严重影响了学生的文化素质。苏联在1937年取消综合技术教育，也是出于同一原因。

由此，可以再次看到，"劳动教育"与"技术教育"尽管可以发生联系，但它们根本就是两件事。正如当年苏联关于《综合技术教育问题讨论的几个结论》所指出的，"'劳动教育'、'为参加实际活动作好准备'、'理论联系实际'这些概念，虽然在各自的某些部分上跟'综合技术教育'这个概念有联系，但是决不能把它们跟后者完全等同起来：每一个概念都有自己的特殊内容。混淆这些概念，用一个概念来代替另一个概念，都会妨碍综合技术教育任务的正确实现"①。《综合技术教育问题讨论的几个结论》同时批评了将各种各样的体力劳动（如擦地板、使用铁锹、帮助父母做家务等）都列入综合技术教育的简单化观点。同样，如果一定要将劳动教育和技术教育扯在一起，则容易造成以"劳动教育"掩蔽"技术教育"。这并不是不承认劳动教育的价值和意义，更不是说今天不需要劳动教育了，而是要去掉"劳动技术教育"得以产生的原生语境，在一个新时代的语境中重新建立新的"技术教育"概念，并突出其中的"技术"内核。

至于前面三种解读中的后两种理解，即"为了具体劳动所进行的技术教育"和"通过劳动的形式进行技术教育"，则可发现其共同的核心是"技术教育"，而这个核心完全可以抽取出来。由此，"技术教育"概念的独立品性显露端倪。

（二）"劳动技术教育"概念语境束缚思维创新

概念是语境意义的标识，通过概念所领悟的其实不是概念本身，而是其语境意义。人们识别或理解一个概念，是始于语境也终于语境。假如继续沿用"劳动技术教育"概念，易于使我们陷于其原生语境所蕴涵的思想改造式的思维模式中，而难于有所创新和突破，难以建立以当代科技为基础的技术教育的新理念。其实，大家对"劳技"提法的认同也只是由于时间久了、习惯了，但它经不住仔细推敲。时间越长，其背后的原生语境、思想根源就越容易生根，越不容易建立新概念。所以，本书认为，弃用"劳动技术教育"概念，起用"技术教育"概念，原概念中的劳动教育功能由"劳动教育"去承担，从而使技术教育的独特功能得以突显。这不仅是很合理的，也是很适宜的。事实上，我国高中现行课程方案中不再设"劳动技术"科目，而设立"技术"科目，就反映了这种思考的合理性。

（三）弃"劳动技术教育"用"技术教育"

"劳动技术"显然不是"遥感技术"、"航天技术"、"农业技术"这样的专门技术或者行业技术。由此，"劳动技术教育"就不免有些令人费解。当然，将"劳动技术"泛指劳动实践中的一切有助于活动目的实现的技术和手段，从"技术都是劳动的技术"这个观点出发，从而提出"劳动技术教育"的概念，似乎也没有什么不可。但是，这与去掉"劳动"二字的"技术教育"的提法并没有本质不同，其实就是技术教育（这一点前面从另一角度提到过）。

---

① 王继麟译.1958.综合技术教育问题讨论的几个结论.教育译报，（2）：11～13

1. "重劳轻技" 之反思

顾名思义，技术教育就要以技术（特别是以科学为基础的技术）为核心内容。但 20 多年来，围绕"劳动技术教育"所进行的实践探索却恰恰是少有科技意识，至少是不突出。更没有履行好本应为核心的技术教育的功能，偏重于"劳动教育"而淡化了"技术教育"，甚至是"有劳无技"。其根本原因在于没有理清"劳动教育"与"技术教育"的区别，以致"劳动技术教育"概念内涵不清。更深层的原因则是由于我们至今还没有摆脱"劳动技术教育"得以产生的原生语境，致使"劳动教育"常常掩蔽"技术教育"。由此所暴露出的局限与问题有目共睹。

对此，我国许多学者进行了深入思考。于慧颖在《教育研究》上撰文认为，有必要对我国已经进行了 20 年之久的中小学劳动技术教育进行全面总结，分析其产生背景和当代发展态势，要深化劳技教育的时代内涵，特别是要提高其科技含量。[①] 这表明，人们反思和改革"劳动技术教育"的意识已经觉醒，这种觉醒不仅吻合了本书对劳动技术教育所进行的反思，而且呼应了技术教育发展的国际趋势。其实，早在 1995 年，我国学者宫必京先生就指出了劳动技术教育的时代内涵："劳动技术教育是在普通学校实施的，旨在传授技术的基本原理、使学生掌握相应的基本技能，并培养技术意识的教育。"[②] 应该说，这个界定基本接近于本书所说的"技术教育"。只是宫先生并没有深入地对"劳动"概念进行剖析，也没有认识到将技术教育与劳动教育分离的问题。

2. 弃 "劳动技术教育" 概念的合理性

教育与生产劳动相结合是指导我们教育活动的理论纲领，也许正是由于这一点，要弃用"劳动技术教育"，建立"技术教育"概念，会让不少人难以接受，甚至在一定程度上反对。但是，教育与生产劳动相结合的思想主旨是指教育要加强与劳动世界的有机联系，这是指导教育活动的大宗旨。但建立"教劳"有机联系的方式是多种多样的，而非简单机械地让学生参加劳动。如果认为让学生参加劳动就是教育与生产劳动"结合"了，那么这只是肤浅与片面的理解。理论上讲，我们的所有教育活动都必须贯彻"教劳结合"这一指导思想，但我们不必、也不能由此就将所有吻合这一思想的教育活动形式和课程都冠以"劳动"二字。物理教育、化学教育、生物教育、文学教育等要不要与生产劳动相结合？当然是要的，但若是由此就相应地将其称为"劳动物理教育"、"劳动化学教育"、"劳动文学教育"，不仅语感冗赘，而且冲淡了概念的学科内涵。再

---

① 于慧颖 . 2001. 深化劳动技术教育课程改革的思考 . 教育研究，(12)：47，51
② 宫必京 . 1995. 劳动技术教育新论（硕士学位论文）. 南京：南京师范大学，9

者，除了劳动世界外，人们还要面对生活世界、科学研究世界等。当代技术教育中的"技术"也不再仅仅是关于生产劳动的技术，还包括关于生活的技术、关于闲暇的技术、关于科学研究的技术等。可见，"劳动技术教育"的涵盖面已显得狭窄。若再联系劳动概念的实践局限，则缺陷更加明显。反观"技术教育"概念，至少部分地仍然具有"劳动技术教育"概念中的劳动教育的功能。因为，技术运用的过程，其活动形式主要地表现为各种形式的劳动实践。

（四）建立技术教育

"重视技术教育反映了国际课程改革的趋势。"[①] 同时，由"劳动技术教育"走向"技术教育"的发展趋向在我国也已经曙光初现。这个转向，离不开一个重要的相近概念即"科技教育"。1985 年，美国"2061 计划"的付诸实施及其影响，使"科技教育"成为国际基础教育改革的新趋向。这直接促进了 20 世纪 90 年代以来我国劳动技术教育的转向，表现为劳动技术教育的各种创新性研究。尽管其中的提法各异，但普遍强调提高其中的科技含量，甚至有的研究直接使用了"科技教育"的提法。

"技术教育"的独立品格正式得到确认，体现于 2003 年颁布的高中现行课程方案中。高中现行课程方案使"技术"成为高中生学习内容的八大领域之一，它融合了"科技教育"和"劳技教育"的内容，体现出更高的定位与综合，内容包括信息技术、多媒体技术、网络技术、技术与设计、电子技术、现代农业、家政与生活技术等。虽然，现在还不能对现行课程方案中的技术教育情况做出很好的判断，但"技术教育"带着不同于传统"劳动技术教育"的风采，已经从理论走向了实践。

第二节　走出科学教育的光环

本书已经从知识属性的角度，讨论过技术与科学的区别，对于技术不同于科学的独特性质，进行了初步探讨。不过，那是出于探讨技术本质的目的而进行的讨论，显然对于教育的立场关照不够。本节将依据技术发展史实，论述和探寻技术教育具有独立品格的技术发生学依据。这个角度对于技术教育更具有启示意义。

---

① 钟启泉 . 2003. 国际普通高中基础学科解析 . 上海：华东师范大学出版社，15

一、经验技术的存在

（一）经验技术与科学技术

从技术的发生机制上看，技术有基于经验的技术（经验技术）和基于科学的技术（科学技术）两种形态。如果说早期的技术是基于手工经验（手艺），机器大工业时代的技术是基于工艺经验的技术（工艺）。那么，当代的技术就主要是基于科学的技术，它是指建立在科学原理的基础上而产生的技术。20世纪以来，特别是其后半叶发展起来的技术，基本上都是基于科学的技术。

基于经验的技术，与英文单词technique相对应。在没有科学或者科学不发达的时代，技术主要是经验技术；基于科学知识的技术，与英文单词technology相对应，有时也被称之为理论技术（theoretical technology）。它们之间不存在简单包含关系，也不能说科学的技术先进于经验技术。且不要说有些经验技术，其水平即使最先进的机器都难以达到，而且在科学技术中也存在着大量的经验技术成分。在通常的技术实践中所说的、所验证的、所实践的技术，既包括经验技术（technique），也包括科学技术（technology）。本书所讲的面向普通高中"技术"就是如此。

（二）两种技术形态的区别

事实上，经验技术在工作和生活中一直起着重要作用，并且这种作用还要继续下去。经验技术和科学技术是不同的：经验技术不能离开经验而存在，没有经验就不可能有技术，经验在前而技术在后；而科学技术却可以根据科学研究的成果，来推测到技术的存在，如通过万有引力定律可以推导出"第一宇宙速度"；一种经验只能支持一种技术，而一种科学理论却可以支持多种技术，如热力学理论就支持了内燃机、空调和冰箱；经验技术只能靠经验缓慢地积累，而科学技术则可以在科学理论的支持下快速跃进；经验技术是技能性的技术，而科学技术是知识性的技术。

（三）经验技术存在的意义

经验技术的存在说明，技术在缺乏较高的科学和数学知识的情况下也可以发生、发展，早期的冶铁技术就是在没有什么化学反应知识的背景下发展起来的。孟特高弗（Montgolfier）兄弟于1783年乘坐热气球进行首次飞行时，他们也并不知道为什么加热空气气球就能上升，只是上升的烟给了他们启示。长期以来，人们也不知道加热食物能保存更长的时间是因为高温杀死了细菌。巴斯德（Pasteur，1822~1895）的微生物研究才解开了这个迷。这都说明了技术的发明与运用并不总是需要科学理论。

二、发展路径的独立性

技术与科学的发展路径是不同的，两者各有其独特的发展轨迹，并且保持着各自独立的特征。科学从一"出生"，其出身似乎就很"高贵"，而技术则似乎是"卑贱"的。科学在古代只属于贵族哲学家，而技术则属于辛苦劳作的工匠所有。

在西方，古代科学家先是被局限在他们的书房里，后被集中在大学。到了中世纪，修道院又成了科学研究的中心。而技术则始终靠近普通民众，在普通职业人中间循环发展。技术与科学发展路径的分离，使"亚里士多德和托勒玫的纯理论科学对于制革工人、磨坊主、银匠和桶匠所碰到的技术问题，几乎没有什么关系"①。在文艺复兴之前，以及其后长达数百年，技术进步都是在没有科学知识相助的情况下产生的。②

至 16 世纪，弗朗西斯·培根倡导实验科学，建议工匠要掌握更多的知识。但是，这种倡导科学与技术相结合的思想苗头并没有在随后的 200 多年的时间里得到实现。期间的许多创造如铁桥、蒸汽机、纺织机、电话、无线电报等并不是直接地依靠科学知识实现的。尽管不少学者认为 1879 年 10 月 21 日爱迪生（图 3.1）进行电灯表演的那一天是现代技术的诞生日。但众所周知，爱迪生发明电灯是在经过了大量的试验和失败之后才成功的，它并没有因为得到科学知识的帮助而走捷径。相反，正是爱迪生对碳丝所做的大量试验，才导致了世界上第一座科学研究实验室得以建立，从而为科学研究奠定了组织基础。

图 3.1　爱迪生

实际上，19 世纪以前，技术与科学的联系一直都是很薄弱的和或然性的。期间的技术发明和技术革新，主要地是由没有受过科学教育的发明家个人依靠经验和直觉，在实践中通过"试误"来完成的。英国科技史专家埃什比（E. Ashby）在谈到英国 1760～1860 年工业革命时认为："科学家与工业过程的设计者之间几乎没有思想的交流。"③ 随着以科学为基础的化学和电力工业在 19 世纪

---

① 〔英〕斯托弗 C P.1987.技术的概念.见：邹珊刚.技术与技术哲学.北京：知识出版社，27
② 〔美〕乔治·巴萨拉.2000.技术发展简史.周光发译.上海：复旦大学出版社，111，112
③ 丁邦平.2002.论国际理科教育的范式转换——从科学教育到科技教育.比较教育研究，（1）：1～6

晚期的建立，这种情形起了变化。"到 19 世纪，技术才逐渐以科学为基础。"①
公认的看法是：19 世纪中叶以后技术与科学才逐渐建立联系。但是，这并不意
味着技术的发展从此就完全依赖科学。

三、走出科学光环的笼罩

在所有关于技术与科学关系的认识中，有一种影响最大的观点：技术是科
学知识的应用，或者技术被视为"应用科学"。

（一）技术曾一度为科学所笼罩

技术与科学原本是分离的，只是到了 19 世纪中叶以后，技术才逐渐地与科
学联系起来。从其各自发展的路径来看，科学的发展最初是通过专业化的哲学
家来传递，醉心于纯粹理论思辨，走的是"上层"路线；而技术则在普通民
众间出于职业需要而传递，走的是"下层"路线。可以想象，哲学家与普通民
众的地位差异，使"科学"更容易被承认为显学。因而，在它与技术联姻之后
也就更容易获得"姓氏冠名权"，形成科学帝国。

20 世纪特别是 20 世纪后半叶以来，人们对于科学的认识不再囿于传统的
"纯粹科学"，开始将技术的因素赋予其中。对于这一变化，赫德（Hurd）说：
"科学的风尚已经改变。……58％的研究者专注于工业领域，科学与技术已经变
成一个完整的系统，科学研究越来越具有社会性而不再是纯理论研究。"② 只是，
这个系统不是被称之为"技术"系统，而是冠以"科学"的称谓。由此，技术
被"包裹"在科学里面，被认为是科学的组成部分，或者是另一种性质的科
学——应用科学。

不难理解，在技术的独立品格没有被认识到之前，学校中的技术教育是随
着科学教育捎带着进行的。尽管事实上早有技术教育，但它是顶着"科学教育"
的名分"默默无闻"地存在着。科学教育将技术教育笼罩在自己的"光环"里，
使其难露"峥嵘"。

（二）基于科学的技术

从构词角度进行分析，汉语中的"科学技术"除了解读为"科学和技术"
外，还可以理解为"科学的技术或曰基于科学的技术"，科学的技术是相对于经

---

　　① 美国不列颠百科全书公司 .1999. 不列颠百科全书（国际中文版第 16 卷）. 北京：中国大百科全
书出版社，485

　　② Hurd P D. 1990. Guest editorial：change and challenge in science education. Journal of Research in
Science Teaching，27（5）：413，414

验技术而言的，在英文资料中不断地见到"science-based technology"这样的语句。科学的技术不胜枚举，处处可见，如生物技术、计算机技术、激光技术等，它们当然都是科学的技术。将技术建立在科学的基础上，则科学技术的确属于科学知识的应用，在这个意义上，将技术理解为应用科学是可以的。由此，技术的定义似乎就可以是：技术就是将数学知识和科学知识应用于特殊的目的，以使我们的生活更好、生产更多的东西和获得更多的享乐；或者技术就是运用科学知识解决问题；或者技术就是运用科学知识满足自身需要的方法。

强调技术与科学的密切关系，将科学的技术局限在"应用科学"的语境下，似乎蕴涵着一种"允诺"，这就是科学的发展一定会产生高水平的技术。其实，这是科学哲学家们在科学帝国意识的支配下所描绘的神话，反映了他们缺乏对技术发展史的了解。如前所述，从技术发展史来看，在很多时候，技术恰恰是在没有科学知识的情况下发生的，恰恰是技术领先于科学而不是相反，甚至，即使在"科学的技术"迅猛发展的今天，有许多技术发明也并不是建立在科学知识基础上的。

（三）有些看似"科学的技术"其实不然

如果技术真是可以归结为科学知识的应用，那么，在技术产生之前就理应先具有科学知识才行。但是，有些技术在产生过程中，发明人本身恰恰缺乏科学知识，甚至由于所处时代的科学研究还不足以支持某项技术发明，因而也无法获得科学知识。但只要人们后来找到了它的科学基础，人们往往也将该项技术称为科学技术。这类技术，如果从产生的实际过程来看，其实并不能算是科学的技术，其技术的产生是通过多次的"试误"经验而产生的，因而应属于经验技术之列。这类技术在日常经验中是大量存在的，如足球的"香蕉球"技术和乒乓球的"削球"技术，只要去研究，其背后都有科学的理论。但都不能将其列为科学的技术。即使有人非要称它为科学技术，也要明白，它与因为有了科学知识的基础而产生的科学技术并不相同。

所以，技术不仅仅是科学知识的应用那么简单。实际上，技术发明的过程远远不是从科学知识一步步直线式地到达它的应用的。如果认为技术是科学知识应用，那就是将技术与科学的关系简单化了。现代影印机的转鼓和送纸机械技术其实源自于滚筒印刷技术；我们目前所用的白炽灯泡，从最初的试验努力到发现灯丝材料和不蒸发、不氧化灯丝的填充气体，爱迪生共做过 1000 多次试验。有时，一项技术产品确实运用了某科学原理，如电动机，是运用磁场力的经典产品。但电动机实际成品的许多设计特征也不是简单地从公式 $F=BIL$（F 为导体所受磁场力；B 为磁场强度；I 为电流强度；L 为导体长度）中引出的，它需要工程技术人员投入自己的创造力。著名哲学家克罗依斯（P. Kroes）明确指出："关于技术的最为持久的神话之一是技术是应用科学（如无线电通信是电磁理论的应用）。按照这一神话，技术知识是科学知识的特定形式，它是把科学知识应用到相关技术情境的结果。这一观点是科学哲学家们没有认真地研究过技术知识造成的。"[①] 这个观点是客观的，无线电通信技术的研发成功就是这一观点的经典证据，科学史实表明，无线电通信技术实际并不是电磁理论直接运用的结果[②]：

在1854～1879年的25年间，麦克斯韦（James Clerk Maxwell，1831～1879），这个苏格兰物理学家用数学术语重构了包括法拉第（Michael Farady，1791～1867）电磁感应定律在内的电与磁相互关系的一切研究成果，这个成果就是麦克斯韦方程组，它是数学形式的电磁理论。为了使这个方程组保持内部一致，就需要一个新的术语来解释穿过空间的电流或波，麦克斯韦用了"位移电流"的名称。位移电流能产生不断变化的磁场，这个磁场又会产生新的电场，如此，一个激发另一个，从而在空间形成一个交变的以光速传播的电磁波。但至此时，麦克斯韦的所有工作还都限于数学推导，自信使它没有去做实验验证。事实上，麦克斯韦也不关心其研究成果在技术上的可能性。甚至在1878年见到贝尔所发明的新电话机时，他曾鄙夷地评论道："对其丑陋的模样的失望只部分地被它确能说话的发现冲淡了一点点"，这体现了理论物理学家对技术的鄙视。

的确，作为理论物理学家的麦克斯韦对于无线电通信技术产生与发展的贡献很小。在麦克斯韦方程组建立23年之后的1887年，德国物理学家赫兹（Hertz，1857～1894）利用包括麦克斯韦实验室在内的当时大多数实验室都有的普通设备，用实验证明了电磁波的存在。1892年，英国物理学家威廉·克鲁克斯爵士撰文称赞赫兹发现"奇妙的波"，并预言可先用来产生一个不需要电线、线杆和费用高昂设备的电报系统。这个预言被称为无线电通信技术发展史上的分水岭。此前围绕电磁波的努力都是为了验证麦克斯韦的电磁理论，而此后，研究者们开始转向开发信号发送与接收设备。1894年，英国物理学家洛奇爵

---

① Kroes P. 2000. Engineering design and the empirical turn in the philosophy of technology. In：Kroes P，Meijers A, Micham C（eds.）. The Empirical Turn in the Philosophy of Technology. New York：Elsevier Science Ltd.

② 〔美〕乔治·巴萨拉.2000. 技术发展简史. 周光发译. 上海：复旦大学出版社，80～160

士（Sir Oliver Lodge，1851～1940）展出了他的发报机样机，并已经能将信号传送到 180 英尺外。此时，洛奇爵士还掌握了当时最为尖端的无线电技术知识——选频。1897 年，他将早期的研究成果申请专利，并与一家公司合作生产他设计的无线电设备。只是可惜，洛奇没有继续进行商用无线电操作系统的研究。

事实上，对无线电技术成功地进行商用技术开发的是只受到很少正规教育的古利尔莫·马可尼（1874～1937）（图 3.2）。也是在 1894 年，他采用高度经验主义的做法，在物理学朋友的帮助下，组装了一台电磁波传输设备。1 年后，已经能将信号传送到 1.5 英里远。与 1892 年前的研究者截然不同的是，马可尼只关心怎样将信号传得更远更清晰。1896 年，已经移居英国的他获得了"借助电脉冲传送信号的方法"的专利，这是世界上第一份授予无线电报业的专利，实际上这包括了对前人工

图 3.2 马可尼

作的完整技术应用。其后，他无法等待理想天线结构的理论证明，在失败了再重来的千辛万苦中对天线设计作出了天才的贡献。

1897 年，马可尼建立了无线电报和信号公司。自此，马可尼再次将自己与那些专心于电磁波研究的科学家分开。他寻找并开发市场，开始是出售设备给英国陆军和海军，后又看到海运界所蕴藏的巨大的海陆通信市场。于是，他的公司开始由销售设备转而提供无线电传输业务。随着技术水平的提高，20 世纪初当信号传送超越 150 英里时，遇到了地球椭圆形状的麻烦。于是增加电台分布数量，但电台数量增加之后，马可尼又不得不考虑选频——这个洛奇曾经思考过的技术难题。

马可尼公司的早期发展史是一个技术走在科学前面、大多时候没有科学帮助的历史。马可尼不是将已经有的科学知识应用到技术难题中，而是为科学尚未解决的难题提供了技术解决方案。耐人寻味但又在情理之中的是，这个没有多少物理学知识的马可尼 1909 年被授予诺贝尔物理学奖。在解释授奖的理由时，诺贝尔委员会承认了法拉第、麦克斯韦和赫兹的卓越理论成果，但总结道，仅马可尼一人展示了"将整个东西塑造成为一种实用可行的体系"的能力。

当然，这个案例个中意味是多重的。它至少可以告诉我们，不是所有的创造性工作都归功于科学家，技术也不是科学知识的简单应用。"其实，德国人早已经掌握了制造原子弹所需要的现代物理理论，如果这些科学知识的确与制造原子弹有直接关联的话，那么，任何一个国家就可以实际地制造原子弹了。"①科学可以促进技术的革新，但它并不能直接地产生技术。无线电技术与电磁理论发展的史实经典地体现了技术并不仅仅是科学知识的应用。

技术与科学的关系是极为复杂的问题。"有时技术先于科学，有时一项新技术来源于一系列由于人类的好奇心而获得的发现。有些技术和科学的关系密切，一起并行发展；但在有些情况下，实践和理论又可脱节许多许多年，几乎是相互独立地发展着，最后才结合起来，产生出丰硕的成果。"②大致来说，"古代技术主要是一种实践技艺的集合体，缺乏真正的理论依据。……在开始科学理论落后于技术革新，如蒸汽机的情况便是如此；而在晚近的时代，理论却超前于技术成就，如原子能"③。20世纪50年代以来，"在追求各自目的的过程中，科学和技术都使用现有的理论知识和实际知识，它们还相互在彼此的'篮子'中掏取"④，都能从对方吸取有价值的东西。在某些地方双方互相刺激着，有时联系密切，有时共鸣性差，甚至找不到共鸣点。但无论怎样，技术是技术，科学是科学。

第三节　走向技术素养教育

一、当代技术教育就是技术素养教育

最早的技术教育是手工训练（manual training），它着重强调工具的使用技能。由于没有连续一致的知识体系，它在公立学校的课程体系中的合法性也就一直受到怀疑，当然也就没有普通科目那样的地位。手工训练及其相应的学校，如1880年在纽约建立的致力于手工训练的"工作者学校"，甚至是面向贫民窟儿童开办的，目的是让他们掌握工业所需要的技艺。

---

① Roy R. 1990. The relationship of technology to science and teaching of technology. Journal of Technology Education，1（2）：5～18

② 约翰·齐曼. 1985. 知识的力量——科学的社会范畴. 许立达译. 上海：上海科学技术出版社，31

③ 〔法〕让·特拉利尔. 1997. 科学和技术对文化的挑战. 吕乃基，王卓君，林啸宇译. 北京：商务印书馆，34，35

④ STS教育研究小组，1990. STS教育的理论与实践. 杭州：浙江教育出版社，31

（一）从手工训练到工艺教育

19 世纪末 20 世纪初，机器很快地取代了工匠的手工艺，在工业生产中成为生产力的主要因素。于是，社会对手工训练的重视开始减弱，学生们也不再看重手工训练，转而去追求水平更高的工业教育。

对"手工训练"的调整与改造，促使坚定的职业主义者查尔斯·理查德（Charles Richards）于 1905 年提出了标志性建议——使用"工艺"（industrial arts）这一名称。"与手工训练关注使用工具的技能、但没有连续一致的知识体系不同，工艺具有了学科的地位。"① 由此，普通学校的技术教育超越"手工艺"（craft）而走向视界更加广阔的概念框架——"工业"（industry）或"工艺"（industrial arts）。

工艺本来可理解为既具有审美特性、又具有较强的物质特性，既表现出审美价值、又可以体现一定实用价值的造型与空间艺术。但这里的工艺指向工业生产的有关技艺，包括使用工具、新产品设计与工业流程等，强调其功能性价值。1917 年，由国家援助职业教育委员会提出，经国会批准，美国颁布了《史密斯-休斯法案》。该法案规定联邦政府必须拨款在中学建立职业技术和农业技术课程，以此来推动美国职业教育发展，满足工业发展对技术人才的需要。这一法案在一定程度上推动了美国综合中学的产生，也促进了普通教育与职业教育的联系，其影响可追踪到 20 世纪 50 年代末。

这一时期，技术教育以"工艺"的科目名称进入普通中学，是与职业教育的兴起直接关联的，这就使工艺教育必然具有职业主义倾向。

（二）由工艺到工业技术

"工艺"作为 20 世纪上半叶"技术"的主要指称词，它在 30 年代的美国就已经被广泛地接受了。它也是此一时期普通中学进行技术教育的主要科目。工艺教育代表了当时的技术教育。它以工具主义理性为其思想根基，其意趣是职业主义的。

20 世纪 40 年代末，以沃纳（William Warner）为代表的一些技术教育家开始考虑，将普通中学的工艺科目改造成名为"技术思考"（reflect the technology）的科目，并建议将金工、木工和工业制图等传统的工艺内容替换为动力、运输、制造、建筑、通信和管理等。这些内容关心技术的内容领域，但并不指向具体的或专门的职业能力。这样，改革后的工艺就内在地具有普通教育的意

---

① Lewis T. 1995. From manual training to technology education: the continuing struggle to establish a school subject in the USA. Journal of Curriculum Studies，27（6）：621～645

味，标志着工艺教育开始向现代意义的技术教育悄悄靠近。但沃纳教授的主张直到 60 年代才受到了真正的重视，并开始了各种实践。这是因为技术教育并不是简单的"推陈出新"，而只能是在包容中发展。传统的手工训练和工艺教育并不会因为科学技术发展而丧失其价值，直到今天还依然是技术教育的重要内容。

20 世纪 50 年代末苏联卫星的发射对美国科技自信心的震撼，使 60 年代的美国政府不得不重视科学技术课程的改革问题，拨款实施了许多重要的课程项目。如俄亥俄州立大学 1966 年实施的"工艺课程项目"（industrial arts curriculum project，IACP）、纽约州立大学奥斯威格分校 1967 年实施的"技术（Technology）"项目等。尽管这些项目在概念方法上有所不同，但其共同特点是课程内容都包容了更加广泛的工业领域，特别是制造、运输、通信、生产、动力与能源、建筑、材料与加工。这些变革大大促进了普通学校实施技术教育的进程。

从 20 世纪初到六七十年代，随着技术特别是科学技术的发展，以工艺为名称的技术教育尽管在内容上越来越宽广，也越来越靠近现代的科学技术，但基本上还是局限于工业领域中的技术方面，体现为一种工业理性。但从职业主义到工业理性，其技术教育观并没有脱离工具主义的巢穴。

（三）从工业技术到技术素养

既然技术能作为普通教育的一门科目，它就应该以学生的综合素质发展为目标，即现代技术教育应体现为一种发展理性。

实际上，从 60 年代开始，技术教育就是"工业技术教育"的现象已经有了改变。前面美国纽约州立大学奥斯威格分校的"技术"项目就是将"所有的技术"而不仅仅是工业技术替代了传统的工艺，从而将技术的概念推至更宽广的背景。到了 80 年代，一些发达国家（如英美）普通中学的技术教育，已经基本完成了向当代意义的技术教育的转换。其内容设计不再像传统那样，基于工作的或职业的分析，而是转向了基于社会经济发展的分析，并且逐渐向人的发展理性转移。英国面向 5～16 岁学生开设的"设计与技术"围绕"技术性方法"（technological method）设立了相应的技术课程；而美国早已经超越了单纯意义的手工训练，近来已经进入到一个"手工-设计-技术"（craft-design-technology）新阶段。只是，与英国通过命令式的课程方案将技术教育推至高潮不同，美国技术教育的倡导者坚持在普通学校建立技术教育科目的要求要通过改变学校的精神理念来实现，即让学校接受这种不吻合"柏拉图学派模式"（Platonist model）的知识形式——技术。

发达国家最近 20 多年的技术教育，与现代科学技术对经济发展的重要作用日益增强有着直接的关系。"现在，大部分机器都安装有微处理器和其他的电子元器件，也有复杂的传感器、接线器（yarn splicer）和打结器（knotter）。这种先进的设备超出了大多数工人在家庭和农场所获得的经验……为了理解、诊断、修理这种新机器，技术人员就不得不弄懂制造商所提供的复杂操作手册、图表和更新方法，对技术素养的要求因而急剧上升。"① 由此，传统上关注职业或工业的技术教育，就要向更宽泛的方向调整。以英美为例，到 20 世纪 90 年代中期，"这两个国家的概念化技术教育（technology education）的重要特征就是没有了任何职业主义的意味，技术已经超越了手工、技能和职业而被看做是普通教育（liberal education）的一部分"②。在内容方面也不再局限于工业领域，技术课程涉及计算机应用、工业加工、逻辑、信息系统、系统动力、管理、政治、民主价值和人类历史等，诸如技术的本质、技术与社会的关系、管理中的技术、生活中的技术和如何正确地评价技术等，都属于技术教育的领域。

至此，当代技术教育已经脱胎换骨，走向了技术素养教育。"倡导技术教育，不是为了发展学生从事业余爱好的技能，也不是将职业意识作为技术课程的目标，而是发展学生的'技术素养'。"③

二、技术素养的内涵

以 technology education 表达的技术教育，是基于现代科学技术发展背景的技术素养教育，主要关涉技术理解、技术应用和技术评价。那么，什么是技术素养呢？按《辞海》，"素养"一词有两层含义：①经常修习涵养；②平素所豢养。④ 第二层含义一般指人或动物，故技术素养的"素养"一词应当按第一层含义来理解。技术素养就是指关于技术的学识与修养或技艺积淀，表示对技术的认识或掌握达到某种境界或水平。

1990 年，国际技术教育协会陈述其任务就是要"促进人们的技术素养"："为强调技术素养的技术学习提供一个哲学基础，为培养技术素养提供教与学的系统充当催化剂，以使技术教育作为促进技术素养的基本学科，提高技术教育教师的数量与素质，创建促进技术素养的协会组织。"对技术素养的研究，可以有政治、经济、科学、历史、伦理、道德、知识等维度。它既是客观的，也是

---

① Lewis T，Gagel C. 1992. Technological literacy：a critical analysis. Journal of Curriculum Studies，24（2）：117～138，134

② Lewis T. 1995. From manual training to technology education：the continuing struggle to establish a school subject in the USA. Journal of Curriculum Studies，27（6）：621～645

③ Lewis T. 1995. From manual training to technology education：the continuing struggle to establish a school subject in the USA. Journal of Curriculum Studies，27（6）：641

④ 辞海编委会. 1980. 辞海（缩印本），上海：上海辞书出版社，1222

主观的。这决定了人们对于什么是技术素养，并没有一个统一的认识，因而也不存在一个权威的关于技术素养定义。它是流动中的、发展中的概念。

关于技术素养，有几种影响较大的观点如下。

（一）作为科学素养分支部分的技术素养

1985 年，美国启动了一项名为"2061 计划"的研究项目，项目小组于 1989 年发表了他们的研究报告《面向全体美国人的科学》。他们认为，技术并没有像数学、科学那样得到重视，在现行的小学和中等教育课程框架中，技术的课程很少或者根本没有它的位置，并认为这种技术课程的"缺省"现象必须纠正。同时，在"2061 计划"的项目研究者来看，科学、数学与技术是如此紧密地联系在一起，以致它们作为一个整体构成现代青年人科学素养的"共同核心"，甚至在一个实际的教育过程中，不可能将三者彼此分开。为了使现代青年人能够适应现代社会的发展，在面临有关科学和技术的问题时，能够恰当地作出决策，顺利地解决实际生活和工作中所遇到的问题。就必须建立一种教育体系来确保所有的年青人具有科学、数学和技术方面的素养。技术素养是科学素养整体的一个分支或一个侧面。

报告《面向全体美国人的科学》提出："科学素养包括数学、技术、自然科学和社会科学等许多方面，这些方面包括熟悉自然界，尊重自然界的统一性；懂得科学、数学和技术相互依赖的一些重要方法；了解科学的一些重大概念和原理；有科学思维能力；认识到科学、数学和技术是人类共同的事业，认识它们的长处和局限性。同时还应该能够运用科学知识和思维方法处理个人和社会问题。"[1] 报告认为，技术是人类文明的强大动力，它增强了我们改变世界的能力。技术依靠科学又促进科学，技术通过发明新仪器和新技艺，进而促进各方面的科学研究。报告还认为，具有科学素养的人，应该了解科学与技术的关系、设计与系统、技术与社会的关系；掌握农业、材料与制造、能源及利用、交流、信息处理、保健技术等；还要掌握与科学、数学和技术有关的最重要的价值观和思维技能，如计算与估算、操作与观察、交流能力、批判与反应能力。素养内容涉及技术的本质、技术的发展与演化、技术的主要领域、技术对环境与人类生活的影响、技术活动中的机器、工具和材料等。它们大致刻画了一个有科学素养的人所应具有的技术素养的主要内涵。

---

[1]　中央教育科学研究所《纲要》实施课题组 . 2003. 青少年科普创新在行动中 . 北京：教育科学出版社，17

（二）《面向全体美国人的技术》对技术素养的界定

1. 技术素养的界定

1994 年 10 月，美国的国际技术教育协会在美国国家科学基金会和国家航空航天局的资助下，开始了名为"面向全体美国人的技术"研究项目。1996 年，研究报告《面向全体美国人的技术——技术学习的基本原理和结构》发表。这篇报告认为，技术是人类行动方式的革新，技术素养远不只是计算机及其使用的知识，不仅包括新产品设计与开发、环境与系统设计，而且还有问题解决能力及其批判性思维能力。技术素养涉及从不同的角度看待技术、人类行为、力量和行动结果所需的知识与观念。报告将技术素养定义为"使用、管理和理解技术的能力"[①]：

（1）使用技术的能力。能成功地操作现实中的重要系统。这又包括了解现有的大系统或人类所适应的系统的组成单元，还要知道这些系统是怎样运行的。

（2）管理技术的能力。确保所有的技术活动是有效的和适宜的。

（3）理解技术的能力。不仅仅要了解技术事实和信息，还包括综合理解信息以获得新观点的能力。

2. 具有技术素养的人的特征

具有技术素养的人应该具有如下一些特征：

（1）具有技术素养的人是一个问题解决的好手。他能从不同的角度来看待技术问题，并能将技术问题与不同的问题情境联系起来。他们知道一个问题的解决往往又会带来其他的问题和困难。他们理解问题的解决方案包含了"权衡"（trade-offs）在里面，为了在另外的方面获益更多，就不得不接受一个质量欠佳的方案。他们能评价技术与个人、社会和环境的相互关系。

（2）具有技术素养的人能理解技术与系统密切相关。系统是为了预期的目标或目标群而由相互关联的要素设计在一起的集合。如果单一的要素或装置不与系统中的其他要素、装置和过程联系起来，那么，它就不能受到重视。那些具有技术素养的人有能力将科学、数学、社会研究和人文学科的概念作为工具来理解和管理技术系统。由此，具有技术素养的人就能运用强有力的系统方法来思考和解决技术问题。

（3）具有技术素养的人能够确定合适的解决方案，能评价和预测实施所选方案的结果。作为一个技术管理者，必须思考每个备选方案的影响，以决定在

---

① International Technology Education Association. 1996. Technology for all Americans-a rationale and structure for the study of technology. 6～11

当前情境下最合适的行动路径。

（4）具有技术素养的人必须能够理解当前问题背后的每一个技术概念。具有安全地运用技术方法的技能，是能终生保证他们生涯发展、健康和快乐的先决条件。

（5）具有技术素养的人具有工程师、艺术家、设计师、手工艺者、技术人员、机械师和社会学家的多种特征，这些特征交织混合在他们身上，还包括系统思维、创造性地加工和组织生产。他们还能考虑到技术活动的影响与后果。

（6）具有技术素养的人能理解与评价基础技术发展所具有的重要价值。在工作与生活中，他们具有运用决策工具的能力。最重要的是，他们能认识到技术是人类活动的结果，是为了满足人类的需要与愿望而将才智与资源相结合的结果。

（三）《美国国家技术教育标准》对技术素养的界定

2000 年春，《美国国家技术教育标准：技术学习的内容》（*Standards for Technological Literacy: Content for the Study of Technology*，以下称《美国国家技术教育标准》）出版，这是"面向全体美国人的技术"研究项目的后续成果，该著作于 2003 年被翻译到我国。在该"标准"中，"技术素养指的是使用、管理、评价和理解技术的能力。一名具备技术素养的人以与时俱进、日益深入的方式理解技术是什么，它是如何创造的，它是如何塑造社会又转而被社会所塑造"①。该书中还举例说，一个具有技术素养的人，在听到或者看到一则有关技术的故事后，能够合理地评价故事中的信息，并将有关的信息置于相关的背景中，从而形成一种见解。具有技术素养的人能够自如、客观地面对技术，既不惧怕技术，也不会沉迷于其中。

《美国国家技术教育标准》为技术素养规定了涉及技术的性质、技术与社会、设计、面向技术世界的能力和设计的世界等五个方面的共 20 项标准，涉及医疗技术、农业和相关的生物技术、能源和动力技术、信息和通信技术、运输技术、制造技术、建筑技术等七大领域。该"标准"的出台，为全世界普通教育中的技术教育提供了一份高质量的参照文本。

（四）英国设计与技术协会关于技术素养的观点

1988 年英国政府颁布的《教育改革法》将"设计与技术"作为面向 5～16 岁学生的七门基础学科之一，并于 1989 年付诸实施。设置这门课程的目的就是

---

① 国际技术教育协会. 2003. 美国国家技术教育标准：技术学习的内容. 黄军英等译. 北京：科学出版社，9，10

要培养学生在当今这个技术世界中的适应能力和就业能力，通过设计与技术，传授技术知识，习得技术方法和制作技术的经验，从而培养学生的以问题解决为核心的创造性智能的发展。设计与技术课程的学习，还可以让学生更多地了解工商业的有关知识和技能，了解技术在社会中的影响，并通过亲自设计与制作活动体验技术的实际过程。

"设计与技术"课程最核心的理念就是给学生提供能力发展的机会。通过将他们的设计与制作技能和知识与理解结合在一起，来创造更优质的产品，这也是学生体会成功的最重要经验。"设计与技术"课程所提供的活动主要包括调查、拆卸、对相关产品的估价与应用，通过实际的技术活动发展学生的技能和知识。如材料与成分、控制与系统，这又包括机械系统、电子系统、电力系统和结构、品质、健康、安全等方面的知识。在"设计与技术"课程活动中所运用的知识对顺利地开发新产品是非常重要的，这些知识及其理解不仅可以在"设计与技术"课程中获得，也可以来自其他的课程领域，如科学、数学、美术、设计、实业教育、信息技术、环境教育等学科。技术知识也可以从经济和工业方面来理解。"设计与技术"课程提供极好的机会来发展学生的美学、经济学、道德、社会学和技术本质方面的价值判断力。

就技术素养，英国设计与技术协会（Design and Technology Association，DATA）认为它包括四个方面[1]：

（1）技术概念。它是关于设计与技术的基本知识。

（2）技术知识在人造世界中的应用及其对社会的影响。它可以被称为设计与技术的基本问题。具有技术素养的人要认识到社会与环境对技术发展的影响，是设计与技术教育中的核心部分，是必须在课程中加以强调的。

（3）设计与技术革新。这一部分是发展革新技能和运用知识与技能创新思想。

（4）设计与技术应用。它关注的是设计与模型、模型创造和产品制作。

英国的"设计与技术"课程主要强调通过具体的操作活动来理解技术的概念、应用与方法，理解技术与社会、个人之间的关系。同时，"设计与技术"还尤其强调自身的整体性，它从技术过程的角度将整个技术学习作为一个整体。尽管它也将技术素养分成了四方面，但主要是出于理解和表述的需要。每一个方面都可以作为技术教育的切入点，既可以从概念知识入手进而设计新产品，也可以从应用入手，再去了解其技术原理，进而探寻其基本的技术知识和概念。

---

[1] Design and Technology Association. 2001. Design and technology in primary school—developing its future. 转引自：王素 . 2002. 技术素养与技术教育，课程研究，（4）

（五）我国《普通高中技术课程标准（实验）》技术素养意蕴

在我国普通高中 2003 年的课程方案中，"技术"作为一个与"科学"并列的知识领域，首次走进政府颁布的课程文件中。"技术"领域的设立扎根于现代科学技术发展的现实背景，与国际普通中学技术教育一脉相承，同时也是对我国普通高中长期进行的劳动技术教育进行反思的结果。

与发达国家一样，我国普通高中进行技术教育的基本目的也是培养和提高学生的技术素养。它"着力发展学生以信息的交流与处理、技术的设计与应用为基础的技术实践能力，努力培养学生的创新精神、创业意识和一定的人生规划能力。技术课程不仅注重学生对符合时代需要、与学生生活紧密联系的基础知识与基本操作技能的学习，而且注重学生对技术的思想和方法的领悟与运用，注重学生对技术的人文因素的感悟与理解，注重学生技术学习中的探究、试验与创造，注重学生情感态度、价值观以及共通能力的发展，为学生应对未来挑战、实现终身发展奠定基础"[1]。为了实现上述目标，我国普通高中分必修和选修两种课程形式，设立了通用技术和信息技术两大部分的相关课程。

（六）本书的技术素养观

无论什么技术，其载体都是人，技术一定是人的技术；但再好的技术，如果只是存在于头脑中而不付诸实践，不发挥实效，那就只是心智活动而不是技术。付诸实践的技术，一般来说离不开一定的物质手段。所以，技术结构中既有人的因素，又有物的因素。从最本质的意义上讲，技术是人的本质力量的物化与外显，是人对生存环境发挥作用的方式。基于这样的思考，本书认为技术素养应该包括以下几个方面。

1. 技术意识

当人没有相应意识的时候，即使某个很重要的事物出现了，也往往引不起他的注意，更不要说对其价值的认识了。技术意识的缺乏，使人们即使面对着大量的技术事件、技术实体、技术现象和技术产生的效果，也往往不从技术的角度去思考问题。在我国历史上的各家学派中，除墨家外，道家、庄家、法家、儒家等均不重视指向生产实践的技术，而重视治人之术的传承。在汉语中，"技"字还一度有歌舞艺人之意。[2] 而歌舞艺人以"戏子"之身份为我国的审美传统所不齿。

技术的发展在我国同样也是走的民间工匠间相互传承的路径，加上"万般

---

① 教育部 . 2003. 普通高中技术课程标准（实验）. 北京：人民教育出版社，1

② 《汉语大词典》编辑委员会 . 1990. 汉语大词典 . 第六卷 . 上海：上海辞书出版社，358，359

皆下品，唯有读书高"的思想桎梏，技术意识日渐淡化也就可想而知了。尽管我们经历过"洋务运动"，在"五四运动"时又请来了"德先生"和"赛先生"。但科学之风在我国慢慢吹起，还是在20世纪80年代之后。只不过，科学开拓了人们的思想，也掩盖了技术的独特价值。所以，技术意识作为技术素养的重要构成，对我国尤其重要，具有别样的意义。

2. 技术知识与技术原理

从某个角度来说，技术本身是一种面向实践行动的知识形态。不仅如此，技术中还包括大量的一般意义上的知识，如工具的功能、材料的性能等。技术原理可以是支撑技术的科学知识，如制冷机的原理。但也有一些技术原理是经验性的，例如，弓箭原理，即将有韧性的枝条弯起来所产生的张力可以将箭发射出去。类似的还有弹弓。所以，技术中的知识与原理不一定都是科学的知识，经验性的知识与原理同样是技术的重要基础。

3. 以技术性问题解决为核心的心智能力

技术活动过程其实就是在心智活动的指挥下，调用和调配资源（包括工具、设备、资金、材料、时间等）以解决当前所遇到的技术问题的过程，它是一个动脑与动手协调与平衡的过程。不能想象，离开了人的心智活动，人们还有什么技术活动。历史上，技术也曾被简单地误认为就是技能性的操作，这从前面的用词变化也可看出。

技术教育，一方面以一定的心智发展为基础，另一方面又极大地促进人的心智能力的发展，只是发展的道路不是传统的学术化道路，而是技术实践的道路。技术教育既要发展学生的技术能力，更要通过它来发展学生的创造性智慧，其交合点就是技术性问题的解决活动。

4. 工具操作技能

如果将技术的概念延伸到广义的范畴，那么，组织行为视阈下的管理技术则一般并不需要通常意义的工具设备。但这样泛化技术概念的结果是对如何进行技术教育感觉更没有"谱"了。一般意义的即所谓狭义的技术活动，通常是以工具、设备、材料等这些"物性"材料为依托的。工具设备的操作技能如何，则是技术素养的重要标志。

5. 技术与社会的关系

科学技术的发展为资本主义世界带来了极大的好处。在一些发达国家，人们处处都能够享受到科学技术所带来的种种便利。飞机、计算机、电视机、电话、洗衣机、网络技术等科学技术产品的诞生及其不断的更新换代，都大大提高了人们的生活质量。在这种情况下，人们往往不易想到科技发展的社会责任问题，更不要说怀疑其负面影响了。

然而，就在人们为科学技术的成就而欢呼陶醉时，科学技术的负面效应逐渐显露出来。环境污染问题、战争、核威胁、臭氧层的破坏、基因工程所产生的伦理担忧等问题，表明科学技术发展与社会之间产生了严重的分离。1972 年，"罗马俱乐部"发表著名报告《增长的极限》（*The Limits to Growth*），警示人们要注意石油燃料、食物资源的有限性和随人口增长的无限消耗性之间的矛盾。1973～1974 年的能源危机则极大地强化了这份报告的影响力。在对科技发展的双重后果进行反思的同时，人们也认识到，解决科技发展的负面问题并不仅仅是一个科技的问题，其关键是如何明智而有效地发展科学技术的问题，让科技为人类生存质量和社会发展服务。在我国，尽管科学技术的发展与发达国家相比，还有很大的距离，但技术发展的负面后果（如水污染），我们却"提前"感受了。由此，我国普通高中的技术教育应该注意向学生进行技术与社会、技术与环境和谐发展的教育，它对于技术评价、技术选择与技术决策素养的形成具有重要意义。

三、技术素养的实践道路

技术素养作为普通教育的一个新目标已经提出，但它的含义并不十分确定。这是因为它不仅具有文化的、历史的、政治的、经济的、科学的、道德的、伦理的、生态的甚至精神的等多种属性，也具有较高级的认知属性，比如，问题解决就是以基本的推理和批判性思维能力为前提的。技术过程实际上涉及各种知识，意味着需要宽阔的跨学科思维，这种技术素养的跨学科本质决定了技术并不是一个孤立的知识体，它和其他知识领域必保持极密切的联系。任何单一学科或课程片段都不可能实现技术素养的目标。实现技术素养的目标需要动员全学校的力量从不同的学科维度综合地实现之。

怎样综合地实现技术素养教育的目标呢？由于技术的独立品格，尽管技术与科学联系得很紧密，但是，经由科学教育的路径却未必能顺利到达技术教育的"彼岸"。而且，将技术继续淹没在科学的"帝国"之中，从理论到实践都已经行不通。从技术教育实践角度来说，技术教育还是要通过技术本身的学习来进行。由于，技术并不是具有严密结构的学科，人们往往更清楚技术能做什么，但不清楚技术是什么。因而，要成为有技术素养的人，首先就必须学习和理解技术。语言、科学、数学、历史、管理、公民、伦理等一般学科知识都有助于我们把握技术的本质，它们也构成了技术素养的知识基础。但是，如果没有一门技术"学科"、按学科的方式来学技术，那么实现技术素养的目标就将变得不可捉摸。技术"学科"是技术素养教育的主线与根本依托。

技术主要是由能有效地解决现存问题的实践方法组成的，这包括工具、装置的设计与使用以及创造新的人造物。尽管当代技术呈现出科学化、系统化的特点，但它最重要的特点没有变——有效地解决实际问题。由此，将技术素养教育的落脚点定位在问题解决上，将技术方法与其他的课程相整合，就可形成以技术"学科"为主线、全校其他学科提供一般性知识基础的技术素养教育体系。

当然，我们在这里说技术"学科"，只是出于表述便利的需要，"学科"的称谓对技术来说，更主要的是体现"门户独立"的意思。技术是不是一门学科？是什么样的学科？这还需要深思。

第四章　技术进入高中课程结构

依据前面的研究我们知道，在普通高中设置独立的技术课程已有百余年的历史了，我国也已有较长的探索史，但技术课程的地位却一直不太稳定，这在我国尤甚。其原因是复杂的，其中对普通高中教育的认识不清是一个重要原因。同时，技术以独立课程的合法身份进入其中，必然引起课程结构要素的关系调整。这就需要探寻技术进入高中课程结构的新思维。

第一节　普通高中的性质再认识

一、高中生的发展特点

成功地设计、实施普通高中教育，必须考虑高中生的发展特点，包括生理、心智和情感等方面。一般来说，高中生的生理已经基本发展成熟，他们有旺盛的精力；在心智发展方面，他们已经有了较强的抽象思维能力和逻辑推理能力，并且对周围的新鲜事物有着很强的探究欲望；在情感上，他们强烈地渴望自我认同，渴望认识自己、展现自己，渴望确立自己的独特价值与地位。在学习活动中，高中生既有一定的独立性，也有与同辈群体进行合作的愿望，同时也容易受到同辈群体的影响。他们对社会的发展趋势高度敏感，并倾向于将社会发展与自己的未来生涯建立联系。高中生的智力特征、兴趣与发展倾向呈现出明显的分化特征，表现出明显的个性色彩，总体发展样态多样而独特。

普通高中教育具有它的特殊性。它不属于职业教育，其培养目标并不指向具体的职业。由于并不是所有的学生都能接受高等教育，相当一部分高中毕业生需要直接就业，开始职业生涯之路，并呈现多样性。因而，普通高中教育要帮助学生认识自己的潜能和未来可能的发展方向，认识社会发展对人的要求的变化，做好初步的生涯规划。要提供多样的课程经验，促进学生的心智、情感、技能和社会意识等各方面的发展，为学生的终身发展打下基础。

二、普通高中教育的性质与任务

（一）普通高中的"普通"之原初含义

对于高中教育，首先存在着学校分类、学生分科发展的问题，并且这个问题由来已久。许多资本主义国家的中学教育在发展的过程中，大致有先文法中学、再实科中学或技术中学、后综合中学的发展道路。当然，也有职业高中和普通高中并存的。历史上，文法中学主要是面向贵族子弟开放，以升入大学为目标。随着资产阶级经济地位和政治地位的上升，出现了面向资产阶级子弟的实科中学，使资产阶级的子弟接受中等教育的愿望得到了实现，使他们的子弟有机会学习实用的工业、商业或技术科目。长期以来，在一些资本主义国家存在着双轨制教育，由此所引发的教育不公平、不平等，招致了激烈的批评，引起了社会中低阶层的极度不满。于是，出于平抑社会矛盾的需要，英、美等国出现了综合中学。综合中学将教育的外部分类转为学校内部分类，学生在同一所中学内分科培养。它面向所有的学生提供普通的教育，为毕业后进入劳动力市场就业的学生提供侧重于职业的非学术课程计划，为那些有志于学术研究的学生提供学术性的课程计划。美国综合高中内部一般分为职业科、普通科、学术科。英国则不仅一直保存着独立的致力升学的文法中学教育体系，而且在综合中学内部也基本上是按照原有的文法中学、技术中学和现代中学的培养目标分类的。到了高中阶段即第六学级，则是将所有的学术与非学术课程同等地推介给学生，由学生依据自己的发展意愿来选择课程组合。

20世纪初，我国的中等教育曾经时而文、实分科，时而又取消分科。受杜威来华讲演的影响，1922年的"壬戌学制"效仿美国，高中也变成了综合高中，设普通科和各种职业科。但由于教育质量下滑，1932年又弃用美国做法，将中学的职业科和普通科分开，普通中学不再设职业课程。这大概是我国普通中学教育的开端。新中国成立前的中学教育主要就是普通中学，加之对劳动的轻视，基本上没有职业课程。可见，普通高中之"普通"的原初含义是相对于"职业"高中或中等教育职业科（专业）教育而言的。

新中国成立后，我国在教育与生产劳动相结合思想的指导下，力图解决普通教育与职业教育相分离的问题，但一直没有解决好。在新中国成立后的30年中，我国没有对中等教育进行分类，也没有职业高中和普通高中的划分，中学就是中学，它几乎就等于我国中等教育的全部。到 1977 年时，我国的高中生几乎全部都是普通高中生，占中等教育程度学生的 96％，另外的 4％是中专生。①1980 年国务院批转教育部和国家劳动总局关于改革中等教育结构的报告。报告提出要发展中等职业技术教育，并要求"普通高中要逐步增设职业（技术）教育课"。此后，原中学教育体系中的绝大部分高中"自然地"变成了现在所说的普通高中。许多所谓老牌"重点"高中几乎都是由原来的普通高中发展而来的。20 世纪 80 年代以来，我们增设或改建了一些农业高中、工业高中、职业高中或中等专业学校，但这些职业类高中的作用并没有发挥得很好，且早已呈萎缩之势。所以，普通高中依然还是我国高中教育的强势主体。

（二）高中作为基础教育的特殊意蕴

普通高中教育是什么性质的教育？通常人们会不假思索地认为它是高中层次的基础教育，认为这似乎是一个无须讨论的问题。其实不然。普通高中之前的义务教育属于基础教育，人们已经公认。然而，尽管"大家都认为普通高中的性质属于较高层次的基础教育，但对'基础'的意义在理解上有区别"②。是求学深造的学力基础，还是谋职就业的能力基础，或者是终身持续发展的素质基础？2003 年的《普通高中课程方案（实验）》指出："普通高中教育是在九年义务教育基础上进一步提高国民素质、面向大众的基础教育。普通高中教育为学生的终身发展奠定基础。"③显然，它确认了普通高中的基础教育性质。然而，《教育大辞典》对"基础教育"的解释却是这样的："基础教育（basic education）亦称'国民基础教育'。对国民实施基本的普通文化知识的教育，是培养公民基本素质的教育，也是为继续升学或就业培训打好基础的教育。一般指小学教育，有的包括初中教育。基础教育学习年限为 5 年、6 年至 9 年。它经常同普及义务教育相联系。"④ 很明显，普通高中教育被排除在这个解释之外。看来，对普通高中的"基础"性质的确存在分歧。但有一点是清楚的，那就是普通高中不是义务教育意义上的基础教育。

从世界范围来看，不同的国家分别有技术高中、职业高中和普通高中的分类。在美国，绝大部分的高中都是综合高中，内部分科。英国高中主要也是综

---

① 叶立群 . 1981. 中小学课程设计中的三个问题 . 课程•教材•教法，（7）：10～15
② 国家教委基教司高中处 . 1989. 关于普通高中性质、任务、培养目标、办学模式、课程设置等问题的调查 . 课程•教材•教法，（11）：5～9
③ 教育部 . 2003. 普通高中课程方案（实验）. 北京：人民教育出版社，1
④ 顾明远 . 1998. 教育大辞典（上）. 上海：上海教育出版社，627

合高中，称之为第六学级，它除了提供学术性课程外，还提供面向职业领域的课程，并将职业资格证书引入其中，使英国第六学级既面向升学，又可帮助学生就业。以前，第六学级被作为中等教育的第二阶段，但在 1992 年《继续教育与高等教育法》颁布之后，第六学级脱离中等教育，被归入"继续教育"（further education）。因而，基础教育在英国并不包括高中教育。英国的第六学级，既有文法中学的第六学级，也有少量的技术中学，但更多的是综合中学的第六学级，它并不被列为基础教育。欧洲高中阶段的教育被称为"中学后期"或"第二阶段"，一般也不列为基础教育。另外，与"基础教育"相对应的英文是"basic education"、"elementary education"。[①] 英语文献中对"basic education"、"elementary education"这两个词汇的使用，与《教育大辞典》的解释是基本一致的，主要是指小学或初中阶段的教育。

我国义务教育是国民基础教育，强调课程的共同性，强调国家对课程的统一规定，必修课程居于绝对主体地位，而这样的课程描述简直就是我国高中教育过去历史的真实写照。也可能正是这种课程的高度相似性，更由于历史的惯性，人们一直认同普通高中属于基础教育。但高度统一的课程制度与高中生的多样分化特点明显不协调。此外，我国的国力还没有达到可以普及高中教育的程度，高中教育事实上也远远没有普及，还不能将高中学历作为我国国民的基础文化水平去要求，因而，不能将普通高中视为国民基础教育。

那么，又该怎样理解上文《普通高中课程方案（实验）》对普通高中性质的描述呢？关键在第二句话，"普通高中教育为学生的终身发展奠定基础"，只有在这个意义上，才能说普通高中教育是基础教育。

（三）普通高中教育的综合功能

从理论上讲，既然普通高中教育是与"职业"高中相对的，那么，普通高中就可以侧重于学术目标的追求，承担为大学输送新生的任务，体现了纯粹普通教育的特征，就像英国传统文法中学的第六学级。但在实践上，我国的职业高中、农业高中等一直没有发展起来，并且在发展的过程中不少这类高中逐渐地背离了它的初衷，在强大的升学导向下，已经变成了实质意义上的普通高中。曾经在 20 世纪 80 年代初期"红火"过一阵子的中等专业教育，目前也沦落为升学失败者的无奈选择，而接受普通高中教育已经成为几乎所有初中毕业生的强烈愿望。这样一来，无论中学的名称如何，在校的高中学生几乎都在接受普通高中教育。这些学生中，有的的确是适合于升入大学，继续学业，进行专业领

---

① 卫道治.2001.英汉教育词典（修订版）.武汉：湖北教育出版社，49，158

域的学习与研究。但同时，也有一大批学生并不适合升入大学，也不可能升入大学，他们最终还是要在高中毕业后直接进入就业市场。最适合于不能升学者的教育其实不是学术理论与知识，而是与职业相关的技术知识与能力。但我国普通高中在长期的教育实践中，却在为适合不同发展路径的学生提供着同样的教育——升学教育。这种不和谐已经并且必然造成教育浪费和人才浪费。

如果中等职业教育能取得与普通高中同等的社会地位，能给学生带来同样的发展机会，那么，它对初中学生的吸引力应该是一样的。如此，普通高中教育与中等职业教育分类发展，各有特色，比翼双飞。在这种情况下，普通高中教育侧重于升学准备，主要提供学术性课程，也在情理之中。但现实并非如此。世界各国在中等教育发展的过程中，都遇到过中等职业教育缺乏吸引力的问题，特别是在职业教育和普通教育之间的"立交桥"还不是十分顺畅的情况下，绝大多数学生都愿意选择接受高等教育机会更大的普通中学。就我国的现实情况来说，职业中学甚至包括一些技工学校，其职业技术特色并无明显优势，甚至还存在职业教育学问化的问题，学术色彩日渐浓厚。这倒不是说职业教育不需要学术性，而在于职业中学的学术理论水平本来就不如普通中学，而自己应有的职业特色又由于强调学问化而更加暗淡。加之职业教育的社会地位远不如普通教育，那么，它还有什么能吸引学生的东西呢？因而，普通中学里集中了大量的并不适合升入大学、也不可能升入大学的学生。从学生构成的角度看，普通中学实际上承担了综合中学的任务，但它却在实践中单一地追求升学率。目前，由于高校扩招对高中教育发展的强大带动作用，许多高中学生数也在急速膨胀，致使普通高中的生源混合性加剧。

从学生发展的可能性来说，普通高中教育也理应发挥出综合功能，包括基础素质培养功能、升学功能、就业功能、文化辐射功能等。普通高中要使每个毕业生达到最基础的素质要求，这个基础素质是学生未来在各领域发展的基础，它追求具有恒久价值的课程内容。由此，可以说普通高中教育是基础教育。但它与作为义务教育的基础教育不同。从普通高中发展的实践状况看，不能将其"普通"性理解为升学预备性，它还应该包含一定程度的"职业预备性"。普通高中教育应是一种综合性教育，具有多重属性：普通教育属性、职业教育属性、基础教育属性等。我国上海市在20世纪90年代，在大部分普通高中实行"二一分段、高三分流"的办学模式，即前两年全体学生学习共同的基础课程，高三普职分流：分为普通班和职业班。普通班侧重于升学准备，职业班侧重于就业准备，普通班又分文理两科。透过这一做法，可以发现我国大部分普通高中实际上具有综合教育性质。

（四）普通高中教育的任务

作为基础教育的普通高中教育，具有自己独特的培养功能——培养学生各方面最基础的素质。这体现为它面向每个高中生，使之都达到高中毕业生应该具备的最起码的知识、技能与文化水平，为他们的终生发展奠定基础。这也是普通高中最基本的任务。当然，普通高中教育基本任务的具体内容也会随时代的要求而变化。技术素养就是基于 21 世纪的时代背景而向普通高中生提出的新的素质要求。

但是，达到了普通高中最基本素质的毕业生还必须经过社会的挑选，才能为社会所接受，成为真正对社会有用的人才。因而，普通高中生除了要达到毕业要求的最基础的素质外，还应该具备迎接社会挑选的更充分的知识与能力储备，学生的素质水平不能仅仅停留在最低要求上。而高中生的出路主要有两个——升学和就业。为此，就需要根据学生的发展意愿和可能而有所侧重地安排课程计划。如果侧重于为升学作准备，那么，就要求给学生所提供的课程与教学方式要注重学术理论水平，提供具有严密逻辑体系的学术性课程，并以理解为主要学习要求。而如果是侧重于就业准备，那么，就要注重就业知识与能力的培养，向学生提供从事各类职业所需要的基本知识与技术，并主要地通过实践活动的方式进行教与学，对学生的要求主要体现为"会做"。由此，普通高中教育除了保证学生的基础素质外，还实际地承担帮助学生就业和帮助学生升学的任务。在国际上，1996 年推出的"美国高中新计划"，就明确提出高中要为学生升学和就业作准备，要让高中生获取丰富的就业和升学信息。[①]

为了完成这种任务，在课程结构上就要既安排统一规定的、能保证学生基础素质要求的必修课程，也要安排相当比例的选修课程，以帮助部分学生升学或者帮助部分同学就业。这样在课程结构上就不仅要有学术性的学科课程，还要有能培养"做事"能力的课程，包括技术性课程和面向部分职业领域的课程。普通高中教育不能办成英才教育，当然它也不会成为职业教育。按我国经济与社会的现有基础与发展速度，在今后相当长的时间内，高等教育的升学率不可能无限地提高，以扩招为显性标志的高等教育发展速度，需要在今后一个时期尽快地稳定下来。这样，总会有相当比例的高中毕业生要直接进入社会，开始职业生涯。高中教育不能仅仅保证他们达到最基本的毕业要求，不能只提供升学服务，还要为学生就业打下一定的基础素质。

但是，普通高中基本任务之外的另外两项任务，不能误解为让每一个学生

---

① 钟启泉，杨明全.2003.普通高中课程改革的国际趋势.当代教育科学，(22)：5～8

既能升学、又能就业，它不是让每一个学生都去作"两种"准备。长期以来，在"一颗红心、两种准备"的口号下，普通高中面向所有学生提供基本相同的课程安排，支持和加重了上述误解。而应该理解为在全体学生都能达到普通高中基本要求的基础上，根据自己的情况在升学与就业之间选择自己的发展方向。在学分制课程管理的配合下，让适合于升学的学生在自己选择的专业方向上继续深造，提高其学术理解力；让不适合升学或不想升学的同学能在自己感兴趣的技术领域，修习一定的技术课程，形成一定的职业素养和技能基础，增强他们从事具体职业的适应能力。

三、普通高中的培养目标

普通高中教育的培养目标是其教育目的的具体化，而教育目的是教育工作的根本指导方针。但确定教育目的的出发点是什么，却是一个长期争论不休的问题，主要的分歧集中在究竟是按照个人发展的需要还是按照社会发展的需要上。

（一）培养目标的价值理念

如果按照社会的需要确定教育目的，那么，普通高中人才质量规格与素质标准的依据就来自社会。当社会的需要发生了变化或者其价值标准发生了变化时，学校的课程与教学就要随之进行调整。这样做的好处是学校能及时地反映社会的发展变化与要求，但也容易导致学校沦为社会的奴婢，失去自身的独立品格，忽略对学生自身发展需要的研究与关照。欧洲中世纪曾视禁欲主义为社会的价值规范，而到了文艺复兴时期，则又将人性解放作为教育目的。我国教育在发展过程中，也曾一度"为无产阶级政治服务"，后又"为经济建设服务"，直接导致了教育中的种种短期行为。

社会发展是瞬息万变的，社会在今天向教育提出的要求也许不久就会失去意义，而且，按照社会的需要来培养人，往往是以牺牲学生的愿望、兴趣、需要和个性发展为代价的。于是，按照人的个性发展需要来确定教育目的就成为另一种有影响的观点。这种观点反对按照社会的需要来确定教育目的，认为教育的根本目的在于使受教育者的个性得以完善，使其潜能得以发展。教育的意义在于促进个性的"生长"，为学生的终身发展打下基础，而不是为社会的功利性需要服务。教育目的的确定要按照人的本性、潜能的发展需要而非社会的世俗要求来确定。

从根本上讲，普通高中教育的根本目的是培养全面发展的 21 世纪新人。两种教育目的观并不是根本对立的。人的兴趣、需要与个性发展并不是建立在真空中的抽象发展，而社会的发展要求最终也要通过人的个性发展来实现。1972年，联合国教科文组织的报告《学会生存——教育世界的今天和明天》提出教育的目的就是："为一个新世界培养新人！"[①] 1996年，国际21世纪教育委员会向联合国教科文组织提交的题为《教育——财富蕴藏其中》的报告（亦称"德洛尔报告"）认为，面对未来社会的发展，教育必须围绕学习型社会的"四大支柱"重新设计和重新组织，即"学会认知（learning to know）、学会做事（learning to do）、学会共同生活（learning to live together）、学会生存（learning to be）"。这些思想既是对世界教育发展趋势的总结，又是世界高中教育发展与改革的核心理念。

（二）培养目标的共同追求

无论其培养目标的表述方式如何，按照21世纪的时代要求，为高中生提供能满足个性发展需要的多种课程机会和发展路径选择，以培养既有鲜明的个性、又有时代水平的21世纪新人，是世界各国普通高中的共同追求。其培养目标的共同点体现为以下四个方面。

1. 强调培养基础学力和公民素质

普通高中教育是学生整个人生发展中的一个重要环节，为了让学生走好人生之路，就要培养其洞察社会发展趋势的能力，培养其人生可持续发展的基础学力。

"学力"概念最早由日本学者青木诚四郎率先使用，1953年日本学者广冈亮藏提出学力模型。20世纪60年代以来，学力概念逐渐为许多学者采纳。学力的概念含义丰富，其中有许多生理、智力、性格等方面的影响因子。界定基础学力的观点归纳起来有三个：① 最低限度的国民教养；② 支撑高深学术研究的基础；③ 作为人所必需的、最低限度的、读写算基础，主要是指对后续发展产生影响的各种能力，如阅读、写作、表达和数学能力。[②]随着时代的发展，学力的概念也在丰富，其内涵已经从基础学力发展到发展性学力。发展性学力是指发现问题、解决问题的能力以及以个性为基础的创造能力。在当今信息时代，它也包括收集、选择、加工、转换和组织信息的信息能力。可见，"学力"概念具有丰富的内涵。

公民素质也是国际高中教育所共同强调的目标内容。美国中学教育的首要

---

① 联合国教科文组织国际教育发展委员会.1996.学会生存.华东师范大学比较教育研究所译.北京：教育科学出版社，192

② 钟启泉.1999.关于"学力"概念的探讨.上海教育科研，(1)：16～19

目标是："培养一个好公民，能投票的好公民，民主制度下的好公民。"①而公民素质则包括高尚的思想境界、良好的道德修养、博大的国际视野和国际理解力，还要具有科学素质、文化素质。具有良好的公民素质的人不仅能有效地在国内履行公民职责，而且能在国际舞台上扮演重要角色。为此，普通高中教育要培养学生独特的批判性思维能力和创造性思维能力，培养学生适应未来发展所需要的学习能力、生存能力、实践能力、创造能力和交流能力。

2. 致力于基础学力基础上的分流发展目标

尽管普通高中仍然属于基础教育，但它完全不同于义务教育阶段的基础教育。它具有综合的功能与价值，要融合基础素质、升学、就业等多种培养功能。它要让学生达到高中学历最基础的文化水平与技能水平，让适宜于升学的学生具备较强的学术水准，也让适宜于就业的学生具备求职就业所需要的职业素质和技术储备。

高中阶段最根本的任务是发展学生在未来社会生活中和谐生存的能力。为此，世界各国在改革普通高中教育的过程中，普遍地放弃了单一目标发展模式，在保证学生基础学力的基础上，合理地融合了职业教育的目标追求。"高中的目标在传统意义上是非常明确的，即赋予学生以坚实的普通文化。但随着技术教育与职业教育的迅速发展，高中的普通教育单一模式早已不复存在。"② 这表明基础学力基础上的分流发展目标受到重视，高中教育的综合功能已经显现。

3. 培养学生的选择与决策能力

世界各国在改革本国高中教育的过程中，都注重为学生的个性发展提供多种选择机会。那种让不同天赋、潜能、职业倾向的学生接受同样教育的统一培养模式正在淡化、消失。芬兰1998年《高中学校法》规定："高中学校教育目的是促进学生的发展……为学生提供继续学习、工作、生活、个人兴趣及多方面的个性发展所需要的知识和技能。"③ 不仅如此，芬兰甚至实行了"无年级"教学，高中阶段的学制也由原来的3年变成了2～4年的弹性制。英美等国也都为高中学生提供几十种乃至上百种课程选择。

在多样的选择机会面前，学生不仅有选择的自由，也有承担选择结果的责任，学生的决策能力也因而得以培养起来。显然，选择与决策能力对于人生的发展是非常有益的，这是因为人的一生要面临太多的选择与决策，而选择与决策的结果直接影响着人生规划与发展。

---

① 陈玉琨，钟海青，江文彬．1998．90年代美国的基础教育．桂林：广西师范大学出版社，67～69
② 王晓辉．2000．法国中小学课程的演变与改革．教育参考资料，(10)：1～41
③ General Upper Secondary Schools Act 629/1998. Finland

4. 加强关键能力的培养

20世纪90年代以来，各国基础教育改革的一个基本点和共同点，就是如何使本国的青少年具备21世纪所需要的"关键能力"。"关键能力"的概念最早出现在20世纪70年代初，德国劳动力市场与职业研究所所长梅腾斯在1972年给欧盟的报告《职业适应性研究概况》(*Survey of research on occupational flexibility*) 中第一次使用了"关键能力"的概念。[①]"关键能力"指的是具体的专业技能和专业知识以外的能力，是劳动者的基本素质，有助于个体在变化了的环境中重新掌握新职业所要求的知识与技能，因而常被称为"跨职业能力"。也有人形象地称之为"可携带的能力"，也有人称之为"核心能力"，其英文表达往往是 key/core/essential/basic/major 和 competences/skills/capacity 组合而成，如 key competences/ core skills 等。

1990年，美国劳工部成立了一个由专家、学者和企业家组成的"获取必要技能部长委员会"(SCANS)，即美国劳工部21世纪就业技能调查委员会。SCANS委员对美国20世纪八九十年代的教育现状和21世纪美国社会对人才素质的需求，进行了全面的调查和深入研究，发表了《21世纪美国对学校的要求》的调查报告。报告归纳综合了美国各行各业对未来人才素质的要求，提出就业人员应该具备"五大能力"和"三大基础"。[②]"五大能力"是资源统筹能力；合作与交际能力；获取并利用信息的能力；理解并利用系统运作机制的能力；利用多种科技手段进行工作的能力。"三大基础"是读、写、算、听、说的能力基础；对问题能进行创造性思考、解决、推理、想象和决策的思维基础；自律、正直、合群、责任感等素质基础。2000年，英国资格与课程局决定将关键能力从职业教育课程中分离出来，作为单独的证书引入到第六学级。为此新课程改革计划提出六种关键技能：①交流，即能够积极有效的进行商谈、阅读、写作；②数字的运用 (application of number)，在真实的生活情景中运用数学知识；③信息技术，即应用计算机与互联网；④与他人共同工作，即学会如何成为工作团队的一部分；⑤提高自己的学习能力及成绩，即能够在取得的成绩上设定新的目标继续前进；⑥问题解决，即意识到问题、找出问题并设置不同路径解决问题。每一种关键技能分基础水平、中等普通教育水平、高级水平三种水平。前三种关键技能可以通过各种校外考试和平时课程作业取得相应的国家证书，

---

① 唐以志. 2000. 关键能力与职业教育的教学策略. 职业技术教育，(7)：8～11

② 赵中建，孙文正. 2003. 21世纪国际社会的战略选择——重视教育发展与人力资源开发. 教育发展研究，(4～5)：53～58

而后三种技能课程的成绩完全由平时作业来定，但不提供国家证书。① 中国台湾也提出了对于关键能力的认识：表达、沟通与分享能力；规划、组织与实践能力；尊重、关怀与合作能力；独立思考与解决问题的能力；信息技术的运用能力；文化学习与国际理解的能力；了解自我与潜能开发的能力；表现评价与创新能力；生涯规划与终生学习能力；主动探索与研究的能力。上述各种"关键能力"表述大致可以集中概括如下：应用新技术获取与处理信息的能力、主动探究的能力、分析和解决问题的能力、合作共事的能力和终身学习的能力等。

20 世纪 90 年代以来，我国高中教育在培养目标上强调与日常生活、社会的联系，将教育的社会发展价值与个人发展价值和谐统一于普通高中课程结构与教学方式中，初步建立了"发展为本"的目标价值观。2003 年颁布的《普通高中课程方案（实验）》培养目标体现时代特征，强调"学会交流与合作"、"学会收集、判断和处理信息"等，加强和丰富了经验、实践、能力、技能、生活、职业等方面的内容。

四、技术素养是普通高中的新追求

20 世纪 80 年代以来，科学和技术向世人展示了它的惊人魅力，科学与技术的联姻所爆发出的强劲活力，极大地改变了社会的经济结构与经济形态，影响和改变了人们的生活方式，甚至动摇了传统的政治秩序，对学校的课程结构也产生了很大的影响。这不仅表现为传统的数理化课程的地位得到进一步巩固，而且，生物科学正成为科学课程家族中越来越闪亮的明星，更重要的是，科学、技术与数学的关系被重新确认。一方面，三者有极其密切的联系；另一方面，技术的独特价值也被人们越来越清楚地认识到。现在，技术已经被公认为是人类文化成果中的一个重要部分，是一个独特的知识领域。

（一）发达国家对技术教育的重视

发达国家在设计普通高中课程计划时，对技术的重要作用给予了充分的重视。他们分别以"工艺"、"工业"、"工业技术"、"设计与技术"、"实用科目"、"职业技术"等名称，在普通高中的课程结构中设置了技术课程。1980 年第一届关于"技术教育"（technology education）的学术会议的召开，标志着国际中等教育界对技术教育的认识产生了一个飞跃——由追求技能操作上升为追求技术

---

① 王凯.2002. 英国普通高中课程研究. 全球教育展望，31（3）：12～17

素养。到 90 年代初,"技术素养已经迅速成为普通教育课程的新追求"①。美国在推出了《科学素养的基准》后,又很快于 2000 年推出了《美国国家技术教育标准:技术学习的内容》。② 尽管技术教育在发达国家也不尽如人意,但他们的技术意识和对技术教育重视的程度却非我国能比。

(二)我国普通高中技术教育长期缺位

反观我国,2000 多年的封建社会和 1300 多年的科举制度,将我国本来就不浓的科学意识掩蔽得无影无踪。新中国成立前的社会动荡和新中国成立后多次社会政治运动,使我们本不坚固的科学意识被摧残殆尽。而 20 世纪 80 年代初开始在普通高中进行的劳动技术教育,又因种种原因,科技含量很低,加之将普通高中教育看成是升学预备教育,我国的普通高中长期以来,没有技术课程的位置,甚至在 2000 年我国教育部颁布的《全日制普通高级中学课程计划》中,还没有设置"技术"课程,只在"综合实践活动"中列出了"劳动技术教育"。这种情况所造成的消极影响现在已经呈现出来,我国高技能技术工人奇缺的状况已经持续多年。这其中,除了有我国中等职业技术教育不发达和轻视体力劳动的思想再度抬头的原因外,普通中学技术教育落后甚至完全缺位也难辞其咎。在某些农村地区,学生辍学的主要原因并不是家庭贫困,而是家长们对缺乏技术教育的中学教育的彻底失望。

(三)技术素养成为我国普通高中 21 世纪的追求

"在普通高中技术类课程的历史发展过程中有不同的目标取向。如以提高动手能力为主旨的技能教育,以学生形成劳动观念、掌握一些生产劳动技术为主要目的的劳动技术教育,以学会某一职业的相应技能为中心的职业技术教育,甚至还有一些以解决经济贫困为主要动因的技术助学教育等,这些不同的目标定位是与一定的时代特征相适应的,但都有一定的历史局限性。"③ 21 世纪初,我国普通高中的技术教育则超越上述局限,致力于学生的技术素养,呈现出历史性的巨大跨越。"普通高中阶段的技术课程以提高学生的技术素养、促进学生全面而又富有个性的发展为基本目标,着力发展学生的以信息的交流与处理、技术的设计与应用为基础的技术实践能力,努力培养学生的创新精神、创业意

---

① Lewis T , Gagel C . 1992. Technological literacy:a critical analysis. Journal of Curriculum Studies. 24 (2):117~138,134

② 全称为 *Standards for Technological Literacy:Content for the Study of Technology*,中文版将其译为《美国国家技术教育标准:技术学习的内容》。

③ 顾建军.2004. 新课程结构中的普通高中技术课程. 人民教育,(24):31,32

识和一定的人生规划能力。"① 2004 年，上海推出《上海市普通中小学课程方案》，不仅在小学、初中和高中均设立了"技术"基础课程，而且对技术课程给出了全新的定位。以"劳动技术课程"为例，它"是中小学生在教育者的引导下，通过独立活动或者与他人合作，在设计、制作、使用、维修等一系列劳动体验和实际探究的技术活动过程中学习技术知识、掌握技术操作、增强技术意识、提高技术素养的一门基础课程"②。该课程在高中阶段的培养目标是"着重于发展学生对技术的进一步理解，以提高其技术素养，使学生能正确地使用技术、客观地评价技术"③。可见，我国的普通高中在 21 世纪初也开始强调技术素养教育了。尽管上海市的现行课程中还在使用"劳动技术"一词，但这里的"劳动技术"概念早已不是传统意义上的劳动技术了，它事实已经是现代意义的技术素养教育了。④

不仅如此，在物理、化学和生物各科课程标准中，不仅其课程目标都强调与技术的联系，而且，还设立了侧重于技术应用的选修模块。《普通高中物理课程标准（实验）》其课程目标不仅强调要"关注科学技术的主要成就和发展趋势"、"知道一些与物理学相关的应用领域"、"尝试运用物理原理和研究方法解决一些与生产和生活相关的实际问题"、"有将物理知识应用于生活和生产实践的意识"等；还设立与生活、生产紧密相关的侧重于技术应用的选修模块，如电磁技术与社会发展、家用电器与日常生活、电磁波与信息技术、原子结构与核技术等内容。《普通高中生物课程标准（实验）》其课程目标不仅提出要"知道生物科学与技术的主要发展方向和成就"、"了解生物科学知识在生活、生产、科学技术发展和环境保护等方面的应用"、"认识生物科学和技术的性质"等，还设立了生物技术实践、现代生物科技专题等选修内容。在《普通高中化学课程标准（实验）》中也设有化学与生活、化学与技术等选修内容。

第二节　普通高中课程结构研究

普通高中教育的性质、任务和培养目标决定着普通高中课程结构。课程结

---

① 教育部.2003.普通高中技术课程标准（实验）.北京：人民教育出版社，1
② 上海市教育委员会.2004.上海市中小学劳动技术课程标准（试行稿）.上海：上海教育出版社，25
③ 教育部.2003.普通高中技术课程标准（实验）.北京：人民教育出版社，31
④ 考虑到《上海市中小学劳动技术课程标准（试行稿）》中的"劳动技术"早已今非昔比。这里，我们建议去掉"劳动技术"中的"劳动"二字，改为"基础技术"

构是人才素质的蓝本，是实现培养目标的根本保证，也是普通高中教育工作的纲领与轴心。一般来说，普通高中课程结构主要由三个部分组成：人文与社会科学课程、自然科学课程和实用科目。所谓实用科目，主要表现为各种技术课程，主要包括工农业技术、科学技术、计算机技术、家政生活技术和职业技术（如商业）等课程。

一、传统高中课程结构的失衡

分析考察课程结构，有不同的角度，可以分析国家课程、地方课程和学校课程的结构；可以分析文、理科课程的结构；也可以分析实习、实践等活动类课程与学科课程的结构等。这些分析不难在现有的文献中找到，本书不再赘述。鉴于普通高中课程主要是学科课程，而且学科的概念深入人心，故本书将深入到学科课程内部，尝试将一个与"学科"相对应的课程概念——"术科"引入到结构分析中来，希望由此产生一个简单清晰的分析框架。然后，再从必修课程与选修课程的角度，继续为"技术"进入普通高中课程结构提供支持。

（一）"学科"与"术科"

1. 学科

什么是学科？按《教育大辞典》，学科（discipline）有两层意思："①学术的分类。指一定科学领域或一门科学的分支；②教学的科目。"[①] 由此，对学科，可以这样去理解，即从知识的来源上看，学科来源于对科学知识整体的条理与划分。学科划分的依据是知识的性质相同或相近的程度。在教育发展的早期，东西方的先哲们都曾对科学知识的整体进行过划分，孔子就曾将西周的文化典籍划分为诗、书、礼、乐四类，后演化并细分为"六艺"：礼、乐、射、御、书、数。古希腊著名修辞学家、教育家伊索克拉底（Isocrates，公元前436～前338）在他的修辞学校设置了预备性科目［文法学、历史学、数学、天文学、几何学、辩论术（art of debate）］和专业性科目（修辞学、演讲术），其中的文法学、修辞学和辩论术成为西欧早期教育的主流[②]，此即西方教育史上的"三科"，后结合其他"四艺"（算术、几何、天文、音乐）成"七艺"，构成西方学科课程的源流。17世纪以来，经夸美纽斯、洛克、斯宾塞、赫尔巴特等人的努力，学科化的课程理论日臻成熟，物理、化学、地理、生物等学科逐渐进入学校课程行列。甚至直到今天，学科依然是学术体系的支撑与象征，特别是高等学校，

---

① 顾明远.1998.教育大辞典（上）.上海：上海教育出版社，1800
② 赵中建.1992.伊索克拉底教育思想初探.华东师范大学学报（教育科学版），（3）：29～38

往往将学术水平的发展与学科建设等同起来。当然，这其中有它的合理性。

2. 学科课程

学科内容既然来源于对科学知识的划分，这就决定了学科课程必定是学术性的。教育发展史也证明了这一点。早期的学校课程并不追求做工、做事的技术，并不关心具体职业中下层人士才会用得着的技术技能，而是像英国的文法学校那样，致力于学问修养和学术追问。学科作为一门课程形式，它十分注重学科内部的逻辑秩序，各门学科自成一体，学科间"壁垒森严"；作为一种课程设计思想，学科课程主张分科设置课程，即从科学知识整体中选取关联密切的内容组成一门学科，分学科组织教学；学科课程视教科书为经典，其唯理智、重学术的色彩非常浓烈。课程设置以培养少数统治人才或学术研究人才为目标，忽视对技术人才和学生技术素质的培养。

学科课程是历史最悠久的课程形式，也是学校课程的主导类型，它对于学校课程设计的影响力如此之大，以至于学科课程简直成了课程的代名词。当人们一提到课程时，潜意识中就是指的学科课程。又由于学科课程讲究学术思维与学术追问，追求经典知识体系。因而，在一般的意义上，普通高中的课程就是学术性课程。"事实上，相当长时间以来，人们在很大程度上是把课程'默认'为学术性课程来理解的。"①

3. 技术是"学科"吗？

技术课程进入学校的历程，也是学校课程结构逐渐地发生改变的过程。产业革命以来，与职业特别是工业领域相关的技术性课程逐渐进入到学校的课程结构中，特别是20世纪后半叶以来，技术性课程在学校课程中的分量与地位与日俱增。

对物理、化学这样的科目，无论从哪一层意思上讲，它都是学科化的课程。由于习惯使然，"技术"也是同样地被称为"学科"。的确，按《教育大辞典》第二层意思"教学的科目"解释，技术既然是学校教学的科目，当然就可以称之为学科。然而，如果取《教育大辞典》的第一层解释，那么，技术可不可以算作一门"学科"呢？关于这个问题，在英美国家的专业文献中争吵得很是激烈，也并不见哪一方更占上风。从技术是学校"教学的科目"意义上，不妨继续习惯性地称之为学科。但必须明白，此"学科"并非彼"学科"。无须怎样去证明，它与具有严密逻辑结构的物理、化学等学科并不一样。尽管技术也经常使用一些重要概念，如设计、材料、功能、结构、系统、反馈等，但这些概念

大多是与其他学术性学科分享的。而且，技术对其发生情境的依赖性也使得技术内部并不能形成很严密的逻辑体系，这是它与学术性学科的根本不同。技术是综合性的、是跨学科的、是实践性的功能体系或者说是系统性的行动知识，而不是具有严密逻辑的学术性知识体系。将技术依旧称为学科，容易掩蔽高中课程所隐藏的结构失衡问题。

4. "术科" 概念带来的清爽

如果我们认同现有的"学科"概念是学术性的，那么，与"学科"相对应，就可考虑在课程结构中引入"术科"概念。从"技术"与"学术"相对应出发，将知识划分为"学科"与"术科"，相应地，高中的课程结构分为"学科课程"和"术科课程"。将学科界定为具有严密逻辑结构的知识体系，它指向于概念与学脉关系的理解；而将"术科"界定为具有功能关系的方法体系，它指向问题的解决。之所以这样定义术科，是因为技术知识的本质特点就是功能性、实践性、行动性、方法性和策略性。德国技术哲学家卡普在其《技术与社会》中就将技术定义为"在一切人类活动领域中通过理性得到的（就特定发展状况来说）具有绝对有效性的各种方法的整体"[1]。将"术科"与"学科"相对应来分析课程结构，有灵感的因素，但并非空穴来风。《汉语大词典》就是将"术科"界定为与"学科"相对的技术性科目。[2]

如果将普通高中课程结构分为"学科"与"术科"两大部分，则马上就可以发现，在传统课程结构的三大板块中，人文与社会科学课程、自然科学课程主要是侧重于学术性的学科，而实用科目则主要是与生活和职业有关的技术性课程。结果很明显，"术科"课程在普通高中课程结构中的地位与分量，与其重要性相比，长期以来不相称。甚至在自然科学课程中，其技术性的课程部分也不受重视，如理科实验，不仅开展的晚，而且曾长时间没有真正地重视起来。结果，普通高中课程结构失衡。术科不仅没有地位，甚至不开设。

课程结构失衡的原因是多样的。但一直没有树立起"术科"的概念，导致课程理论缺乏推动技术课程进入普通高中的说服力，是这种失衡的原因之一。在《辞海》、《教育大辞典》中，甚至不能找到"术科"的踪影。

5. 术科课程

理论上讲，所有可称之为"术"的东西，都有技术意义。但由于"术"的广延性，它有了太多的分化，艺术、武术等，都是其分化的结果。前面提到，伊索克拉底在公元前就设置了"辩论术"科目，如果我们注意到其英文解释，

---

① 顾志跃.2003.青少年科技教育与活动评价.上海：上海科技教育出版社，17
② 《汉语大词典》编辑委员会.1990.汉语大词典.第三卷.上海：上海辞书出版社，983

则它就属于"术科"性质的科目。因为在古代，art 就是当时技术的表征词汇之一。早期的"手工艺"（manual arts）和后来的"工艺"（industrial arts）都指明了"art"一词的技术含义。术科课程在体育、美术、音乐中早已有之，是指以运动、行为表现和技法为特征的那些课程，如武术、器乐等。

但是，在课程结构中所要引入的"术科"与"辩论术"、"武术"之类的"术科"并不相同。这里所言的"术科"就是"技术科"，是技术。技术的概念，前面已经探讨过。狭义上的技术主要是指直接操控或指向于操控物质材料的行动性知识，广义上的技术是指做事的行动性知识，一般要涉及物质材料、工具设备的使用和调配。本书的术科课程除包括一般性的基础技术课程外，还包括与职业、兴趣有关的技术类课程，甚至还可以包括自然科学课程中的实验技术与实习。有学者提出，普通高中的必修课程应由学术性课程、技术课程和职业教育课程组成[①]，这与本书的论述有些接近。如果将其技术课程与职业课程合并，则其主张的普通高中课程结构其实就是由学科与术科组成。只是他的设想似乎缺乏立论基点，也不如引入"术科"概念来得明快。

为了纠正学科课程在基础教育课程结构中一统天下的局面，在 1992 年国家教育委员会颁布的《九年义务教育全日制小学、初级中学课程计划（试行）》和 1990 年的《现行普通高中教学计划的调整意见》中，都分别引入了"活动"类课程。虽然"活动课程"作为一个课程大类，可以包括一定的技术性实践活动。但在实践上，"活动课程"似乎只是侧重于课程的组织形态，并不强调操控物质材料的"物性"特征，也不强调问题解决的功效目的。在某种程度上它是针对"满堂灌"组织形式的弊端而进行的纠正与弥补，其目的是为了更好地理解和消化科学知识，也为了发展学生的个性与爱好。所以，它与本书的"术科"意思不同。但显然，术科与活动课程可以很好地融合起来。

（二）必修课程与选修课程

从课程制度的角度看，普通高中课程由必修课程和选修课程构成。必修课程是为了保证高中生素质的基本要求而设立的，全体学生都必须修习。必修课程保证了全体学生所必须达到的最基本的学力水平，而选修课程则是为了满足学生不同的发展需要而设立的供选择的课程。学生选择选修课程，或者是出于对学术的进一步追求，这又分为不同的学科方向；或者是出于兴趣，或者是出于职业发展的需要，则其多样性更明显。总之，选修课程的开设是为了从课程

---

① 孙国友 . 1995. 对普通高中选修课程理论和实践的思考 . 基础教育研究，（2）：6，7

制度上保证学生的个性发展的需要。

1. 选修课程实践不足

新中国成立后至 20 世纪 80 年代以前,我国普通高中根本没有选修课程的概念,全部的课程几乎都是必修课程。1981 年 4 月,教育部颁布《全日制六年制重点中学教学计划试行草案》,在高二和高三设置了选修课程。《全日制六年制重点中学教学计划试行草案》有关说明指出:"为了适应学生的爱好和需要,发展他们的特长,更好地打好基础,高中二三年级设选修课。"[1] 1990 年国家教委发布《现行普通高中教学计划的调整意见》,根据其中的规定,高一、高二、高三年级的选修课程分别达到了 9.4％、12.9％ 和 53.3％,三个年级总计为24.7％。但在实践上,这个比例远未达到。除少数城市重点高中外,绝大多数普通高中的选修课程实践并不理想,不仅课时、教学质量达不到要求,而且随意性很大,缺乏制度规范。

普通高中选修课程的这种状况,与高中生个性发展的多样化需要很不吻合,与国外普通中学的情况也形成对比。选修课课程丰富是美国中学的显著特征,甚至达到过多的程度,它充分满足学生的兴趣志向,促进个人特长的发展,选修课程比例大体在 30％～50％。[2] 我国普通高中课程结构的另一种失衡由此可见一斑。

2. 21 世纪初的调整

20 世纪末,我国持续地进行着普通高中课程改革,选修课程比例呈现加大趋势。2000 年的《全日制普通高级中学课程计划(试验修订稿)》,其选修课程的总计比例已经达到了 28.26％。[3] 2001 年的《基础教育课程改革纲要(试行)》提出:"为使学生在普遍达到基本要求的前提下实现有个性的发展,课程标准应有不同水平的要求,在开设必修课的同时,设置丰富多样的选修课程。""普通高中课程标准应在坚持使学生普遍达到基本要求的前提下,有一定的层次性和选择性,并开设选修课程,以利于学生获得更多的选择和发展的机会,为培养学生的生存能力、实践能力和创造能力打下良好的基础。"2003 年颁布的我国《普通高中课程方案(实验)》规定,课程结构由选修课程和必修课程两部分组成,并且用学分来管理学生的课程修习过程。要求高中生三年内要获得 116 个必修学分和至少 28 个选修学分(含 6 个综合性选修学分和 22 个学科性选修)。

①　李慧君 . 2001. 20 世纪中国中小学课程标准 . 教学大纲:课程(教学)计划卷 . 北京:人民教育出版社,336

②　钟启泉,杨明全 . 2003. 普通高中课程改革的国际趋势 . 当代教育科学,(22):5～8

③　崔允漷,柯政,林一钢 . 2004. 我国普通高中课程计划的历史演变 . 教育研究,(1):86～91

28 个选修学分占总要求 144 个学分的 19.44％。这个比例并不算大，但由于选修课程的弹性余地很大，理论上学生可以在修完 116 个必修学分的基础上，将其余精力全部用来修习选修课程。这样，选修课程的比例还有较大的上升空间。

要提供丰富多样的选修课程，需要一定的条件配合。师资、设备、经费等，都是影响选修课程实践的重要因素。而更为直接的因素，则是课程管理。除了国家要给学校以更多的课程权力外，学分制课程管理也是非常重要的因素。如果不实行学分制管理，即使能提供出丰富的选修课程，也不能充分地发挥出它的实际效用，造成选修课程由学校选，学生一起学同样的选修课程，结果只能沦落为学分名义上的"全必修"。

（三）结构失衡原因分析

1. 基础主义的知识观与课程观

在西方的哲学传统中，一直存在着一种强大的基础主义认识论倾向。柏拉图认为，人脑中存在着天赋"观念"或"纯粹理性"。他认为"理性"赋予人们以理性认识的能力，人们借此可以获得事物的共相与本质，这种事物的共相与本质就是知识。知识作为理性认识的结果与外界无关。笛卡儿认为，人类的知识体系是一棵大树，干是物理学，枝是一些其他知识，而哲学就是根，就是基础。在这个基础上，就可以建构起人类的知识大厦。只要掌握了这个基础，人类的整个知识体系就能按一定的逻辑规则推演出来。在古希腊，哲学被认为是智慧之学，是知识，并表现为理论形态。人们在具体的实践活动中所需要的各种知识，被认为可以通过理论知识以及严密的逻辑推理而得出。所以，只有那些在哲学基础上发展起来的理论知识才具有价值，它们是智慧之源，并具有普遍的指导意义。而基于具体情境的实践性知识，由于缺乏普遍的指导意义，不具有发展智慧和理念的价值，甚至不被看做是知识。"一种教育的目的是哲学性的，另一种教育的目的是机械性的；一种要达到普遍的观念，另一种致力于特殊的东西……知识按其程度变得越来越特殊时，它也就不再是知识了。"[1] 19 世纪后半叶以来，科学理论对技术实践的推动作用越来越大，人们也更加坚信实践必须在理论知识的指导下才能获得成功。

基础主义的知识观，决定了哪些知识以及什么样的知识能够成为学校课程的内容。构成学校课程内容的只能是那些具有普遍意义和永恒价值的理论知识。发展学生的认识能力，传递理论因而就成为学校的中心任务。既然普通高中课程主要是学科，而学科又主要是学术性学科，它与哲学意义上理论知

---

[1] 布鲁贝克. 1998. 高等教育哲学. 王承绪译. 杭州：浙江教育出版社，88

识的学术性是相通的。循此，普通高中课程追求理论知识与基础主义的这种知识观是一脉相承的。在实践中，普通高中对理论知识的追求得到了高考实践长时间的鼓励，理论知识在学业升级中实现了它的学术价值，从而使学校追求学术理论与高考价值体现之间形成了循环互动。普通高中热衷于追求学术与理论的精深，专注于培养理论型人才。而技术是面向实践的，因而也是具体的、情境性的。按照基础主义的观点，作为行动性知识的技术就不具有发展智慧的作用。因为它可以在理论知识的指导下，经过学生实践而形成。学校无须特别重视。加之技术发展的早期路径是在工匠之间流传与继承，没有能够取得与理论知识同样的高贵地位，学校技术课程的缺失因而也就成为很"自然"的事情。

从普通高中要培养现代人的目标看，这是很危险的。它注重在各种考试中需要的理论知识，而不注重在实际的工作、生活和职业生涯中发挥作用的实践性知识。结果，学业成绩优良的学生在工作后却不见其优秀何在。许多资料都证明以理论为主要内容的学业成绩与技术实践、职业生涯成功之间的相关性是很差的，甚至没有什么关联。[①] 问题的要害更在于，将学术至上理念推及全体学生所造成的对人才的误教、误导。

2. 实践性知识的价值得到承认

随着近代自然科学的飞速发展，哲学对其他学科知识的指导作用受到怀疑。而且，由于其所研究的问题过于抽象，只有很少的人才能看懂，传统哲学受到了大众的斥责。将事物的共相和本质视为知识，排斥经验知识的存在，容易在理论上陷入知识的抽象和虚无。在实践上，对普遍"基础"的寻求也遭受了打击。尽管有些哲学意义的理论知识对于人们解决实际问题有一定的启迪作用，但当我们在现实生活世界里要寻求知识对于解决实际问题的功效价值时，普通理论的作用常常表现得非常苍白。有不少满腹经纶的学者，在处理实际问题时常常表现得束手无策；而另一些没有多少理论知识的实践者，却能在实践中表现出非凡的实践能力。2004 年中国内地主流媒体广泛宣传报道了青岛港的一位一线装卸工人——全国劳动模范许振超。他能在 40 米高空的桥吊驾驶室中，一小时吊运 60 个标准箱，他创造的"无声响操作"让外国船员瞠目结舌，其高超的技术操作水平绝不是仅靠理论知识所能达到的。这种论述使我们想起了前面曾经论述过的科学知识与技术知识的区别，再一次证明了理念启迪意义上的理论知识与解决实际问题的技术知识并不相同。结论是相同的：技术实践是一种

---

① 　徐国庆 . 2004. 实践导向职业教育课程研究（博士学位论文）. 上海：华东师范大学，65

基于材料设备的操作体系，而理论理解是一种基于观念和符号的认知体系，两者是不同性质的。

（四）结构失衡应对策略

要解决普通高中课程结构失衡的问题，必须更新知识观，创新课程理论。同时，也要从改革高考入手，调整高中课程结构的价值导向。高考作为国家对人才选择的手段，必须改革评价方式，不仅要求人才的学术理论水平，也要考察其基本技术素养，考察其运用工具、设备、材料解决实际问题的能力。不过，由于功能意义上的技术是实践性的，其价值只能在实际的问题解决中体现出来，这给考评技术素养带来了很大困难。特别是我国，面对如此大量的考生，怎样组织技术课程的考察和考试、如何认定技术考试成绩、如何计入高考总分，都是很棘手但又必须解决的问题。从这个意义上，要顺利实施普通高中现行课程，高考改革将面临极大的压力和考验。

至于必修课程与选修课程的失衡问题，必须从思想上认识到增设选修课程，是保证高中生个性发展的需要，是培养创新人才的需要。设立选修课程必须与普通高中的办学模式与培养目标联系起来，与高中生在学习期间的分流发展联系起来。解决必修课程与选修课程结构失衡的问题，还要改革课程管理方式，赋予地方、学校以适当的课程权力，同时在内部实行学分制管理。开设选修课程，还必须充分利用各种课程资源，如历史遗迹、文化场馆、学生家长专长等。当然，更重要的是提高现有教师的课程研发能力，使之具有创生课程的能力。所有这些，都是制约选修课程的影响因素，这些因素解决不好，就会成为导致课程结构失衡的诱因。

二、"技术"进入普通高中课程的合理性

技术进入普通高中课程结构，其合理性源于三个方面。

（一）当代技术教育已经与科学教育同等并列

20世纪后半叶以来，技术一方面与科学联姻，另一方面其独特价值也日益呈现出来。1972年，联合国教科文组织国际教育发展委员会提交了一份报告，这就是著名的《学会生存》。在这份报告里，技术教育从理念上被确认为"基本教育的一部分"，同时发现，此前"在普通教育方面，课程计划过分倾向于重视科学，而忽视技术"。[①] 1974年，联合国教科文组织在第18届大会上又界定"技

[①] 联合国教科文组织国际教育发展委员会.1996.学会生存.华东师范大学比较教育研究所译.北京：教育科学出版社，95

术与职业教育"具有"普通教育的职业技术入门教育"属性，从而进一步确认了技术教育可以作为普通教育的一部分。1975 年，著名学者郝德（P. D. Hurd）提出，"技术素养应当与科学素养一起并列为科学教育的一个主要目标"[①]。不过，尽管人们已经认识到技术是人类文化的一个独特领域。但是，直到 20 世纪 80 年代中期，技术教育还是被当做近似职业教育的一种类型来看待的。

20 世纪 80 年代以来，人们进一步认识到。"……技术就是关于'如何做'的知识，它是一个创造性的过程，它利用工具、资源和系统解决问题、提高人们对自然与人工环境的控制力，以努力改善人们的生存条件。"[②] 这个概念更新了传统的技术观，为技术教育进入到普通教育领域提供了概念基础。面对科学技术迅速发展的形势，英国科学、技术和数学工作者协会（CASTME）副主席伯勒和英国教育理事会主任谢赫两人在联合国教科文组织的杂志《连接》上撰文，从全球角度展望了科学、技术和数学（STM）中的各种问题。他们认为"科学、技术和数学已日益成为基础教育的一个重要组成部分"，因而，"科学、技术和数学课程的设置必须在整个课程范围之内"。[③] 甚至"科学、技术和数学教育的重要性在许多非洲国家已不再是一个需要商榷的问题。……科学、技术和数学教育（STME）在各个学校的课程中都占有突出的位置"[④]。面对国际课程改革的这种趋势，我国学者已敏锐地意识到，"国际社会已经开始将科学、技术和数学并列，在看重它们对社会经济发展具有重要作用的前提下，认为学校课程的框架中应该同时设置科学、技术和数学教育，它们都应该成为基础教育的一个重要组成部分"[⑤]。技术教育同等并列于科学教育的国际趋势由此可见一斑。

在教育实践中，世界各国纷纷以各种方式将技术课程引入到基础教育计划中。1983 年，英国实施了一项"技术与职业教育试点"（technical and vocational education initiative，TVEI）改革计划，该计划于 1987 年向全国推广。它面向 14～18 岁青年，探索将普通教育与职业教育结合起来，向不同能力的青年提供能增加其就业机会的技术课程，如制图、技术、设计等。在其他国家如美国、

---

① Hurd P D . 1975. Science，Technology and society：new goals for interdisciplinary science teaching. The Science Teacher，（42）：28

② UNESCO. 1983. Technology education as part of general education. Paris.

③ 伯恩茅思·伯勒，卡比尔·谢赫. 2002. 科学、技术和数学教育的全球展望. 全球教育展望，31（2）：17～20

④ 编辑部. 2002. 非洲的科学、技术和数学教育状况. 全球教育展望，31（2）：21～23

⑤ 赵中建. 2002. 面向全体美国人的技术——美国《技术素养标准：技术学习之内容》述评. 全球教育展望，31（9）：42～48

芬兰、津巴布韦的中等学校里，也都提供与工作有关或者面向工作的商业和工业技术课程。1988年，英国又将技术列为与科学并列的七门基础课之一，作为现代科技背景下技术课程进入普通教育课程的标志性事件，引起了世界的广泛重视，对于90年代以来技术教育进入普通教育课程起到了示范效应。苏格兰在1993年将技术作为一门单独的课程列入课程计划。俄罗斯在1993年公布的《俄罗斯普通教育机构基础教学计划》中，将"工艺学"也作为一门必修课固定下来。2003年，我国在新颁布的高中课程新方案中，将技术列为与科学并列的一个学习领域。在美国，在1993年出版的《科学素养的基准》一书中，有四章专门讨论技术或与技术直接有关。并详细规定了K-12各学段中"科学与技术"的内容标准，体现了对技术教育的重视。2000年春，《美国国家技术教育标准》出版，详细规定了K-12各学段中"技术教育"的内容标准。所有这一切，都标志着技术教育已经取得了与科学教育同等并列的地位。

（二）技术是连通科学世界和经验世界的桥梁

技术素养已经被看做是现代人的基本素质，"技术"是普通教育的基本内容。然而，技术课程的意义远不止于此，它还是科学世界联通经验世界的桥梁。经验世界就是人们的现实生活。

1. 寻觅科学知识的生活意义

19世纪以来，由于科学技术的飞速发展，使科学主义逐渐成为一种新的意识形态而统治了人们的思想，甚至人自身也在科学技术面前渐渐迷失了自我而成为科技的奴隶。在胡塞尔看来，自从伽利略以来，科学发展的结果是渐渐地形成了一个以数学、理论、概念等方式表达的科学世界，并且在发展中渐渐地淡漠与生活世界的联结，而形成了一个封闭的、抽象的、逻辑的科学王国。正是在唯科学主义的影响下，20世纪学校对课程内容的选择在很大程度上是为了适应科学世界的变化。但是，由科学的各个分支学科构成的课程体系，渐渐地远离了人们的经验世界，也忘却了隐蔽于科学知识背后最本真的生活意义、社会意义。由此造成了种种弊端，正经受着人们反思之后的激烈批评。

找回知识的原初意义，由科学世界向生活世界回归，是现代哲学的普遍转向。维特根斯坦、海得格尔、哈贝马斯都不同程度地将自己的研究视角转向了生活世界。在胡塞尔那里，生活世界还是它理论体系的核心概念。但现象学视野里的生活世界，并不是指"眼见为实"的"经验实在"，不是实体的现实生活。而是主客不分的、原初的、先验的世界。而要使知识在生活世界中的本源意义显现出来，就需要将学科知识"悬置"起来。"一切自然科学和文化科学，以及它们的全部知识组成，正如要求自然态度的科学一样，都要加以排除。"①但是，要完全"悬置"学科知识，去追寻那种抽象的、原初的、去学科化的生活意义，以此来寻求本性意义上的个性解放，在实践中又是不可能的。因为一旦将所有的自然科学和文化都悬置掉，在这种"去学科"化的生活世界里，学校、课程、教学也就失去了支撑体系，成了空中楼阁。所以，教育不可能回到现象学意义上的那种生活世界里，现代学校教育实践不可能离开学科知识而存在。另一方面，现代学校教育也不可能退回到"经验实在"的现实生活中。因为，"现实是如此复杂，以致儿童不可能同它接触而不致陷于迷乱"②。

2. 回归生活世界的意义在于找回科学世界与经验世界的联结

学校的课程与教学必须是高于经验、高于现实生活而又不能与之脱离太远。科学主义支配下所形成的学校课程，其根本的缺陷与弊端并不在于它构建了科学世界，而在于它与学生的经验世界脱离得太远，致使课程远离了现实生活的根基。实际上，科学世界与生活世界本来是有天然联系的。一方面，生活世界是科学世界的基础，科学世界本来就是从生活世界抽象出来的，本质上也是生活世界的一部分；另一方面，科学世界在一定程度上提升了知识的生活意义，使之更加明显、清楚。科学世界之所以成为科学世界，就在于它对生活世界的抽象化、理论化、逻辑化、符号化和形式化。它们本来是为了更好地学习生活世界而给出的教学设计，但由于在长时间的发展中"化"得过了头，这种形式化的科学世界掩蔽了生活世界的本真面目，致使人们将知识本身当成了生活世界本身。由此，科学便失去了意义。但既然我们不能回到原初的、先验的生活世界里，也不能退回到经验实在的现实生活里，那么，探寻科学世界与经验世界的天然联系，也就成为现实选择。这样，既用不着将学科知识"悬置"掉，也不必陷入经验世界的纷乱无序中，但借此却可以发现科学知识的生活基础，体验科学知识的原初意义。所以，课程改革的现实任务就是要重新找回科学世界与经验世界的联结，"回归"生活世界的意义也应定位在这个理解上。

3. 技术是高中课程联结经验世界的桥梁

那么，如何建立科学世界与经验世界的联系呢？所谓经验世界是指学生所经历的、体验的、所向往的和所欲进入的现实生活，包括日常生活、生产活动、职业生活等。联系的方式无非有二：一是以技术的形式，将科学知识应用于现

---

① 〔德〕胡塞尔.1992.纯粹现象学通论.李幼蒸译.北京：商务印书馆，97

② 杜威.1980.我的教育信条.见：张焕庭.西方资产阶级教育论著选.北京：人民教育出版社，6

实生活，以解决现实中的问题。尽管技术不能简单地理解为科学知识的应用，但科学知识的应用一定表现为或者主要地表现为各种技术活动；二是生活中各种问题的解决方略需要寻求科学知识的支持、解释与论证。比如，对一个技术项目论证，就需要考虑其成本、效率、环保影响、伦理意义等，因而也就需要各方面的知识。显然，技术是联系科学知识与经验世界的桥梁。由此，技术课程是普通高中课程实现回归生活世界理念的现实选择。这是技术进入普通高中课程结构的理论动力。

（三）"普职渗透"推动技术课程进入普通高中

1. 世界性的现象

20世纪80年代中期以来，欧洲各国中等教育面临着一个共同的问题，那就是越来越多的学生在完成了义务教育之后，并没有直接进入就业市场，而是选择了在后期中等教育阶段①继续求学，以求能继续升学。于是，学生们越来越倾向于选择学术性的普通课程而非职业课程。在英国，选修学术性的 A Level 课程的人数成倍地增长，而职业课程则备受冷落。即使在职业教育有着悠久历史的德国，到1994时，选择升学的人数也超过了选择职业的人数。其三大主流之一的实科中学，到90年代中期甚至面临着招生困难。有学者分析这种现象的原因："首先，普通课程在大多数的国家长久以来就有比较高的声望；第二，普通课程往往是通往高等教育的主要管道；第三，一般性的能力，如阅读与数学等，对未来的就业愈来愈重要，而这些能力乃是传统普通课程的主要范围。因此，不仅普通课程变得热门，职业课程中的普通性与学术性学科也愈来愈受重视。"②

2. 应对措施

选择升学发展道路的人数大幅度增加并不意味着所有的学生都能进入大学。而传统的普通课程只能适应那些能升大学的学生需要，致使大批不能升入大学的学生被边缘化。这样，一方面是职业教育受冷落，而另一方面，那些在普通教育里被"边缘化"的学生又不能学到适当的职业技能，在就业上也面临困难。为了解决这个问题，人们在实践从两方面进行了改革：一是改革职业教育，突出其培养技能的特色，增强职业课程的"普通性"。同时，为职业教育提供升入高等教育的机会。二是在普通教育领域，面向所有学生提供技术类课程，并针

---

① 欧洲一些国家将中等教育分为两个阶段，后期中等教育即属于第二阶段，大体相当于我国的高中阶段

② 林永丰.2002.后期中等教育课程的改革趋势——一个泛欧洲的观点.教育研究集刊（台湾），(1)：35~63

对那些有求职意愿的学生提供职业课程,以增加他们毕业后的就业机会与就业质量。

3. 普职渗透国际掠影

1991 年,美国《时代周刊》发表文章,称当时美国有 2000 万名 16～24 岁未上大学的青年为"被遗忘的一半"。这些人承受低工资,并经常失业。由于在中学阶段没有学到与职业有关的知识和技能。因而,大多数雇主瞧不起他们的高中文凭,认为文凭只能表明他们"坐椅子的时间"。文章因而提出要建立一种沟通学校与工作岗位的国家制度,将职业课程引入中学教育,并颁发多种技能证书。以帮助中学生获得就业能力,从而使高中毕业文凭成为进入工作岗位的证书。[①] 这一主张在 1994 年克林顿总统签署的《从学校到工作机会法》里得到了充分的体现。该法案要求将学术学习与职业学习结合起来,要为所有学生提供职业学习的机会,要让他们知道将要从事的职业及要求,并具有平等的选择权利。加利福尼亚州规定,高中 4 年中,必须学习一年的职业技术课程。

英国义务教育后的教育一直都典型地体现着的分轨的特征,职业教育与普通教育无论教育目的、课程内容、学校类型乃至管理机构等方面都有明显的区别。但自从 20 世纪 80 年代以来,英国在普通中等教育中实施了面向 14～18 岁青年的"技术与职业教育试点"项目,并且在普通教育中实行"高级中等教育证书"和"国家职业资格证书"(NVQ)。前者为学术性,后者为职业性,体现了在普通教育中融入职业教育课程的倾向。至 20 世纪 90 年代,以学术科目为突出特征的普通教育和以职业技术为特征的职业教育各自为政的状况受到了更多的批评,对普通教育的性质也进行了反思。"所谓普通教育,也就是学会使用科学知识和表达思想的工具,只有在它培养了人们从事职业的能力时,才能获得其充分的意义,也才能获得最强大的动力。"[②] 1991 英国又将"国家普通职业资格证书"引入高中,它介于学术性与职业性之间,体现了两类教育之间的融合态势。1997 年还合并管理机构,成立资格与课程局。该局在 2000 年的课程改革中,更新了原来的证书体系,分高级、高级补充和双重授予(double award)。[③] 在为这三种水平证书所安排的课程单元里,都包括有职业课程,如商业、公共饮食、零售与送货服务,也包括技术课程如工程学、信息与交流技术、制作等。

20 世纪 90 年代以来,为解决高中毕业生就业难的问题,澳大利亚调整了高

① 李泽鹏.1992."中学毕业文凭要成为进入工作场所的证书".课程·教材·教法,(3):56

② 国家教委职业技术研究中心研究所.1998.职业技术教育原理.北京:经济科学出版社,20

③ 王凯.2002.英国普通高中课程研究.全球教育展望,31(3):12～17

中教育的目标，加强了对高中生就业能力的培养。其高中课程分为统一课程和校内课程，其中包括一定的职业课程，如农业、会计、家庭经济、秘书实践、技术、高级技术工艺、职业和社会通信、商业打印等，① 推进了普通教育与职业教育的融合。1990 年以来，芬兰鼓励学生跨越职业教育和普通教育的樊篱，互相选课，促进了两类教育的相互渗透。挪威则从 1994 年起取消了普通高中与职业高中的区别，推进综合高中。虽然普通教育课程占较大比例，但选择普通教育的学生也必须学习一定的职业课程。而苏格兰在 90 年代中期的改革，则完全舍弃了普通中学与职业中学的区分，他们通过学分制课程管理，让学生自由选择课程，组合成普通教育或职业教育发展计划。

　　可见，在中等教育领域，普通教育与职业教育一体化是当今世界各国教育改革的热点课题。虽然，这种趋势并不意味着普通教育和职业教育界限的完全消失，分野还在，但界限却在变淡。这种趋势，体现了保证学生能顺利地从普通中学过渡到工作（school-to-work，STW）的价值追求。即使是在德国和奥地利这样有着悠久的职业教育传统的国家，两类教育也有一定程度的渗透。在奥地利，尽管其完全中学的高中部具有明显的学术倾向，着力升学准备，但"学校除了开设外语、德语、数学、物理、化学等普通教育课程外，还开设了电子、职业技能、速写、打字、家政、应用化学、应用物理等职业教育选修课程"②。实际上，联合国教科文组织在 20 世纪 70 年代就曾建议："不同类型的教学——普通的、科学的、技术的和专业的教学——之间的那种严格的区别必须加以废除；而教育，从初等阶段到中等阶段，必须同时成为理论的、技术的、实践的和手工的教育。"③ 在 S. 拉塞克和 G. 维迪努所著的《从现在到 2000：教育内容发展的全球展望》一书里所提出的"普通教育内容的方法论框架"，其"技术与劳动教育"的目标就包括"就业的人和本领的培训；训练学生使之易于适应劳工界的变化"④。这反映了 20 世纪后期人们对普通教育的思考与改革观。总之，在普通教育中渗透职业课程和在职业教育中渗透普通课程，"你中有我，我中有你"，是近 20 多年来世界中等教育改革的突出特点。

4. "普职渗透" 推动技术课程进入普通高中

　　普通高中的普通课程一般是政府统一规定的课程，侧重于学术性。常见的

---

　　① 王斌华.1994. 澳大利亚中学普通教育与职业教育的一体化趋势. 现代教育论丛，(5)：45~52

　　② 王斌华.1996. 奥地利普通教育与职业教育的一体化趋势. 外国教育资料，(1)：21~25，13

　　③ 联合国教科文组织国际教育发展委员会.1996. 学会生存. 华东师范大学比较教育研究所译. 北京：教育科学出版社，237

　　④ 拉塞克 S，维迪努 G.1992. 从现在到 2000 年教育内容发展的全球展望. 马胜利，高毅等译. 北京：教育科学出版社，238，239

学科有母语、外语、数学、物理、化学、生物、历史、地理和体育等。职业课程一般为政府、地方或学校根据经济发展的实际与就业市场的需要而提供的课程。由于世界各地经济发展的情况以及对劳动力要求的不同，职业课程的差异性相当大。甚至同在一地的普通高中之间，由于各校的师资力量水平不一、条件不一，职业课程的开设情况相差也较大。但一般来说，普通高中所能开设的职业课程有工业课程、农业课程、商业课程和其他课程，具体包括工艺、木工、金工、技术制图、农业原理、农业机械、商业管理技能、办公技术、家政消费等。而且，随着学业年级的上升，职业教育课程的比例一般也增加，相对地，普通教育课程比例下降。[①] 1986 年，苏联在 7～11 年级的选修课程中，开设了打字、会计、制图、缝纫、烹调、汽车修理等职业课程。日本普通高中一直就设有的职业技术类课程，90 年代以来，其普通高中的职业课程有家政（家庭管理、住宅）、工业（电气技术、电力技术、电子技术、电力应用）、商业（簿记、会计、商业经济、经营、信息、情报管理）；还新增了一些新科目，如"家政"增加了家庭情报处理、家庭看护、消费经济等；"农业"增加了农业情报处理、课题研究、食品流通、农业会计、生物工种基础、食品加工、生活园艺等；"工业"增加了情报技术基础、课题研究、电子机械、电子机械应用、电子基础等；"水产"增加了水产经济、水产情报处理、水产情报技术、课题研究、水产食品流通等。[②] 美国综合高中在 20 世纪80 年代开设的职业类课程就大致有商业会计、商业法规、打字、食物与营养、服装设计、织物、室内装饰、建筑制图、动力机械、金工（包括基本焊接技术、热处理、铸造）、木工、通信技术、维修保养、电机制图、电子装配、园林艺术、花卉设计等。20 世纪 90 年代以来，其职业类课程内容主要为空调、电热器和电冰箱维修；自动设备与保护；计算机保养技术；工业电子；自动机械；经济技术；产业技术；通信技术；贸易往来的建立；金融技术；商业资料分析；整容/美发；烹饪；婴幼护理；石工；医药助理；木工业等。[③] 这点，在前面阐述考察美国高中技术教育发展时曾经提到过。"一组来自国际教育统计中心的最新数据显示，几乎每一位中学生（92.8%）都至少选择了一门生计与技术教育课程。此外，43% 的青年人在中学期间选择了 2～3 门就业准备课程，且其中有

① 王斌华，马小文.1996.中学普通教育与职业教育一体化的综合研究报告.外国教育资料，(5)：46～52

② 黄海旺，李去阁.1990.面向 21 世纪的日本高中课程改革.课程·教材·教法，(5)：44，45，3

③ 陈玉琨，钟海青，江文彬.1998.90 年代的美国基础教育.桂林：广西师范大学出版社，139，140

过半数的学生选择了 2～3 门系列（或组合）课程（如市场学Ⅰ、Ⅱ、Ⅲ），并以之作为他们的就业目标。"[①] 不仅如此，为了提高学生的职业技能和技术素养，不少高中还设立了包括通信技术、运输技术、制造技术、建筑技术和计算机技术在内的技术教育体系。

显然，普通高中开设的所谓职业课程，大量甚至主要属于技术课程。这表明，"普职渗透"从实践层面实质性地推动了技术课程进入普通高中。

———————————

① Stone Ⅲ J. 2004. 美国职业技术教育仍处在改革时期 . 侯波译 . 世界教育信息，(12)：45，46

第五章　技术课程的构建

技术课程的构建是普通高中技术教育的重头戏。技术教育要让高中生形成什么样的技术素养，主要依赖于技术课程的保证。构建技术课程最首要的问题是普通高中技术教育的目标研究。因为，教育目标决定着技术课程设计的主导理念。在正确的目标理念指导下所构建的技术课程，会通过一定的形式或维度表达出来。

本章将着力探讨技术教育发展的重大转向，即从强调技能训练转向问题解决能力的培养。围绕这一转向，技术教育课程体系也会产生相应的调整。

第一节　技术教育的目标

目标，是人们行动的方向。技术教育目标是技术课程设计的指南。

一、技术教育的目标领域

（一）目标调整的简要回顾

20 世纪初，手工艺教育的目标是限制在一定范围内的，并不像今天的技术教育目标一样呈现出多样的表述。对于这一点，沃纳（Warner）1928 年通过细致研究有关专著、课程方案、期刊、政府公告和全美教育协会（NAE）的年度报告，发现早期的手工艺教育的目标明显受"手工训练"（manual training）理念的影响，重视肢体运动控制与协调能力的发展。目标主要集中在生计与职业（career and vocation）、批判性用户至上主义（critical consumerism）和技能发展（skill development）三个方面，特别强调将学科内容当作职前学习的技术教育目的。[①]

到 20 世纪四五十年代时，虽然肢体运动控制与协调的目标仍然还是工艺教育的目标之一，但已经不是主要的目标了。在这一时期，工艺教育的主要目标为心智过程（intellectual processes）、学科整合（integration of disciplines）、生计探索与职业、批判性用户至上主义和技能的发展。[②] 显然，其目标体系中增加了心智过程和学科整合。同时，生计探索与职业、批判性用户至上主义和技能发展依然保持为工艺教育的主要目标。到了 60 年代，除了前面所述的目标外，工艺教育的目标开始更多地关注"工业与技术"。其目标体系主要体现为工业与技术、心智过程、生计探索与职业、批判性用户至上主义与技能的发展。[③]

手工艺教育、工艺教育与技术教育可以看做是技术教育发展的不同阶段，前两者可以看做是技术教育的早期阶段或初级阶段。工艺教育发展到 20 世纪 60 年代时，开始酝酿向当代技术教育转向，并于 80 年代正式出现了"技术教育"一词，标志着工艺教育全面转型为技术教育。

20 世纪 80 年代以来，技术教育的目标主要强调五个方面[④]：工业与技术（industrial and technology），评鉴工业与技术的进化过程；批判性用户至上主义，树立正确的价值观以评价工业与技术的影响和它怎样改变了我们的环境；技能发展，培养学生具有正确地使用工业和技术系统中各种工具、技术（techniques）和资源的知识与能力；心智过程，培养学生运用技术手段创造性地设计有关目前和未来所遇到的问题解决方案的能力；生计探索和职前教育（career exploration and pre-vocation），向学生提供有关多种行业领域的探索性经验，从中发现学生的职业倾向，为学生未来进入某一行业并规划好职业生涯打下基础。

（二）7 个目标领域

事物的发展总是螺旋式上升的，后一时期不可能割断与前一时期的联系，不可能不受到前一时期的影响，技术教育也是一样。就像工艺教育目标受手工

---

　　① Warner W E. 1928. Policies in Industrial Arts Education. Columbus，OH：The Ohio State University Press. 35～68

　　② Newkirk L V，Johnson W H. 1948. The Industrial Arts Program. New York：Macmillan. 99～146

　　③ Wilber G O, Pendered N C. 1967. Industrial arts in general education. Man，Society，and Technology，35（7）：207～209

　　④ Zuga K F. 1989. Relating technology education goal to curriculum planning. Journal of Technology Education，1（1）：32～53

训练理论的影响一样，当代技术教育的目标也受到工艺教育目标的影响，并且在技术教育的实践中还包含着工艺教育时代所强调的那些目标。甚至，在"技术教育"的概念得到广泛地确认以前，还曾使用过"新工艺教育"来表达工艺教育的发展变化。如果将工艺教育时期和技术教育时期所强调的目标综合起来，则可以看到，技术教育的目标领域可以列为以下七个方面：

（1）肢体发展（physical development）。在技术教育发展的大部分历史时期，肢体发展都是技术教育的目标之一。它是指通过使用工具的教学来促进学生肢体的运动控制与协调能力的发展。但这一目标与熟练使用工具的技能并不是同一个意义。

（2）生计探索和职业（career exploration and vocation）。这一目标是指通过提供具有职业目的性的、涉及许多行业领域的探索性活动，为学生进入某一职业或者接受进一步的职业教育做好准备。围绕这一目标可向学生提供探索性商业和工业等课程，以使学生经历有助于理解和探索现代工业文明的经验，探寻、发现或尝试其兴趣与职业性向，为确定职业兴趣或未来职业领域作基本的准备。

（3）技能发展（skill development）。这是指通过专业的教学，培养学生能像工人那样，使用各种工具、材料、机器和方法（processes）；培养学生理解和设计工作图纸、图表和曲线的能力；培养学生安全高效地从事工作实践、维护常见工业产品的能力，如安全有效地使用家用电器、设备等。

（4）心智过程（intellectual processes）。这是指除了要培养学生合作共事、有效交流和在工作中能起领导作用的能力外，还发展学生的计划能力、完成项目能力和社会关系能力，尤其是要培养与工业问题有关的批判性思维能力与问题解决能力。

（5）批判性用户至上主义（critical consumerism）。这是指要使学生具有选择、购买和使用工业产品的消费知识，成为一个更加聪明的工业产品选择者、使用者、消费者，使他们能鉴赏工业产品的质量与设计水平，能理解和体会技术与社会生活的关系，成为具有技术素养的公民。

（6）工业与技术（industrial and technology）。这是指将工业与技术视为一个学习科目，了解工业发展的历史演化，探索工业发展与国家文明之间的关系。

（7）学科整合（integration of the disciplines）。这是指在技术教育过程中，给学生揭示技术教育与其他学科和研究领域的关系，研究技术与数学、科学、语言艺术和社会科学的关系。

尽管就每一个目标领域来说，其在技术教育的发展史上出现的时间、受到重视的程度并不相同，但它们组合在一起，就共同构成了当今技术教育的目标领域。当然，不同的教育阶段、不同情况下的技术教育，它所强调的侧重点可能会有所不同。但只要是技术教育，就必须要研究和考虑上面的七个目标领域。

二、国际技术教育目标的共同要素

技术教育在发展过程中，其目标一直在调整。到20世纪80年代，工艺教育基本完成了向当代技术教育的转向。20世纪90年代以来，技术教育目标的变化尤其明显，并成为技术教育转型的标志之一。这可以从一些国家开展的技术教育计划的目标陈述中窥见一斑。

(一) 英国 (北爱尔兰)

1989年，北爱尔兰实施教育改革，在基础教育课程改革方案中，设立了"科学与技术"领域。该领域包括如下科目：生物、化学、物理、技术与设计、家庭经济。其中，"技术与设计"课程的基本目标是让所有学生在处理实际生活问题时能够有信心和敢于负责、努力寻找问题解决方案、在生活中表现卓越、具有社会意识。具体来说，就是要[①]：①培养学生具有技术素养；②培养学生就技术与设计对世界产生的影响具有清醒的意识；③培养学生具有宽阔的智慧视野和全面的动手操作技能；④促进学生的逻辑思维和系统思维水平；⑤培养学生能理解并操作技术设备，为学生提供就业锻炼的机会；⑥培养学生识别、思考和解决实际问题的能力；⑦促进学生人际交往技能的发展。

(二) 加拿大 (不列颠哥伦比亚省、新布仑瑞克省)

加拿大不列颠哥伦比亚省 (British Columbia) 教育部和多元文化与人权部1992年联合提出了一份文件，该文件建议将原来的"工业教育"改名为"技术教育"，内容包括动手能力、智力发展和社交能力的培养。文件指出，技术教育的目的是让学生在解决技术问题时能够充满信心、能够负起责任、能够生产高质量的产品、具有社会意识并在终身学习的过程中保持创造性，使学生成为符合未来职业要求的具有技术素养的公民。[②] 而要培养出这样的公民，就不可能离

---

① King C . 1994. Providing advice and support for the technology curriculum. The Technology Teacher：53 (5)：23~26

② British Columbia Ministry of Education and Ministry Responsible for Multiculturalism and Human Rights. 1992. Primary through graduation curriculum assesment framework practical arts strand：technology Education. Victoria，BC：Curriculum Development Branch，Ministry of Education and Ministry Responsible for Multiculturalism and Human Rights

开设计、做模型、测试、评估和建造等这些必须动手（hands-on）的探索性活动。

几乎在同一时期，加拿大新布仑瑞克省面向中学开设的技术教育，则致力于"为所有学生提供一些关于技术在家庭、商业和工业中的实用经验"[①]。根据新布仑瑞克省教育部 1991 年发布的《新布仑瑞克省初级中学技术课程指导》，技术教育作为一个整合性的计划，包括了家政经济、商业和工艺等内容。其目标如下：①创造一种基于行动的探索性计划，以培养学生在工业、商业和家庭生活中的技术意识；②使学生正确理解个人在家庭以及家庭在社会中的作用；③使学生正确理解个人在工作场所中的作用；④培养学生在处理家庭和工作场所遇到的问题时的清晰而富有创造性的思维能力；⑤让学生将语言、数学、科学和艺术中的概念迁移到需要运用技术工具的工程项目中，以提高他们的交流与沟通能力；⑥让学生参与小组协作活动，共同找出一个能安全有效地处理问题的方案，发展学生个人能力和社交技能；⑦激发学生负责任地使用技术和改善工作世界与闲暇世界的生活质量的愿望；⑧促进学生理解和重视技术素养；⑨激励学生使用技术来提高生活质量。

显然，加拿大的这两个技术教育计划，早已经超出了工艺教育的目标，并将技术素养的培养作为技术教育的最终目的，这是技术教育目标在 20 世纪末所发生的又一变化。尽管第二个案例是面向初中生的技术教育，但它对确立普通高中的技术教育目标显然具有启发作用。无独有偶，技术教育目标的新发展在美国的技术教育文件中也有同样的展示。

（三）美国（新泽西州、康涅狄格州）

1995 年，美国新泽西州教育部推出了《新泽西州课程方案》，方案提出技术教育既要促进学生智力的发展，也要培养学生实际做事的能力，以促使学生在当今技术社会中成为一个有技术素养的人。方案提出新泽西州技术教育的一般目标集中于如下三个方面[②]：①理解技术知识；②认识与理解技术与社会的关系；③发展技术能力。

1998 年，美国康涅狄格州教育部出台的《技术教育课程框架》文件提出，技术教育的目标是"到 12 年级时，学生能够理解技术的本质、动力、影响和后

---

① New Runswick Department of Education. 1991. New Brunswick Junior High School Technology: Curriculum Guide. Frederication, NB: New Brunswick -Department of Education, Program Development and Implementation Branch. 72

② Jones A. 1998. The development of technology education in New Zealand. The Technology Teacher, 58（3）: 13~18

果，能设计和开发产品、系统和环境以解决问题"。其具体表述如下[1]：①能评价现有技术和新技术随着时间的变化对人与环境所产生的影响；②能认识技术的范围，评价技术在过去、现在和将来对社会、文化和环境所产生的后果；③培养和使用能适应新技术的策略，并调整科学、技术与社会的关系；④通过应用研究、设计、生产、操作和技术系统（信息系统、物理系统、生物系统）分析，来培养认知和动作相协调的问题解决技能；⑤能安全有效地使用技术资源、技术过程、技术概念和技术工具；⑥运用技术设计与技术的概念，创造性地解决问题；⑦理解技术对消费者和职业选择的影响。

（四）澳大利亚（维多利亚州）

澳大利亚现行的技术教育课程标准提出，技术教育要使学生在以下几个方面得到发展[2]：①系统地、创造性地提出技术解决方案；②使用多种设备和资源所必备的知识与技能；③理解安全地使用材料与操作设备的原则；④研究和评价技术运用的显在及潜在结果的能力；⑤使用技术的自信与自足；⑥发展在真实情景中解决问题的能力。

（五）国际技术教育目标的共同要素

上述这些国家技术教育目标的具体陈述，尽管各不相同，但透过其不同的陈述，还是能够探寻到技术教育的一些共同的追求，它们代表了国际上技术教育目标的共同要素，它们大致是：①技术素养（使用、控制、理解技术的能力）；②问题解决技能；③理解科学与技术在社会中的作用；④培养技术安全意识，维护技术与环境、道德、伦理和社会正义之间的平衡；⑤培养如何做事的能力及其相应的技能与价值观；⑥对技术具有批判性态度；⑦能应用技术；⑧能从人类学的观点做出计划和技术方案；⑨学生能变得更加善于革新、具有社会责任感，更有技能、适应性和进取心。

技术教育目标随着时代而变化，反映了人们对更加自由的教育理想的追求。

三、技术教育的目标转向

从早期手工训练时期强调肢体运动控制与协调能力以及技能的发展，到今天的基于科学背景的技术教育，期间所强调的目标一直在随着社会的发展而变

---

① Connecticut State Department of Education，Division of Teaching and Leaning . 1998. Technology Education Curriculum Framework

② 澳大利亚维多利亚州 . 2005. 澳大利亚课程标准 . 从立新，章燕编译 . 北京：人民教育出版社，335，336

化。特别是工业的发展，曾在一定程度上左右了技术教育的改革与走向。

（一）理论转向与实践滞后

20 世纪 80 年代的技术教育目标，更多地强调现代工业与技术。"目前，许多技术教育计划的目标都特别强调工业、技术与社会之间的关系。包括美国技术基金会（American Technical Foundation）所提出的教育目标也强调这一点。"①在这一时期，"工业与技术"目标领域受到格外青睐，甚至有些技术教育项目，干脆就称之为"工业教育"。而向学生进行有关技术活动的心智过程的教育、学习技术发展史、理解技术与社会的关系、提高问题解决能力，则是当代技术教育的侧重点，这些方面也都是 21 世纪公民所必须具备的基本素质。很明显，较之于工艺教育，技术教育目标所强调的重点发生了转移。

不过，尽管从理论上，技术教育目标已经发生了不同于工艺教育的重大转折。但在实践中，这种转折在 20 世纪 80 年代初并没有真正地实现。有两位学者曾在 80 年代初就技术教育的目标问题在教师中作过一次调查。数据显示，"使用工具和机器的技能"和"技术知识与技能"仍然被列为最重要的技术教育的目标。②在我国，大多数人直到今天依然将使用工具的技能视为技术教育的最主要目标甚至是唯一的目标。他们不清楚技术教育的当代转向，看不到技术与数学、科学、语言、社会科学之间的联系，也没有意识到技术教育对其他学科的促进作用。本书研究者曾在考察中与一些老师交谈，他们表示以前对于技术的本质、技术教育与其他科目的关系、技术教育的跨学科本质并不太清楚。只是将技术教育与工具、设备的操作建立联系。

（二）20 世纪 90 年代以来技术教育目标的真正转向

20 世纪 90 年代以来，技术教育的目标已经彻底超越了传统的技能发展目标，转而强调以批判性思维能力为基础的问题解决能力，强调对技术资源的综合利用与开发能力，强调技术教育要研究技术与社会的关系、理解工业和技术、研究技术领域的跨学科本质和对一般问题解决能力的追求，致力于培养学生成为一个聪明的消费者和问题解决者。

1999 年，美国学者桑德斯（M. Sanders）组织了一次涉及 740 所高级中学

① Zuga K F . 1989. Relating technology education goal to curriculum planning. Journal of Technology Education，1（1）：32～53

② Bame E A，Miller C D. 1980. Philosophical views. Journal of Industrial Teacher Education，18（1）：14～21

和 728 所中间学校（middle school）、共计 1468 位中学技术教育教师的大规模调查，以图了解美国中等教育实施技术教育的现状，并与此前相关研究进行比较。就技术教育的目标，按其重要性程度排序，调查结论清楚无误地表明，当代技术教育的目标已经发生了不同于传统工艺教育目标的根本转变，即从强调"工具技能"转向追求"问题解决能力"（表 5.1）。

表 5.1　不同时期技术教育的目标比较

技术教育目标	1999 年排序	1979 年排序	1963 年排序
培养问题解决技能	1	5	5
运用技术（知识、资源、过程）解决问题以满足人们的需要与愿望	2		
做出明智的教育与职业选择	3	7	
理解科学与数学的应用	4	12	10
理解技术的本质与特点	5	11	
提供技术知识和技术技能	6	2	4
识别与技术相关的并能用技术来解决的问题与机会	7		
发现与培养创造性才能	8	3	2
探寻、选择和使用资源以创造新技术	9		
提供职前经验	10	9	6
培养使用工具和机器的技能	11	1	1
培养消费者知识与评价能力	12	8	9
评价技术活动的积极与消极结果	13		
理解技术文化	14	6	7
培养有质量的享受闲暇的兴趣和能力	15	4	3
提供职业训练	16	10	8

　　资料来源：Sanders M. 2001. New paradigm or old wine? The status of technology education practice in the United States. Journal of Technology Education，12（2）：35～55

　　表 5.1 展示了技术教育的目标比较，可以发现一个非常明显的转变，即技术教育的目标从强调使用工具的技能（这是传统工艺教育时期最为看重的目标）转变为强调问题解决能力（这是当代技术教育最为看重的目标）。具体来说，"使用工具和机器的技能"在此前的两次研究中，都是位列目标项之首，而在 1999 年的调查中，却降为第 11 位；"提供技术知识和技术性技能"从 1979 年的第 2 位下降为 1999 年的第 6 位，而与此同时，"培养问题解决技能"则从此前的第 5 位升为 1999 年的第 1 位。"运用技术（知识、资源、过程）解决问题，满足人们的需要与愿望"这一目标甚至在此前没有出现，但在 1999 年的研究中，它不仅已经出现，而且其重要性被列至第 2 的高位。"理解科学与数学的应用"这一目标，在 1963 年和 1979 年的研究中，均位列最末，而在 1999 年的研究中，则升至第 4 位。"培养高质量地享受闲暇时光的兴趣和能力"在 1963 年和 1979

年的研究中分别位列第 3 和第 4，但在 1999 年的研究中则降至第 15 位。还可发现，尽管专家十分重视"评价技术活动的积极与消极结果"，但从 1999 年被列至第 13 位来看，这表明技术教育的实践工作者并不像专家那样看重这一目标。"提供职业训练"作为一项目标，在 1963 年、1979 年的研究中都位列偏后，1999 年的研究被列至最末。这体现了从技术教育教师的角度来看，提供职业训练仅是技术教育的一项很次要的目标。

四、普通高中技术教育的目标设计

我国现存最早的技术教科书《初等小学手工教授书》的总论开宗明义："手工为普通教育中之一课。"手工教育"但谋视觉触觉之发达而养成普通之技能。盖欲达普通教育之指归而以是为一借径，不问其将来执何业也"，并提出手工教育的主要目的："专在磨炼目力及指力，期能制作简易之物品，精确无误授以工具之造法、用法及材料之品类、性质等，俾略得日用普通之知识、又以其得自图画、理科、数学等者，应用之于实地。"① 当然，这本 1907 年印发的《初等小学手工教授书》与当代意义的技术教育有相当的差距。但透过其相关的论述，也能对现代意义的普通高中技术教育的目标有所启迪：技术教育是实现普通教育目的的途径之一，它与直接指向具体职业的职业教育并不相同；技术教育指向实用，它不仅要培养学生的操作能力，还要传授有关工具使用、材料性质等方面的知识；技术与其他学科知识特别是科学知识有着密切的联系。

技术教育是一个独特的知识领域，它可以发生在普通教育系统，更是职业教育系统中的常见内容。普通高中的技术教育首先不同于小学和初中阶段的技术教育。小学阶段的技术教育就是给小学生提供直接操作物质材料的活动机会，学生从中获取的手工操作经验可以扩展他们的学习空间，还可以给学生利用多种多样的物质材料表达自己的创意提供机会。小学阶段技术教育最主要的目标就是发展小学生的技术意识。而初中阶段的技术教育重点是让学生初步理解技术与设计、问题解决过程、技术的系统方法和初步的技术应用能力。在受教育年限普遍延长的今天，初中阶段一般可以不去考虑技术教育的职业意义，但也不必刻意回避这一点。特别是对于那些高中教育还远没有普及的落后地区，适度赋予技术教育以一定的职业教育功能，还有重要的积极意义。

（一）独特定位

普通高中技术教育的目标确立，主要根据高中学生的身心发展特点和普通

---

① 张建成，陈溪光.2005-11-05.义乌发现最早小学劳技教科书.文汇报，第 4 版

高中教育的性质、任务与培养目标而定，要抓住"普通性质"、"高中阶段"、"技术教育"三个关键词。普通高中技术教育是实现普通高中培养目标的独特途径，它毕竟不是职业教育，因而不能将其基本目标定位于职业能力培养。普通高中作为基础教育的最高阶段和终结阶段，它的功能是复杂的、多重的。显然，若能够同时照顾到前面所述的肢体发展、心智过程、学科整合、技能发展、工业与技术、生计探索和职业、批判性用户至上主义等目标领域，那当然是最理想不过的了，但这又是不太可能的，至少不可能同时同等地得到实现。既然如此，就只有先确定普通高中技术教育最基本的目标是什么。然后，在实现这个最基本目标的过程中，要尽可能地兼顾其他方面的目标领域。这是技术教育目标实践的最佳选择，也是客观选择。

那么，它最基本的目标应该定位在哪一个目标领域呢？普通高中最根本的任务就是为学生的终身发展打下坚实的基础，而基础教育课程与教学的核心在于培养学生的心智思维能力。照此推理，不难认同，"心智过程"是实现所有其他目标的最根本的基础，也是学习其他学科的根本基础。一句话，是学生终身发展的最重要的基础。美国加利福尼亚州教育部 1992 年制定的相关文件显示，向中学生提供的技术课程经验，不仅要促进学生的动手（hands-on）能力和心理运动技能（psychomotor skills）的发展，更要促进学生认知水平的提高。当然，其他几个方面，也都是普通高中技术教育所要重点关照的目标领域，但也应该有个重要性排序，依次应为学科整合、技能发展、工业与技术、生计探索和职业、批判性用户至上主义。肢体发展就不应再是普通高中技术教育的主要目标，高中生所需要的肢体运动控制与协调能力可以主要地通过体育活动来培养。根据前面关于目标转向的研究，普通高中技术教育不应再片面强调技能训练，也不是其他学科知识的简单应用，因而，其目标只能定位于培养以心智发展为核心的技术素养。

（二）目标体系的开放性

普通高中技术教育不是一个单一的学科教育，而是一种富有综合性、实践性、创造性和体验性的教育活动。高中技术教育不仅要让学生理解技术系统的过程与方法，发展其心智思维能力，而且要扩展他们的学习视野。技术教育的某些活动可以在技术的跨学科本质的理念下，向学生揭示技术与学校其他科目的关系。技术教育要培养学生对技术与其他学科的关系具有更加敏锐的感受力。特别要理解技术与那些能直接应用于技术活动的学科（如物理、数学）的关系。其他学科如语文（语言）、社会、地理、艺术、音乐和体育，也都与技术有着一定的联系。由此，使学生形成一个更加广泛、更加丰厚的知识基础。而原有的学科界线也将变得模糊，呈现为一个更加完整的知识图景。

　　尽管普通高中的技术教育不是职业教育，但这并不排除它也可以具有一定的职业教育功能。罗伯特和克拉克认为，技术教育的作用必须"包括成功的职业教育成分"，并且"要不断地努力追求卓越，将学生培养成富有生产能力的雇员"。[①]因此，我们没有必要在普通教育和职业教育之间人为地建立"隔离墙"，以至"谈职色变"。其实，任何技术，甚至任何知识，都具有职业意义与价值。从其知识内容的联系看，技术教育中的通信技术[②]与职业教育中的电子技术、技术教育中的制造技术与职业教育中的加工技术、技术教育中的运输技术与职业教育中的汽车机械技术等之间的联系都是十分紧密的。可见，技术教育与职业教育相当的"亲热"。况且，普通高中毕业生中会有大批学生直接就业，高中技术教育发挥一定的职业教育功能，具有比初中阶段更大的意义。

　　技术教育与职业教育乃至商业教育之间的联系，从美国各州的技术课程指南中也可以看出。1986 年弗吉尼亚州教育部指出，技术教育的目标是让学生为中等职业与技术教育作好准备，让学习技术的学生具有可迁移的技能。爱达荷州职业教育部门 1987 年认为技术教育能帮助学生了解职业信息和做出有意义的职业选择，并为接受职业教育作好准备。1992 年，新罕布什尔州教育部提出"技术教育将帮助学生接受进一步的职业教育"。1994 年，佛罗里达州教育部认为技术教育是州职业教育的一部分，其作用是提供中等教育水平的"探索性课程、实用技术课程和工作预备课程"。这些陈述体现了技术教育的目的之一是让学生为接受中等水平的高级职业教育作好准备。由此，具有基本的职业素养和就业能力，也应该是普通高中目标领域之一。

　　普通高中的技术教育作为一个开放的领域，涉及许多方面的意义，对其目标的表述也多种多样。然而，一个共同的认识是"高中技术教育的终极目标是让每一个高中毕业生成为具有技术素养的人"[③]，使他们无论是作为一个家庭成员、公民、工作者、消费者，还是作为一个终身学习者，都能高效地工作、聪明地消费、参与技术决策、提高生活品味质量。而技术素养的核心就在于批判性思维能力和问题解决技能。为此，就要求高中生能设计问题解决的方案以扩展自身的能力，能利用技术资源分析技术系统的性能，能发展个人的兴趣和具

---

　　① 　Roberts P，Clark D. 1994. Integrating technology education and tech prep. The Technology Teacher, 53（6）：43，44

　　② 　相应的英文是 communication，基本词义为"传达，信息，交通，通信"，我国学者有的译为"通信"，有的译为"交流"，本书研究者倾向于译为"通信"

　　③ 　International Technology Education Association. 1996. Technology for all American-a rationale and structure for the study of technology. 40

有从事技术职业的能力，能评价技术对个人、社会和环境的影响等。

总之，普通高中技术教育的目标不是单一的，而是一个体系，一个开放的体系。

（三）目标陈述

由于高中生的兴趣和潜在的发展倾向正在扩展，因而，相比初中生，高中生对技术教育的需求更加多样，要准确地描述普通高中技术教育目标是非常困难的。本书围绕技术素养的培养，综合前面研究，将普通高中技术教育的目标表述为使高中生：

(1) 能使用、理解、管理和评价技术，成为具有技术素养的人；

(2) 能创造性地思考、设计问题解决方案并做出决策；

(3) 能合理地配置和利用技术资源使之发挥最佳效能；

(4) 理解技术与科学和数学的联系，促进其他学科知识的理解；

(5) 了解基本的技术过程和技术方法，能运用系统方法思考技术问题；

(6) 能利用技术手段展示、表达和物化自己的创意；

(7) 能在家庭、工作中熟练使用常见的工具、设备；

(8) 能运用技术绘图来表现和传递自己的构思，交流技术思考；

(9) 具有与个人健康与安全相关的基本知识、良好习惯与态度；

(10) 具有与技术相关的职业能力，能做好初步的生涯规划；

(11) 理解技术的本质，评价技术对环境和社会的影响；

(12) 能与他人有效沟通、合作共事。

第二节　技术课程设计的模式选择

一种课程设计模式，代表了一种课程设计思维，代表了一个课程设计的视角，也代表了一种课程设计的价值导向。

一、五种技术课程设计模式

"课程设计是指拟定一门课程的组织形式和组织结构。它决定于两种不同层次的课程编制的决策。广义的层次包括基本的价值选择，具体的层次包括技术上的安排和课程要素的实施。"①课程设计受教育观和课程观的影响，技术教育

---

① 江山野.1991.简明国际教育百科全书·课程.北京：教育科学出版社，1

的课程设计则要受一般课程设计理念和模式的影响。就一般课程设计，不同学者从不同的立场和视角，提出了许多不同的课程设计模式。如艾森纳（Eisner）和万兰（Vallance）于 1974 年提出学科理性主义（academic rationalism）、认知过程发展（development of cognitive processes）、作为技术的课程（curriculum as technology）、自我实现（self-actualization）、社会适应重建（social reconstruction-relevance）等五种课程设计；1977 年麦肯尔（McNeil）提出了四种课程设计模式：人文课程、社会重构课程、技术性课程和学术性学科课程；1979 年，艾森纳（Eisner）又进一步提出了五种课程设计的目标导向：学科理性主义、适于个人需要、社会适应与社会重构、作为技术的课程和认知过程发展。① 乔易斯（Joyce）1980 年提出了四种课程设计模式：社会互动课程、信息/加工课程、个人化课程、行为调整与控制。② 威尔斯（Wiles）和邦迪（Bondi）1984 年将课程设计模式分为六类：保守的文科课程、教育技术课程、职业课程、人文课程、社会重构课程和非学校化课程。③ 1988 年，奥斯坦（Ornstein）和哈钦斯（Hunkins）将共计 11 种模式划分为三个大类：以科目为中心的课程设计（科目式课程、学科化课程、广域课程、相互关联课程）、以学习者为中心的课程设计（经验中心课程、浪漫的即激进的课程、儿童中心课程和人文课程）、以问题为中心的课程设计（生活情境课程、社会问题课程、重建主义课程）。④

这些种类繁多的课程设计完全有可能让人感觉无所适从。所以，有必要将其调理归类。若仔细考察上面这些名称不同的课程设计，可见，尽管课程设计名称不尽相同，但其中有许多是相似、相重或相同的。绝大多数课程模式的分类视角不外乎是学科体系、技能、心智、社会和个人等五个方面。这样，技术课程设计就可以重新划分为学科理性主义课程模式、技能倾向课程模式、心智过程课程模式、社会性课程模式和个人化课程模式。

同样，技术教育的课程设计也不外乎这五种模式。当然，技术课程设计需要加入技术元素。每一种课程设计模式其实都是设计技术课程的视角，其中体现了设计者对于技术教育目标领域的侧重偏倚。

---

①　Erekson T. 1992. Technology education from the. academic rationalist theoretical perspective. Journal of Technology Education，3（2）：6～14

②　Joyce B R. 1980. Learning how to learn. Theory and Practice，19（1）：15～27

③　Wiles J，Bondi J C. 1984. Curriculum Development：A Guide to Practice. Columbus，OH：Bell and Howell

④　Ornstein A C，Hunkins F P. 1988. Curriculum：Foundations Principles，and Issues. Englewood Cliffs，NJ：Prentice Hall

（一）学科理性主义课程设计模式

学科理性主义课程设计模式强调技术作为一门学科的内容知识体系，强调知识体系的组织与安排要按照逻辑规则进行，这就使技术课程很类似于学校所开设的其他学科课程。精心选择与编排内容是课程设计活动的中心，并且以学科的形式传递人类的技术文化遗产。在美国20世纪80年代的"恢复基础"运动中，这种课程设计模式曾重新占据上风，成为那场改革运动的意识形态。

在技术教育领域，早就有学者主张将技术课程进行学科化设计。1964年德沃（DeVore）就提出将技术作为一门学科进行设计。[①]学科理性主义的技术课程设计模式完全不同于技能倾向的课程模式，后者按表现或行为目标来安排课程。学科模式是将技术的学科概念或科目内容按一种体系化的方式进行分类编排，技术教育的学科概念是出于生成学科结构的目的而得以确认，从而绕过了传统的以技能为中心的设计桎梏。

（二）技能倾向课程设计

技能倾向课程设计模式基于表现或任务分析，通过工作或任务分析识别出需要的行为序列是课程建构的主要手段。这种课程模式是效率导向的，它要求课程要提供最高效的手段来传递已经确定的行为目标。构成课程的要素不是学科模式中的技术分类学意义上的内容，而是基于任务分析的行为序列结果。这种课程模式是高度结构化的，不论它是源自于任务的分析还是来自于系统（输入、加工、输出）的分析，结果所构建的课程都是聚焦于行为表现的课程计划。

技能倾向课程模式深受流行于20世纪50年代的行为主义心理学的影响，这种影响促进了教学机器和计算机之类的设备与程序化课堂教学的结合。结果常常是无论上什么课，也无论是谁上课，上课的过程都是高度结构化的，都是类似的。由于职业教育的主要目标就是培养学生掌握具体工作的技能，因而，技能倾向课程模式一直流行于职业教育中。职业课程通过任务分析来建立，职业和任务所需要的行为技能被精确描述。教师则根据行为目标要求，通过高度结构化的教学程序给学生安排学习进度序列，组织课程与教学。商业和工业教育是技能倾向课程设计的常见领域。因为20世纪中叶前后正是传统工艺教育重视技能的时期，所以，技能模式也是工艺教育的主要模式。

（三）心智过程导向课程模式

在20世纪很长的时间里，特别是在传统工艺教育时期，心智过程课程模式

---

① DeVore P W. 1964. Technology as an intellectual discipline. Bulletin No. 5. Washington，DC：American Industrial Arts Association

是最不经常被提到的一种模式。这种模式将培养学生的认知过程如批判性思维和问题解决能力视为课程焦点，而不再将课程视为一种结构化的学科或任务序列。这种课程设计的目标就是要提高学习的质量与效率，并将问题解决能力迁移到所有的课程领域和人们的生活中。

心智过程模式的核心，首先就在于它强调问题解决的心智过程，其次它重视学习的情境与内容。不过，要想非常清楚地描述心智过程模式的具体课程样例却是非常困难的，实践中的最好例证是思维技能课。在技术教育中，心智过程课程的经典案例活动就是"设计"。在设计活动中，教师提出一个问题解决模型作为科目内容的基础，组织相应的技术教育活动，并从中传授批判性思维和问题解决的能力。

关于认知机制和元认知机制的心理学研究成果，已经越来越清楚地证明认知过程对于学习质量和效率具有关键作用。这使得强调心智过程的技术课程模式日益受到重视。

（四）社会课程模式

社会课程模式强调将知识应用于现实或真实的情境。但这种课程模式也存在着不同的假设甚至是相互排斥的假设。简单来说，有两种截然相反的课程分支。一种课程分支认为，未来社会取决于我们对当代人进行教育的结果，是可以被改变的，因而，课程设计致力于社会重构。这种主张导致了课程计划致力于向学生提供参加社会活动的机会，而这些社会活动是为了改变社会环境而提出的。另一种课程分支则认为，学生是社会的原材料，因而，课程设计应该致力于培养他们的社会适应力，必须按现存的社会价值与规范来塑造学生。

社会重构课程模式在20世纪初到50年代曾经较有影响，在此一时期的杜威（Dewey）等人的著作中就可发现其踪影。而社会适应课程模式甚至可以在博比特（Bobbitt）早期的课程著作中找到。在技术教育中，当学生要考察"能量"在家庭或教学楼中的使用情况，并试图提高"能量"的使用效率时，为此目的所构建的课程活动就可体现社会重构思想的影响。职业教育课程经常是要为一定职业而培养学生，故必然要涉及社会适应的问题。而一旦职业教育的目标是培养学生从事某一职业角色时，社会适应课程模式其实就可以作为技能课程的一部分而融入其中。

（五）个人化课程模式

个人化课程模式就是以学习者为中心的课程模式。它按照学习者的需要和兴趣来安排课程，教师只是一个课程诊断者和提供便利者。在这个意义上，个人化课程实际上是由学生建立的。教师的作用是帮助学生确认自己的兴趣，指导他们寻找合适的技术资源，并将技术学习与其他知识联系起来。

个人化课程模式契合了课程作为个体经历和个人经验的本质，也契合了由于传统学校的僵化刻板而产生的改革愿望。个人化课程模式的目标是将课程的选择与控制权，由学科内容专家转交到学生手中；同时，允许学生整合自己所猎取的信息。个人化课程模式与进步主义教育运动所宣扬的某些观点有着相通之处，与开放式学校的理念也息息相关。

二、技术课程设计的实践状态

上述五种技术课程设计在实践中并不是同受重视，而是冷热不均的。20 世纪 90 年代以前，最常用的技术课程模式是技能模式和学科模式。

（一）技能模式最为常用

尽管每一种技术课程设计模式都在实践中有所体现，但长期以来，技能模式受到工艺教育强调技能发展的鼓励与肯定，致使它在技术教育中一直扮演着最重要的角色，成为技术课程的主导模式。人们甚至不怀疑它就是技术课程的标准模式。这种长期形成的观念束缚了思维的创新，使人们忽视了去创立新的替代模式，或重新审视其他模式的价值。

技能倾向课程设计作为技术课程设计的主导性模式，强调技能性内容而轻视过程（process）性内容，技能在课程活动中能获得最多的发展机会。它关注具体的技能训练，将技能的发展作为工艺/技术教育课程要追求的基本结果。究其原因，20 世纪以来，对技术教育做出了较大贡献的是那些早期的工业与职业教育者，这使得的技能模式与职业教育有着较深的渊源。

1. 技能模式的历史渊源

在技术教育发展的过程中，技术教育往往与其他名称的教育类型混合或组合在一起。以美国工业教育协会为例，在 20 世纪上半叶，这个协会不仅包括职业和工业教育者，也包括工艺和技术教育教师，甚至还有工业与军事训练人员、技术教练员等。这就使得工艺或技术教育这样相对特殊的领域，与其他职业教育领域共享着某些观念和组织方式。甚至在一所学校里还要共用教室。

事实上，正是早期的职业教育者创立了最早的技术课程开发模式，这就是职业分析或者任务活动分析开发模式。他们在设计相应的职业课程时，是基于对职业、任务和具体工作的系统分析。早期著名的课程学者博比特就曾经引述过职业教育工作者的工作情景："他们与熟练工人交谈，并观察实际的工作过程。在他们的有关报告里，对每一职业他们都提出：①工人必须熟练使用的工具与机器清单；②工人必须熟悉的、在工作中使用的材料清单；③与具体工作和过程相关的普通知识类别清单；④实际求职就业时所需要的数学运算知识的列表；⑤控制工作流程所需要的科学知识列表；⑥实际工作中所运用的绘图与设计能力；⑦工作场景中所实际需要的工作语言的特点，如商业领域中的语言；⑧为保持工作所需要的身体健康标准所需要的卫生保健知识；⑨所必需的经济学知识。"①显然，由此设计的课程具有明显的技能倾向。与此相应的课程与教学安排也围绕着"工作表现"这种可观察到的目标而逻辑地、线性地展开。今天，这种"任务分析"方法依然是技术课程设计的基本方法之一，其理念与博比特的描述仍然有着密切的关系。

2. 技能模式面临挑战

技能倾向的课程模式遇到了现代技术飞速发展的困扰。主要表现为今天需要的技能，明天可能就发生变化甚至不需要了。相对于传统社会，现代技术更多地依赖科学和智力因素，因而，技能模式理应不合时宜。但有意思的是，技能模式并没有被人们看成是学科理性模式、心智过程模式、社会模式和个人化模式的潜在障碍；相反，依然受到广泛的认可。究其原因，"或许其根本的原因是技术教育领域中的教师和相应的师资培训人员，对技能倾向的课程模式已经形成了一种下意识倾向"②；或许技能模式提供了一套技术课程设计的简单而直接的规则与程序，因而也就简化了相应的教学；或许是由于教师与师资培训人员不具备课程专家那样的寻找其他可能模式的能力与意识。总之，迄今，技能模式仍然是技术教育课程设计的最主要模式之一。

（二）学科化设计渐成趋势

这种模式就是按照由技术分类建立起来的内容体系，使技术成为一门与其他学科门类相类似的学科，并且以学科的方式进行技术教育。自20世纪60年代以来，这样的想法就一直在激励着人们建立一套操作化的学科课程设计模式，近期已渐成一种新趋势。这种趋势标志着技术教育已经从传统工艺教育的基于手工工具的学徒式教学，转向了关于工业与技术的组织化的教学。

但问题在于，技术是不是一门学科还是一个持续争论不休的问题。这当然涉及怎样看待学科的问题。前面的章节曾经论述过，技术不是数学和物理那样具有高度严密逻辑体系的学科。因为技术没有"技术思维"的统一样式，技术应用需要整合来自不同技术分支的、不同种类的、各种性质和各种水平的知识

---

① Bobbitt F. 1918. The Curriculum. New York：Houghton-Mifflin. 47

② Zuga K F. 1987. Trapped in a technocratic ideology. The American Educational Research Association Conference in Washington，DC. ERIC Document Reproduction Service No. ED 282 994

因素。它是基于行动的、是跨学科的。如果坚持称技术为一门学科，那么，至少有理由认为，它与数学、物理这样的学科并不一样，因为我们找不到所谓"技术学科"的内在一致性在哪里。技术是一个开放的领域。

（三）心智过程模式已成新锐

此种模式是 20 世纪 80 年代末 90 年代初开始逐渐为课程专家所提出，并日益得到认可的一种技术课程设计模式。此种模式体现了课程理论对技术教育的深度思考。在一定程度上，它是传统工艺教育向当代技术教育转型的标志性产物。心智过程模式需要在进行技术教育活动时，首先确定从事技术活动所需要的心智过程，然后再以这些心智过程为焦点设计和创建技术课程。为了培养学生的问题解决能力而选择相应的技术教育内容是心智过程模式的核心要点。

以心智过程为导向来设计技术课程，在 20 世纪 90 年代初前后还不多见。这主要是由于缺乏关于心智过程的一致的概念框架。但是经过 10 多年的发展，到 21 世纪初，情况则发生了明显的变化。2002 年的一项调查表明，在美国密歇根州的中等技术教育计划中，心智过程模式已经成为最普遍的技术课程设计模式。[①]

（四）个人化课程设计难以操作

从目标倾向的角度，在理论上我们完全可以提出个人化的课程设计模式。但是，在实践中却难以给出操作性的精确描述。"从文献上看，技术教育者都希望能设计出个人化的课程模式，但却缺乏真正实施这种模式的信息。"[②]唯一可以称之为个人化课程设计的例子是，20 世纪 70 年代初美国马里兰州的"马里兰计划"。在这个计划中，学生可以在工艺领域选择与自己发展有关的活动内容，也可以由自己选择独特的学习途径，允许学生在限定的研究领域里选择调查研究的主题，如生产、研究与开发等。这种独特的课程计划是技术教育研究领域里并不多见的个人化课程模式的例证。不过，从总体上看，尽管个人化课程设计理念已赢得了较高的理论声誉，但仍然缺少如何实施这类活动的信息。

（五）社会目标融入其他模式

尽管人们一直强调技术教育的社会目标，但并没有多少社会课程设计的实践例证。许多技能倾向的技术课程设计其实也融入了社会影响的因素。选择合

---

① Cardon P. 2002. Technology education curriculum designs in michigan secondary education. The Journal of Technology Studies，28（2）：146

② Zuga K F. 1989. Relating technology education goal to curriculum planning. Journal of Technology Education，1（1）：32~53

适的社会问题及其相应的活动来构成技术教育的内容，是体现技术教育的社会性目标的有效方式。社会性设计模式可以实际地"消融"于其他设计模式中。

可以看出，尽管存在着多种技术课程的设计模式，但最为常用和最受重视的设计模式有三种：技能模式、学科模式和心智过程模式。

三、技术课程设计必须满足技术素养的系统要求

技术活动本质上仍然是运用智慧并且能够发展智慧的活动。普通高中开展技术教育的目的不仅仅是为劳动世界作准备，更主要的是为了向学生提供系统的技术理论和技术实践活动，扩大学生的智慧视野，使他们具有一般性技术素养，并成为具有技术素养的人。

具备技术素养的人并不一定要具有广泛的技能技巧，技术素养更多是强调对广阔技术世界的理解能力，而不是强调具体技能的动手能力。不过，"实际效用"毕竟是技术教育的独特标志之一，接受任何实际意义的技术教育，如果最终没有养成一定的使用工具的技能，没有起码的动手能力，很难说一个人具备技术素养。只是，有了专门的技能技巧也不能保证一个人具有基本的技术素养。一个工人或许能够操作空调设施的每一个细节、能够检修电脑软件的各种故障。但他如果对与技术发展相关的风险、收益和权衡等概念没有意识，他也不算具有技术素养。即使是技术专家，如果不能意识或思考他们的工作所涉及的社会、政治与伦理意义，那也不能说他们具备相应的技术素养。因此，具有技术素养的人，不仅要有基本的技能，还要理解技术世界，理解技术对社会和环境的影响。技术素养是一种系统性的要求，其核心在于问题解决能力及其相应的思维技能。

强调问题解决是技术教育发展过程中的一个重要转折，标志着技术教育的新起点。问题解决能力某种意义上也是运用技术方法的能力。运用技术方法的技术教育蕴涵着这样一种转变，即教与学的过程从过多地关注内容或学科本身，转变为向学生提供多种不同的教育经历和机会。正是技术教育由内容教育向过程教育的这种转变，为普通高中设计以心智过程为根本导向的技术课程提供了支撑与契机。普通高中技术课程设计必须满足技术素养的系统要求，全面考虑技术课程的内容。

四、普通高中技术课程设计要以心智过程发展为根本导向

普通高中技术教育不同于其他类型的技术教育，一方面，要遵从一般技术教育的发展理念；另一方面，也要符合自己的个性。

（一）目标—模式—内容的联系

1. 课程设计模式与目标领域

技术教育的不同目标领域其实是指向着不同的课程设计的，技术课程的设计模式与目标领域之间存在对应关系。对于这一点，只需要将前面讨论过的技术教育目标领域与不同的课程设计模式相对应，就会更加清楚地发现其中的对应关系（表 5.2）。

表 5.2　技术课程设计模式与目标领域的关系

课程设计模式	对应目标领域
学科理性主义模式	工业与技术：评价工业与技术的演化
技能倾向模式	技能发展：培养学生正确地使用各种工具、机器和技术资源
心智过程模式	心智过程：运用技术手段，创造性地设计当前与未来社会问题的解决方案
社会模式	批判性用户至上主义：正确地评价工业与技术的影响以及它怎样改变了我们的环境
个人化模式	生计探索与职业：开发人类的潜能，使人们能在技术社会中认真地工作、愉快地休闲和发挥公民作用

传统的工艺/技术教育的课程设计一直是不同形式的技能倾向课程设计，只有到了 20 世纪 80 年代以后，其他类型的课程设计模式如社会性模式、学科理性主义模式、心智过程模式和个人化模式等才逐渐地出现。而且，在技术教育的近期发展中，五种类型的技术课程设计模式几乎悉数出现在技术教育实践中。但正如表 5.2 所示，课程设计模式与技术教育的目标领域之间存在着密切的联系。几乎每一种技术课程设计的"得宠"与"失宠"都与技术教育目标领域侧重点的调整直接相关，而目标领域侧重点的调整又依赖于社会的发展进程与特点。采用什么样的设计模式，与社会发展的要求有着直接的关系。

2. 课程设计模式与课程内容

社会的发展要求影响着设计模式的价值与地位，而由不同的设计模式所产生的技术课程又侧重于不同的具体指向，由此所形成的课程目标体系构成了课程内容的基础与来源。

表 5.3 就体现了不同设计模式与其目标、内容基础和来源之间的关系。

表 5.3　设计模式与技术课程内容的关系

设计模式	课程目标	内容基础	内容来源
学科理性	传递技术文化遗产	结构与概念	技术分类学
技能倾向	培养熟练的职业能力	可观察的行为	任务或职业分析
心智过程	促进思维与问题解决能力	认知过程	问题解决与困惑解开的过程
社会性	社会重构或社会适应	社会需要或顺利工作的要求	社会问题或工作适应技能
个人化	满足个人的学习兴趣与动机	学生对学科的兴趣点	学生的需要与发展计划

在课程实践中，一种具体的技术课程方案的创立，往往要综合运用几种课程设计模式。与五种课程设计模式相对应，是选择一系列的社会问题、列出学生要习得的技能清单、批判性思维与问题解决技能结构、技术概念的分类体系，还是允许学生选择对他们个人有意义的技术性问题？理论上单独都是可以做的，但要同时且同等程度地关照技术教育的多样目标领域，又是不可能的。而任何单一设计模式，无论是哪一种单一的设计模式，又都不足以实现技术教育的多样目标。

因而，我们只能选择出相对最合适的模式。而要选择出这样的模式，最主要的标准就是看哪一种设计模式最能符合技术教育的目标要求。而且，在实施这一模式的过程中，有机地吸收其他模式的合理之处，这是进行技术课程设计的必然选择。

（二）普通高中技术课程设计要以心智过程发展为根本导向

当代技术教育的目标已经发生了重大转向，简单地说，就是从重视技能发展转变为关注问题解决能力的培养。普通高中技术教育也不例外，它的首要目标也应该定位于培养学生的问题解决能力，培养学生的批判性思维能力。一句话，就是要培养学生的心智过程能力。这是普通高中技术教育的根本价值所在。

高中技术教育目标的这种变化需要我们重新解释技术课程设计，将心智过程模式确定为普通高中最基本的技术课程设计模式，同时适当吸收其他模式的合理之处。

1. 心智过程在未来社会中的重要性

何谓心智过程？"心智过程就是能使个体获得新知识、能将所获得的知识既可应用于熟悉情境也可应用于独特的新情境、能控制智力加工过程以获得和运用知识的那些智力操作。"[1]结合其英文注释"intellectual processes"，这层意思不难理解。

毋庸置疑，在一个技术高速发展的时代，人的心智过程的发展具有关键性的重要作用。随着技术的发展，职业领域已经发生了重大变化，工作任务的性质已经有了质的不同。大多数工作任务"已经从具体动手（hands-on）任务转变为抽象的动脑（minds-on）任务，而这些抽象的任务需要符号化的和抽象的思维"[2]。这种变化已经并将继续发生。不仅工作场所的设备及其操作方法变得更

---

① Johnson S D. 1992. A Framework for technology education curricula which emphasizes intellectual processes. Journal of Technology Education，3（2）：29～40

② Grubb W N. 1984. The bandwagon once more：vocational preparation for high-tech occupations. Harvard Business Review，54（4）：429～451

加复杂，而且，管理方略也由于技术的革新而发生了很大变化。即时制造、参与式管理技术、统计过程控制和日益强调团队协作等是未来工作性质变化的基本特点，这要求从业者的技能也要进行根本性更新。

由于技术的发展，工业基础设施的组织配置方式也会发生变化，工人的工作期望也会跟着改变。他们不再愿意从事简单重复性的工作，而是期望具备从事多种工作的能力。尽管传统的技能还是需要的，但已经不够。未来的工人需要对他们在组织中的角色与作用具有更充分的理解力与适应能力。他们需要在团队中与他人合作共事，并具有高水平的交流技能与计算技能。因而，商业与工业世界中的工作需要工人接受更加宽泛的普通教育，特别是要强调数学与科学的学习。未来社会最重要的工作技能是创造性思维、问题解决能力与决策能力。当然，由于工作压力的增大，人们也需要具有持续学习的能力以跟上技术世界变化的步伐。

在技术及相应的管理组织形式变化影响着人们的劳动能力的同时，一般公众也面临着类似的挑战。公民需要分析和评价技术对社会、文化、环境和政治制度的影响。如果没有良好的心智技能，就不能很好地理解技术，也就不能做出有关技术问题的正确决策。

既然人们所需要的劳动技能正在发生着变化，全体公民对具有高级思维技能的需要也日益迫切，那么，传统的教育是否给了学生那些心智技能呢？答案是令人沮丧的，没有！这些技能在大多数学校的大多数学科里都没有得到重视，学生只能按照自己的方式去摸索它们。当代的课程强调理解而不是死记硬背，尤其致力于培养学生高水平的认知技能。但是，由于心智过程只发生在头脑中，不能从外部观察到，强调心智过程的课程设计面临很多困难。而且，具有良好思维和问题解决能力的人也不能说清楚他们是怎样思考和解决问题的，这是因为心智过程是如此的具有自动化性质以至于它们往往是本能性地发生的。这些因素都导致了在实践中没有重视心智过程的培养。

2. 技术并不是一般意义上的严密学科

技术教育的确也有一个独特的内容基础，从这个意义上说它与科学和数学相似。但事实上，技术教育与学校的其他学科有根本的不同。技术教育的许多理论基础知识就是来自于科学、数学、社会、经济、语言、艺术等这些构成学校课程基础的学科，在这些学科中所形成的一些技能完全可以被组合到技术教育中。技术教育通过技术的应用性本质使自己与其他学科区分开来。技术既体现为动脑的认知，也体现为动手的行动。

另外，技术涉及宽广的活动领域。有些人是设计技术，有些人是使用技术，还有些人是处理技术产品，将焦点放在其中的任何一种活动上，都要偏失另一种活动。实际技术活动的参加者既有工程师，也有一般的技术人员，还包括手工匠。技术教育的复杂性和包容性使它超越了现有的所有学科，它的内容是宽泛的、综合的和基础性的。技术活动不仅仅表现为工具和设备的使用，更需要进行设计、信息处理、价值平衡、成本与效益分析、风险与利弊的抉择等。一个技术问题的解决往往需要多种知识和技能，需要将知识、技能、思维和各种资源组合到一起。

由此，技术是一种跨学科的学习领域，需要综合运用物理、化学、生物、地理、社会、经济、美术等不同学科的知识。这就意味着普通高中的技术教育不宜采用学科化的课程设计模式，最起码不能按数学、物理那样的逻辑体系设计技术教育的课程框架。

3. 普通高中技术课程不宜选择技能课程设计模式

技能课程模式的开发策略是任务分析或工作分析，它与职业教育有着较深的渊源。尽管职业教育也在向问题解决技能的培养方向转变，但相对地，技能模式还是较为适合于职业教育的。而普通高中的技术教育，从根本上说，它不是职业教育。提供技术教育的目的是为了丰富普通高中的课程形态，是为了给提高学生的综合素质提供另一种渠道。普通高中技术教育是实现其培养目标的独特路径，是服务于普通教育的性质的。这就意味着，技能模式对普通高中技术课程设计是不合适的。

普通高中的技术教育，并不是一个孤立的"教育特区"，而必须与其他教育领域紧密联系，特别是要联系科学教育领域。前面探讨技术教育的目标领域时，曾发现一个"学科整合"的目标领域，但在后来的发展中，这个目标似乎消失了。的确，对"使用工具和机器的技能"的过度强调，一度使这个目标不再是技术教育的主要目标，这可以从表5.1中1963年和1979年"理解科学与数学的应用"这一目标都被列至最末看出。但是，在1999年的调查中，这一目标却又升到了第4位，这应该解释为学科整合重新受到重视，这也是技术教育转向的方面之一。发达国家所开展的面向普通教育的技术教育计划有两类：一是设立"科学与技术"领域（如北爱尔兰，1989年）或"科学、技术、数学"课程计划（如加拿大安大略省，1993年），显然这本身就是整合的技术教育；另一种是设立独立的"技术"领域（如英国，1988年）。但尽管设立独立的"技术"领域，也是几乎无一例外地在目标中有"理解技术与科学以及其他学科的关系"这样的陈述。而要体现学科整合，技能模式的课程和学科模式的课程都很难做到。心智过程模式凭借"心智过程"的广泛适用性和整合性，则能很好地体现这一目标要求。

综上所述，普通高中技术教育应该以心智过程发展为根本导向。但这并不是说要绝对地排斥其他模式，而是要以心智过程模式为普通高中技术课程设计的主导性模式，将其他模式的合理之处吸收过来，为心智过程模式服务，以使普通高中技术教育能符合技术教育的目标转向，同时适度兼顾其他方面的发展，以实现培养"有技术素养的人"这一终极目标。

第三节　构建技术课程的基本维度：过程与内容

《美国国家技术教育标准——技术学习的内容》开篇第一章的标题就是"指导学生为一个技术世界做好准备"，这也就是普通高中技术课程设计的根本出发点。以心智过程为核心，以技术素养为终极目的，致力于为每一个学生的终身发展奠定基础，使他们成为具有技术素养的人（technological literate），这是普通高中技术课程设计的基本理念。

一、心智过程的发展离不开具体知识内容

普通高中技术教育强调问题解决能力的培养，主要以心智过程为目标来设计课程。表面上看来，这好像只关心与问题解决相关的思维能力和方法的培养，因而，很容易被误解为忽视或轻视知识内容而招致批评。显然，问题解决能力的发展不能离开具体的技术内容，试图培养问题解决能力而又没有什么知识内容可以凭借，就如同教授计算机辅助设计而又不接触计算机一样。问题解决能力及其相关思维技能不管多么重要，如果没有合适的知识内容，那么，那也不可能被培养起来。培养心智过程的早期教学设计之所以不成功，就是因为它们只是强调思维技能的形式本身，而忽视了知识内容的重要性。

心智过程与知识内容的密切联系得到了心理学研究的支持。切斯（Chase）和西蒙（Simon）的经典研究发现，超级棋手的表现更多地归功于他们对过去经验过的棋谱的再认能力，而不是假设的超常智力。[①]他们还发现，当超级棋手面对不熟悉的棋谱时，其表现则很像新手。切斯和西蒙的研究还发现，要在具体的知识领域中来教授心智过程，这点非常重要。

因此，不能抽象地设计致力于心智过程发展的技术课程。课程设计要重视

---

① Chase W G，Simon H A. 1973. Perception in chess. Cognitive Psychology，(4)：55～81

心智过程与知识内容之间的联系，让心智过程在适宜的内容中成长。这就意味着，高质量的技术课程至少包含两个设计维度：心智过程和知识内容。

二、过程与内容是技术课程构建的两个基本维度

(一) 致力于技术素养的技术活动结构分析

1996 年，美国的国际技术教育协会出版研究报告《面向全体美国人的技术——技术学习的原理与结构》，这是"面向全体美国人的技术"这一项目的重大阶段成果，它为 2000 年出版的《美国国家技术教育标准》奠定了基础，对国际技术教育具有重大的理论指导意义。该"报告"反复强调技术教育的目的就是要培养"有技术素养的人"，认为技术作为人类行动方式的革新，它涉及问题解决和人力施展的知识与过程，并且"技术普遍地具有过程、知识和背景基础"。[①]

1. 过程

所谓技术过程（technological processes），就是人们在进行创造、发明、设计、迁移、生产、控制、维护和使用产品或系统时所采取的行动与操作。这些过程包括人们设计与开发技术系统、确定与控制技术系统性能、利用技术系统和评价技术系统的活动。技术过程经常需要将知识应用于新的情境或服务于新的目标，需要有问题解决、推理和形成思维图像这样的认知因素参加进来。

2. 知识

所谓技术知识，包括技术的本质与演化、技术的领域、技术与其他领域的联系、技术的影响与资源基础、技术思想与原理，也包括关于怎样开发、应用和使用技术过程的知识。

3. 背景

技术的背景包括技术开发、应用、研究的实际动因，即人们希望通过这个技术系统要解决什么问题，要展示自己哪一方面的力量。

每项技术活动都包含这三项基本要素。三者相互依存、相互联系，对于技术的存在与发展都同样重要。其中，"知识与过程是任何结构所固有的因素"[②]。

(二) 技术过程与心智过程的统一性

显然，技术过程本身具有技术方法的含义，而心智过程（intellectual

---

① International Technology Education Association. 1996. Technology for all American-a rationale and structure for the study of technology. 16

② Lewis T. 1999. Content or process as approachesuto technology curriculum：does it matter come monday morning? Journal of Technology Education，11（1）：45～59 processes）则具有心智方法的含义。两者共享着同一个用词：processes。processes 即是指问题解决的过程与方法。无疑，在技术活动中所需要的、所能培养的"心智过程"与"技术过程"其实是同一个事物的两个侧面，是统一的。技术过程一定是运用心智过程（方法）的过程，而心智过程（方法）也只有在技术问题的解决过程中才有意义。所谓技术教育就是向学生提供课程经验，以使他们掌握问题解决所需要的技术过程与方法。

　　关于技术过程与心智过程的统一性，相信在阅读了本章第四节对于"过程"的三重解读之后，会有更深的体会。

（三）过程与内容是课程构建的两个基本维度

　　无论是技术的"知识内容"还是它的"过程与方法"，都能通过特定的方式向学生展示技术是什么，其中的任何一面都能够帮助学生提高其技术素养。但是，不能因此就孤立地看待这两者，而应把这二者看成是相互依存的共生体，是一个事物的两个侧面。"将内容与过程分离不能实现技术教育的目标。"[①]

　　因此，实际的技术课程，应该是或者通过"知识内容"来体现"过程与方法"，或者以"过程与方法"为主线来统驾"知识内容"，两者不可以机械分离。技术与社会、环境的关系可以结合具体的课程活动给予适当考虑。但无论如何，过程与内容总是技术课程构建的两个基本维度。

三、技术课程的基本结构

　　通过前面的分析论述，本书认为技术教育必须向学生提供三个方面的课程经验：①技术活动的过程与方法，包括批判性思维和问题解决；②技术领域的知识内容。这些知识一般与实践经验相关，扎根于具体的技术领域；③技术与社会、环境的关系。

　　此三个方面，构成了技术课程的结构框架。这当然是一种分析性框架。

第四节　技术课程的过程表述

　　以心智过程为导向来设计技术课程，从 20 世纪 90 年代开始渐渐成为一种强劲趋势，并在一些发达国家和地区成为最普遍的设计模式。"较之以往长期以来

---

　　① Mccade J M ，Weymer R A. 1996. Defining the field of technology education. The Technology Teacher，55（8）：40～46

的工艺教育，今天的技术教育课程更适合于发展学生的认知过程。"①研究显示，技能性课程设计与学科理性课程设计不再受到重视，这表明技能与技术知识的分类学体系不再像以往那样受到重视。②以问题解决的心智过程作为设计技术课程框架的基础，可以使技术课程的内容结构具有灵活性。因为，它的框架是统一的，是按照全体学生必须具有的心智过程来设计的，它不会随技术设备条件与类型的限制而变化。而要建立这样的课程框架，就必须确定出这些心智过程。

那么，如何描述心智过程呢？学者们从不同的角度给出了多种描述方式，焦点集中在对"过程"的理解上。根据本书研究，技术教育文献中的"过程"，基本上都与英文单词"process"相对应。在专业文献里常用复数形式"processes"。我国学者一般译为"过程"。但"process"是一个含义丰富的单词。综合大量的专业文献，发现它有三种含义重叠、交互融通的解读，因而也就有三种过程维度的课程表述形式。但无论采用哪一种表述形式，都需要先建立技术系统概念。

一、理解技术过程需要建立技术系统概念

将技术视为一个系统，并采用系统思维的方法来培养学生解决问题的能力，这不同于传统的工艺教育。当代技术教育不再是将技术分成若干个科目，而是采用普适性的系统方法，按照输入、加工、输出三个环节给予系统性考虑。这种变化代表了从工艺教育到技术教育的范式转换。

（一）技术系统概念

系统是由相互联系的若干要素组成的功能体系，它可以是一辆自行车、一台收音机、一台计算机、一套污水处理设备。所有的系统都包含输入、加工、输出这几个部分，一般还要包括反馈环节。视技术为系统是一种思维方法。

关于系统，在美国国际技术教育协会所编的《面向全体美国人的技术——技术学习的原理与结构》中有下面这样一段文字描述③，可以使我们对技术系统的概念有一个直观的理解：

① Wicklein R C. 1997. Curriculum focus for technology education. Journal of Technology Education，8（2）：73~80

② Cardon P. 2002. Technology education curriculum designs in michigan secondary education. The Journal of Technology Studies，28（2）：142~149

③ International Technology Education Association. 1996. Technology for all American-a rationale and structure for the study of technology. 12

技术的基本组织形式是系统，系统是由相互联系的若干成分通过设计组织在一起，以实现一定目标愿望的体系。系统有多种层次，自行车也是一种系统。

自行车作为一个系统，由引导系统和控制系统组成。自行车由车把、车轮、车闸和一个手握车把的骑者组成。所有的部件协调一起，共同引导自行车向着既定的方向前进。

骑车的人和导向子系统、动力和支持部分（车架、车座等）构成了另外的一个系统，这个系统通过肌肉的力量将人从一个地方运送到另一个地方。

骑在车上的人，也可以成为另一层次的系统的一部分。当学童骑车上学，自行车就成了运输系统的一部分。运输系统的其他部分包括道路、人行道、校车和司机、公交调度员、送儿童上学的父母、步行的学生、校内交警和其他。

还有其他的巨大系统，比如全国运输系统，这个系统包括所有的人、机器、信息、基础设施，它们组合起来将人与货物从一个地方运送到另一个地方。这些巨大的系统，常常是指人们要适应于其中的系统。

具有技术素养的人必须熟练运用系统思维方法来解决技术问题。

（二）技术系统揭示技术过程

技术系统概念本身就蕴涵了"过程"的含义。系统不应仅仅从它的静态构成去研究，更要看到它的动态运行过程。系统是一种思维方式。从系统的角度来看待技术，这是研究当代技术教育的思维方法，它实际上是将技术活动看成一个问题解决模型。技术教育研究的"系统性方法"本身并不会随着技术的变化而变化，也不会随着人们的需要与愿望的转移而变化。按照系统思维方式，人类的需要就是技术系统的"输入"，在问题解决过程中所采用的技术方法就是技术系统的"加工"过程，而实际的问题解决方案则是技术系统的"输出"。技术教育视每一个需要、问题和机会为系统要素，需要产生问题，进而围绕问题寻找解决方案、实施方案、监控系统运行，直到功能良好。

当然，为了发挥技术的整体功能，在实际的情况中，往往要综合运用不同的技术系统。在计算机辅助设计（CAD）、计算机辅助制造（CAM）和机器人技术等例证中，通信技术、生产技术和运输技术的界线是非常模糊的。比如，计算机程序（通信）可以通过传递指令来控制和操纵计算机辅助制造系统—开动车床进行生产。

二、过程是指技术问题解决的过程与方法（过程解读一）

（一）"过程"指问题解决的步骤与过程

技术专家解决问题的过程是怎样的？这个过程一般遵循下列步骤[①]：①问题界定；②设置预期的解决方案；③选择其中的一种解决方案；④实施并评价该解决方案；⑤改进最初的解决方案；⑥对最终的解决方案做出解释。

这几个步骤描述了人们通过发明、革新等方式创造技术世界的过程。学生接受技术教育的过程，一般也因袭大致类似的步骤与过程。以新产品开发为例，技术过程包括确定需求、产品构思与方案设计、制作与试验、测试与评估四个步骤或阶段。

当学生处于确定需求阶段时，学生要确定问题或需求并就其性质进行评价。他们需要收集和分析有助于界定问题的各种信息，探索和研究与此问题相关的领域，利用各种资源来获得信息，并要探索与技术活动相关的社会、经济、技术、生态及美学等方面的因素；当学生处于产品构思与方案设计阶段时，他们需要构思出新产品的功能参数、结构造型等，制定出解决问题的方案，确认条件限制并选定最优方案，还要运用技术语言来解释设计概念和设计过程；当学生处于制作与试验阶段时，就是将设计转化为产品生产的过程。学生或独自或合作，制作和检测样品或模型。这个过程，要涉及调配设备、工具（包括软件）、时间等资源，还要考虑质量监控；当学生处于测试与评估阶段时，学生应用公认的或既定的标准评估和检测他们的产品。这个过程是确定生产的产品及其过程是否符合设计要求、是否提供了满意的解决方案。还要评价新产品的社会、经济、技术、生态或美学的效果。

（二）技术活动的"过程"与"方法"是统一的

对于这一点，在前面两点的讨论中已得以体现。经典的文献中也有这样的表述，"技术过程是指解决技术问题的一种方法"[②]。"方法"一词在古希腊文中的原意是指沿着道路前进，即把方法看成是一种途径。在当代英语中，具有方法意思的单词有 method、means、plan、technique、measure、way 等。另外，process、approach 也有方法的含义，但这两者分别侧重指过程、途径之意。可见，"方法"是很复杂的概念，它具有多重意义，也有多重解读的视角。它实际

---

① Savage E，Sterry L. 1990. A Conceptual Framework for Technology Education. Reston，VA：IT-EA Publications. 88，89

② 澳大利亚维多利亚州. 2005. 澳大利亚课程标准. 从立新，章燕编译. 北京：人民教育出版社，337

上蕴涵于解决问题的过程、途径、程序和方式之中。技术方法，一方面是指人们在技术发明和技术创造过程中所使用的各种手段与知识；另一方面也指运用技术手段解决问题的手段与知识。一个技术问题解决的过程，就是技术方法运用的过程，而方法也一定是过程中的方法。

其实，"技术"本身就包括了"方法"的含义，在有些情况下，"技术"与"方法"还互为同义语。技术不是静态的，而是一个过程，代表技术活动结果的产品如机器、设备或其他技术成果，其实都是技术过程的结果。在技术过程中，必须要运用技术方法，协调和利用人力、机器设备、数据、材料、能、资金和时间等各种资源以解决问题。技术方法构成了技术系统的"加工"过程，它由一系列充满活力的步骤构成，这些步骤具有相当强的普适性。方法与过程统一于问题解决的活动之中。普通高中技术教育最主要的任务就是让学生学会解决问题的方法与程序、步骤，了解最基本的技术过程。

技术方法与科学研究方法（scientific method）显然有许多相通之处，如都要对问题进行界定等，但并不相同。由于目的的不同，科学研究的方法往往有意忽略某些影响因素，而技术方法则恰恰要重视这些因素，并要设法将其克服。克服影响因素的过程就是技术过程。如在研究理想电机模型时，可以暂时忽略铁磁饱和、磁滞、涡流、摩擦热等因素，但是，要真正实际地制造电动机，不考虑这些因素就不能造出优质的产品，甚至"产品"根本就没有用。而由于"设计"是技术的核心与灵魂，它被融合于整个技术教育的课程与教学活动过程之中，设计方法（design method）可视为接近或等同于技术方法。

三、过程是指问题解决中所涉及的思维活动与过程（过程解读二）

问题解决的过程必然是一个思维的过程。所谓"心智过程"，其最核心的内容就是问题解决中所需要的和所表现出来的复杂的思维技能。思维活动是复杂的，也存在多种分类与表述方式。

综合有关研究，有学者确定了五个有相互联系的研究思维的分析维度：思维过程；核心思维技能；批判性和创造性思维；元认知；内容与思维的关系。[①]这五个维度，构成了心智过程的核心元素。

（一）思维过程

思维过程是由具体的思维技能组合而成的复杂的智力操作。在知识获得和

---

① Johnson S D. 1992. A framework for technology education curricula which emphasizes intellectual Processes. Journal of Technology Education，3（2）：29～40

使用的过程中，主要有 8 种思维过程：主要用于新知识获得的概念形成、原理形成、理解的思维过程；主要体现在知识运用过程中的问题解决、决策、质询、合成的思维过程；而语言交流作为一种思维过程，则既运用在知识获得过程中，也运用在知识运用过程中。

（二）核心思维技能

核心思维技能就是那些组合起来用以实现具体目标的具体智力操作。正是这些核心思维技能的独特组合成就了上面确认的那些思维过程。马萨诺（Marzano）等人于 1988 年提出了 8 类共 21 项核心思维技能，即聚集技能（定义问题、设置目标）、收集信息技能（观察、陈述问题）、记忆技能（编码、回忆）、组织技能（比较、分类、排序、呈现）、分析技能（找出属性与成分、找出关系与形式、找出主要想法、找出错误所在）、发生技能（推断、预见、详细描述）、整合技能（概括、重构）和评价技能（建立标准、检验）。[①]尽管这 21 项技能未必能代表全部的思维技能，但它确实提供了一种具体思维技能的组织方式。这些思维技能是学生表现出高水平思维的必备技能。

（三）批判性与创造性思维

人们在问题解决、决策和研究时，总在程度不同地应用创造性与批判性思维。例如，当尝试设计一种效率更高的能量收集装置时，可能多数学生会按照经典方案进行设计，但也很可能有个别学生会提出其他的非常有创造性的方案。批判性与创造性思维是心智过程最独特的方面，甚至许多学者认为，批判性与创造性思维就等于心智过程。学生在问题解决过程中运用批判性思维和创造性思维的程度，在个体之间往往会表现出很大的不同。

（四）元认知

元认知是指人们在完成具体任务的过程中，对自己思维过程的意识，经常被称为认知策略的元认知，在人们进行思维活动之前就先进行计划，在思维活动进行中还要调整自己的思维、评价自己的思维对于完成活动是否合适，监控思维的流向是否朝着问题解决的目标。

（五）内容与思维的关系

思维不可能凭空进行，思维的发展与思维的过程都要依赖于合适的内容。某种程度上，二者之间的关系其实就是前面阐述过的"过程与内容"的关系。

---

① Marzano R J，Brandt R S，Hughes C S et al. 1988. Dimension of Thinking：A Framework For Curriculum and Instruction. Alexandria，VA：Association for Supervision and Curriculum Development. 69

由美国科学促进协会出版的《科学素养的基准》，用了完整的一章（即第十二章），专门阐述了与科学、技术和数学相关的一些思维技能，如价值观和态度、计算与估算、操作与观察、交流能力、批判-反应能力等，体现了思维对于科学、技术和数学以及其他学科的广泛的基础性价值。这些思维技能与习惯既是技术学习的支持因素，也是技术教育所努力追求的结果。

四、过程是指技术问题解决中所用的方法（含思维）（过程解读三）

心智过程的学术界定与实际界定之间，往往由于学术语言和日常生活语言的差异而体现出不一样的描述。在日常生活语言中，所谓心智过程就是诸如"你对这个问题是怎么想的?"、"用了什么办法?"、"哪些东西影响了你对这个问题的解决?"等平常语言所指的意味。当然，如果被调查者具有较高的受教育水平特别是具有丰富的技术、科学知识和经验，如工程师、科学家、技术员、实业界领导，那么，由此采集的数据对于揭示技术问题解决过程中的心智因素，将非常有价值。

1999 年，韦克雷（R. C. Wicklein ）运用特尔菲研究法（Delphi research method）就技术问题解决中所运用的重要心智过程与方法，对 25 名被调查者（19 名工程师、2 科学家、3 名教师和 1 名发明家）进行了调查研究，发现在技术问题解决过程中的心智过程与方法按重要性程度依次为问题界定、分析、信息传递（communicating）、设计、革新、消费者分析、实验（experimenting）、观察、问题/假设、问题背景研究、创造、确立需要、数据理解、技术评论、试验（testing）、迁移/变换、形成思维图像、操控（managing）、探寻解决方案、理解任务的社会文化背景、搜集数据、预测、测量、价值理解、模型制造/原型、建模（modeling）、计算。[①] 这项调查结果显示，"问题界定"被认为是技术问题解决过程中最重要的心智过程，"分析"与"信息传递"也被认为是很重要的心智过程与方法。由于技术问题及其解决过程的复杂性，不能说韦克雷的发现已经穷尽了所有的心智过程与方法，也不能说在所有的技术问题情境中，这些心智过程与方法都同样重要或者同时需要，而且，有的调查项目名称也有待于再定义。但它为构建致力于培养学生心智过程的技术课程以及要培养学生哪些方面的心智因素，提供了很有益的启示。

显然，对"过程"的解读二与解读三在意义上有较高的重合度与相融性。

---

① Wicklein R C，Rojewski J W. 1999. Toward a "unified curriculum framework" for technology education. Journal of Industrial Teacher Education，36（4）：38～56

五、过程表述的意义

确定那些在解决技术问题的过程中所需要的心智过程，是建立技术课程框架的关键。显然，心智过程与方法并不是技术课程本身，但它们可以成为构建技术课程的出发点，并对培养学生的批判性思维能力与问题解决能力具有重要的教学意义。传统上强调技能性内容的技术课程模式往往出于职业主义的狭隘考虑，只关注具体的技能准备，而且往往是零散的、片段式的技能。但是，由于技术与知识的快速发展，某些技能难免是短命的，因而技术课程的内容就要经历频繁的调整，而以心智过程为目标导向的技术课程致力于培养学生解决技术问题所需要的高级思维技能或曰心智过程。相比较而言，这些心智技能能长时间保持稳定性与一致性，不论工具与技术的类型如何变换，技术课程的根本性目标也可以保持一致性。

以心智过程为目标，不是让学生按照预置的教学程序结构简单机械地进行技能训练，而是让学生由此可以学会富有反思的、可迁移的问题解决策略。而且，由这样的课程所创立的技术学习环境，充满了智慧的挑战，能激励学生运用广泛多样的技术设备来解决问题，同时，这也可以给学生赋予一种成就职业生涯的最重要的工具——高水平的思维技能，使他们在解决问题时，不再局限于现有的工具、设备和实验室，而是采用综合的策略。

为配合我国普通高中技术教育而出版的《技术与设计1》和《技术与设计2》（江苏教育出版社，2004年版），其内容分别为《技术与设计1》：走进技术世界、技术世界中的设计、设计过程原则及评价、发现与明确问题、方案的构思、设计图样的绘制、模型或原型的制作、技术产品的作用与保养；《技术与设计2》的内容为：结构与设计、流程与设计、系统与设计、控制与设计。对照本书关于技术课程"过程表述"的研究，可以明显看出，《普通高中技术课程方案》中设置"技术与设计1"和"技术与设计2"两个必修模块的着力点，就在于向学生传授技术问题解决的一般过程与方法，体现的是技术课程的"过程"维度。

第五节 技术课程的内容表述

根据前面的研究，技术教育大致起源于19世纪末期。当时，手工艺被作为普通教育的一部分引入到学校里。受俄罗斯工程师培训制度和瑞典手工艺教育做法的影响，一种在普通教育中教授手工艺的系统化方法逐渐地形成了，即采用实际作业（practical projects）的方式进行教学。19 世纪末期普通教育中的技术教育内容主要是手工艺内容，这可以从前面曾提到过的我国现存最早的《初等小学手工教授书》的内容窥见一斑。该书包括了排版、刺豆、抟土、折纸、捻纸、结纽、凿纸、糊纸、钉书、竹工、木工、金工、铸工等 13 章内容，这大体折射了初期技术教育内容的风貌。经常的情况是，人们不称手工艺为技术，而称之为"手艺"。其实手艺（即手工艺的简称）也是技术，是基于心灵手巧的经验意义上的技术。

20 世纪初以来，随着资本主义世界工业的发展，技术在经济发展中的作用愈益显著，对学校教育的影响也越来越大。杜威的名著《学校与社会》在 20 世纪初的流传与影响，则从教育理论的角度促进了学校课程对工业和工业社会的关注。尽管一直有人认为教授理论知识是普通教育课程的唯一内容，但杜威支持将工业内容作为普通教育的一部分引入学校。加之技术对工业发展的巨大作用所产生的影响，最终打破了传统普通教育的壁垒，与工业和职业相关的技术类课程走进了普通教育课程体系。学校（特别是杜威的芝加哥实验学校）开始关注那些与个人未来职业相关的技术科目，如木工、制革、制图、金工、电工和动力机械等。20 世纪 40～60 年代，工艺教育（industrial arts education）逐步向当时的工业技术领域靠拢。以 20 世纪美国最为普遍的面向普通教育的"工艺劳作"课程为例，至 50 年代时其内容已经体现为动力、运输、通信、建筑、制造等五个技术学习领域。[①]这预示了"工艺劳作"教育开始酝酿向以自然科学和数学为背景的当代意义的"技术教育"转型。进入 70 年代，工艺教育在内容上更加强调工业与技术，也包括与工业技术相关的批判性思维的发展，出现了技术教育转型的迹象。

20 世纪 80 年代以来，技术教育飞速发展，内容日益现代化，与当代科学的结合也越发紧密。但技术教育与工艺教育之间并不是截然割断的关系，而是交融和提高的关系，这就使得当代技术教育内容既有新鲜的"摩登"内容，也保留着传统工艺教育时期的那些经典内容，如"木工"依然还是目前技术教育的常见内容。世界各国的技术教育发展很不平衡。有的很发达，如美国、英国。有的则很不发达，如我国。这也加重了表述技术课程内容的难度。

通过查阅和分析大量的相关文献，技术课程的内容表述方式，大致可分为技术分类表述、基准主题表述和领域模块表述三种方式。它们都以自己的方式提示或勾画了技术课程的内容。

---

① 〔日〕土井共志智，长谷川淳.1983.技术学科教育法.应俊峰译.上海：华东师范大学教育科学研究所，9

一、技术分类表述

从技术分类的角度，建立技术分类体系，可以折射技术课程的基本框架。

（一）星野芳郎提出的 12 类技术

日本学者星野芳郎认为，人类为支配自然所利用的自然规律有四大类，即物理学运动规律、化学运动规律、生物学运动规律、生理学和心理学运动规律。人类基于这些规律，大体上通过 12 个技术途径支配自然。[1]

动力技术：从能源中获取动力；

采掘技术：从天然资源中获得各种燃料、原料；

材料技术：作为生产手段、消费手段的各种材料、原料的制造；

机械技术：作为生产手段、消费手段的各种工具、机器、装置的制作；

建筑技术：生活、保健、产业、交通、通信等设施的建设；

通信技术：用光、音、符号传递消息；

交通技术：在陆上、水上、空中运送人或物资；

控制技术：各种机械、装置、工艺等的操作、管理、控制；

栽培技术：作为各种材料、原料、食品原料的植物栽培；

饲养技术：作为各种材料、原料、食品原料的各种动物饲养；

捕获技术：作为各种材料、原料、食品原料的动物捕获；

保健技术：人类成长、维持健康、医疗。

显然，星野芳郎对技术的分类主要是依照技术发挥作用的领域或者用途来进行的。其中的动力技术、材料技术、建筑技术、交通技术、通信技术、保健技术等至今还是技术教育的重要内容，只是具体内涵有所更新。当然，这个分类有可讨论之处，如"捕获技术"算不算一个技术大类，值得讨论。因为，它在某些国家（如日本）和地区很重要，但在另一些内陆国家和地区并不那么重要。

（二）技术教育中的常规分类

由于技术的复杂性，技术分类是一件很困难的事。通常，人们倾向于按技术在工业、农业、商业中的应用进行分类。其中，商业中的技术，如会计，一般被解释为属于职业技术教育的范畴。工业是技术的主要存在领域，甚至人们通常所说的技术，在潜意识中主要就是指工业技术。而对工业技术再分类时，一般又按照技术载体的不同，分为木工技术、金工技术、电力和电工技术、机

---

[1] 〔日〕星野芳郎.1987.技术与技术科学.见：邹珊刚.技术与技术哲学.北京：知识出版社，1，2

械技术、电气技术、电子技术、计算机技术等。当然，"木工"一类的技术，算不算工业技术也会有不同意见，因为它在日常领域里比较常见。但由于它并不是人人必需的技术，它至少属于手工业，而且现代工业中也大量需要木工技术，且木工技术的内涵也早已今非昔比。此外，还有一些手艺类、常用工具类和主要是为了提高生活质量的技术，也不好划入工业技术。这样，按照从简单到复杂的系列，可以将技术分为如下几类：

（1）手工艺技术，如纸工、泥工、编制等。在技术教育中，手工艺技术主要面向低年级学生，如小学和初中。《上海市中小学劳动技术课程标准》给初中阶段的技术教育规定的"布艺"就属于这一类内容。

（2）常用工具使用技术。如刀、剪、锤、螺丝刀、扳手、钳子、锯、锉等工具使用的技术，是技术教育的传统内容。

（3）家政技术。如庭园经济技术、室内设计、家用器具技术知识以及缝纫、烹调、家庭用具的维修等都属于家政技术。这些技术进入普通教育，不仅容易激发学生的兴趣，而且能提高学生的生活能力和生活质量。可考虑将这些技术内容的教育在初中阶段进行。

（4）工业技术。工业技术包括木工技术、金工技术、电力和电工技术、机械技术、电气技术、电子技术、电脑技术等。这些技术广泛运用于工业领域，当然也运用于农业、交通、运输和通信等领域。这些技术也是一般性技术概念的主要原型，它们主要在高中阶段进行。

（5）农业技术。农业技术包括种植、养殖、果木园艺、林业、畜牧、渔业等各业的技术。在我国广大农村地域的中学，这应该是技术教育的重要内容。一般在初中阶段进行，也可在高中进行。

二、基准主题表述

　　许多国家的技术教育文件，在阐述技术教育的内容时，与我们想当然地认为的内容表述方式并不一样。它们往往并不指明具体的内容是什么，而是只就若干方面提出标准要求。具体内容选材，则由教材编写者或技术教育实施者灵活掌握。

　　从世界范围看，"标准型文件更普遍，它具有很强的灵活性"①。这方面的典型就是 2000 年美国国际技术教育协会出版的《美国国家技术教育标准——技术学习的内容》（*Standards for Technological Literacy：Content for the Study of*

---

　　① Rasinen A 2003. An analysis of the technology education curriculum of six countries. Journal of Technology Education，15（1）：31～47

Technology），清楚地陈述了从幼儿园到 12 年级技术学习的内容，其中 9～12 年级大体相当于我国的高中阶段。就其中的每个标准，其实都是技术教育的一个内容领域，而这个领域又由若干主题构成，每个主题也包括有丰富的信息。以"农业及其相关的生物技术（标准 15）"为例，它就包括农产品与农业系统、生物技术、自然保护、工程设计与生态系统管理等四个主题。而"生物技术"主题又包括更加具体的信息：生物技术已应用于农业、制药、饮食、医学、能源、环境和基因工程等众多领域。生物过程和物理技术相结合，用以改变或修饰材料、产品和有机体。发酵、生物制品、微生物应用、分离和提纯[①]技术、监测与培养过程等都是生物技术应用的重要例子。转基因种子的筛选、改良有机体（如有除冰作用的细菌，可防止霜冻对作物的损害）的应用、光学生物反应器生产的海藻肥料的使用，都是一些很好的例证，证明生物技术的应用正在农业实践中不断扩展。[②]

根据弗罗瓦（J. Flowers）的研究，就《美国国家技术教育标准》所规定的技术教育内容，高中技术教育教师认为，在高中阶段最需要提供的 10 项内容领域依次是：信息与通信技术、技术设计、制造技术、建筑技术、运输技术、学习使用技术、能源与动力技术、技术之间的联系与整合、技术与环境、技术评估。[③]

三、领域模块表述

20 世纪 80 年代，工艺教育急速转型为技术教育（technology education），这场运动使得技术教育的重点由具体的职业技能转向了对主要的技术系统的理解与开发。但是，任何事物的转型都必然要带来震荡，技术教育也不例外。其中，技术课程的变化就是技术教育转型所面临的最具有挑战性的课题之一。根据韦克雷的研究，技术教育领域面临的主要问题就是对技术教育的知识基础缺乏研究、各式各样的课程开发模型以及人们对技术教育课程的看法缺乏一致[④]，让人们无所适从。而技术是个极其复杂的、开放的知识领域，也是一个大系统，并且还在更复杂、更开放地发展着。那么，如何把握它呢？将一个大的领域划

---

① 原文为"纯化"，本书研究者以为不妥，这不是技术术语，似应为"提纯"

② 〔美〕国际技术教育协会. 2003. 美国国家技术教育标准——技术学习的内容. 黄军英等译. 北京：科学出版社，153

③ Flowers J. 2001. Online learning needs in technology education. Journal of Technology Education. 13 (1)：17～30

④ Wicklein R C. 1993. Identifying critical issues and problems in technology education using a modi-fied-Delphi technique. Journal of Technology Education，5 (1)：54～71

分为几个有内部联系的次一级的子系统，显然有助于简化对复杂的技术现象的理解。

（一）技术教育的经典领域

1979 年，美国技术教育界组织了一个有 21 名成员的工艺教育论坛，名为"杰克逊工厂工艺课程理论论坛"。经过 1979～1981 年历时两年的讨论，这个论坛就技术教育的许多概念达成了一致看法，形成了"杰克逊工厂工艺课程理论"。按照这种理论，工艺教育不再属于职业性的专门技术教育，而是被定义如下："工艺，是指关涉技术的综合性教育计划，包括技术组织、技术利用、人力系统、技巧与资源、技术产品与它们的社会文化影响。"[1]显然，这个"工艺"概念与"改善材料和工件品质（如铁器'淬火'）"[2]的工艺概念迥然不同，此即"新工艺"教育时期的开始，也即向当代技术教育转型的开始。

"杰克逊工厂工艺课程理论"还正式结束了长期以来按任务或职业活动分析建构技术课程的一贯做法，转而采用"社会经济学分析"方法来建立技术课程。"社会经济学分析"是指采取标准化工业分类方法，不仅关注能源、运输、制造、通信和管理，也关注内容组织者自身，这是技术课程设计的重要转向。按照标准化工业分类，主要的技术系统被集中表述为四种技术系统，即通信技术（communication）、制造技术（manufacturing）、运输技术（transportation）、建筑技术（construction）。[3]

此四个系统后来被国际技术教育界承认为技术教育的经典领域。从此，整个技术领域可以被看做是由四个技术系统（通信、制造、运输、建筑）所构成的。其每一系统（领域）又分为组织、设计、准备、操作、销售、服务及管理等七个方面的内容。这一转型时期的工艺/技术教育，不仅配合生计教育理念，强调职业意识的启蒙、职业倾向的探索、职业生涯的选择与决定，更强调技术对人与环境所产生的影响的教育；不仅重视发展正确使用工业系统中的工具、技术与资源的态度与能力，更强调创造性问题解决能力的发展。这个转变体现了技术教育相比于工艺教育的跃迁，也代表着技术教育在 20 世纪 80 年代的发展转向。它同时也表征了技术教育课程的经典内容领域。

---

[1][3] Hales J A，Snyder J F. 1982. Jackson's Mill industrial arts curriculum theory：a base for curriculum conceptualization. Part one of a two-part series. Man，Society Technology，41（5）：6～10

[2] 本书的理解

（二）生物技术领域的加入

1. 加入生物技术

1990年，塞卫（E. Savage）和斯特瑞（L. Sterry）发表了一篇重要作品《技术教育的概念框架》，它在承袭"杰克逊工厂工艺课程理论"的基础上，提出了具有时代气息的技术教育概念框架。[①]如果说杰克逊工厂工艺课程理论的主要特点是以"输入、加工、输出"的模式，建立了技术分析的一般系统概念与课程内涵，那么，《技术教育的概念框架》则明确以动态的问题解决概念来建立技术教育的理论基础与课程内涵。就技术教育的内容领域，塞卫和斯特瑞对80年代形成的四个经典技术系统进行重组，将"制造技术"与"建筑技术"两个技术系统合并为"生产（production）技术"系统。但这种合并并没有得到太多的认可，大多数学者还是依旧采用通信技术、制造技术、运输技术和建筑技术的经典表述形式。倒是增加的"生物技术系统"（biotehnology system），已经逐渐在技术教育界得到承认，被确认为一个独特的技术领域。这样，经典的技术领域就发展为五个，即通信技术、制造技术、运输技术、建筑技术、生物技术。

2. 何为生物技术？

何为生物技术？按照澳大利亚生物技术协会的界定，所谓生物技术就是那些人们用以生产各种产品的以生物为基础的技术。[②]依据这个界定，生物技术包括：①已经使用了几千年的有关面包制作和酿酒的技术；②细胞生物学的应用，如组织培养与克隆技术；③基因工程技术。

当然，生物技术的应用十分广泛，这个界定也未必能完全涵盖生物技术的领域。其中，基因工程技术是目前科技发展的热点领域。所谓基因工程技术，就是将基因从它们在细胞中的通常位置移出，或者将它们转移到其他的位置，或者用不同的作用方式将它们植回原来的细胞。由此，细胞就能够生产新的物质或者表现出新的功能。与此相反，克隆技术则是整个基因组（即染色体）的转移，当一个成熟的细胞与一个没有细胞核的卵子结合时，这种整个基因组转移的现象就会发生。运用某种方法精心地改变某种物质的遗传物质DNA，比如，去除或者添加某些复制的基因，或者添加来自某些不同的生物组织的基因，则可生产出基因食品。基因食品包含经过改造的DNA或者蛋白质。

---

① Savage E，Sterry J. 1990. A Conceptual Framework for Technology Education. Reston，VA：International Technology Education Association

② Vaille D，Renato S. 2003. Western Australian school students' understanding of biotechnology. International Journal of Science Education，25（1）：57~69

（三）当今高中技术教育课程开发的基本内容领域

20 世纪 90 年代以来，以基本技术系统为课程开发领域的理念已经形成。"到高中阶段，学生应该能够按照自己的兴趣来关注具体的技术领域，通信技术、制造技术、建筑技术、运输技术和生物技术都应该单独地提供给高中生。"①10 多年来，各种名称的"××技术"相近进入或离开技术教育的视野。经过时间的筛选，动力与能源技术、材料技术也被国际技术教育界确认为基本技术领域。这样，基本技术领域就扩展为通信技术、制造技术、建筑技术、交通运输技术、生物技术、动力与能源技术、材料技术等七大领域。同时，与技术教育相伴，面向中学生的技术教育计划，还特别重视培养学生的综合技术素养和职业素质。它们共同构成高中技术课程的基本内容领域。

1. 七大技术领域

1）通信技术

学习这个技术领域，学生将能够理解各种信息表达、交流与传递的过程与方法，如音频、计算机辅助绘图、电子技术、激光通信、视频。还要体会这些方法在通信技术中的重要作用。通过这个领域的学习，学生将理解用于发送数据的远距离通信系统（如电磁波通信、光纤通信、数字通信），能描述各种远距离通信系统及其安全性能，能操作使用远距离通信系统；理解计算机辅助绘图技术的重要性以及绘图作为工业语言的重要作用。懂得绘图惯例，能看懂、解释和设计图纸。能运用草图技能、常规绘图工具和计算机辅助绘图系统绘制图纸；理解运用视觉艺术方法所创作的视觉图像，这些图像能表达、传递和服务于现代工业和个人的需要。学生能运用各种视觉艺术方法（如图像生成、转印和剪辑技术）来设计和创作视觉产品；理解摄影、动画的过程和系统，并能将这些方法和系统（如曝光、显影、编辑、设计、裱衬）与制作视觉图像结合起来，这些图像记录、包含、图解或解释着信息。围绕这个领域，可以设置音频传递、视频传递、视频带录制、光纤通信、桌面出版系统和计算机辅助绘图等主题活动。

那么，怎么开展通信技术的教育活动呢？广播剧本的撰写就是这个领域里的一个典型案例。在这个活动中，学生必须写出一个指导广播过程的剧本，包

---

① Wanami S I. 1995. Middle School Technology Education Curriculum Model for New Brunswick. A Thesis Proposal Submitted in Partial Fulfilment of the Requirements for the Degree of Master of Education in the Faculty of Education. The University of New Brunswick. 58

括新闻、天气、体育等信息，还要选配音乐。学生为了完成这个任务，就必须学会操作音频设备，并在撰写剧本的基础上制作一台广播节目。

2）制造技术

这个领域要让学生掌握各种制造过程，如模具制造、铸造、成型等，理解这些环节对制造技术的重要作用，还要理解材料及其加工方法，理解计算机辅助制造和生产管理的过程（如质量控制、事故预防、存货控制）。制造领域可以包括研究与开发、机器人技术、计算机数字控制和合成技术等主题活动。通常意义上的电子控制技术也可以被包括在这个领域里。

仿造就是典型的制造活动。学生与小组成员合作，先制定出制造过程流程图，然后将制造过程流程图在小组间交流；然后，将修订的计划付诸实施，仿造出产品。

3）建筑技术

建筑技术是一个有较强综合性的技术领域，学生可以通过考察桥梁建设、楼房建造和城市规划来体会建筑技术的综合性。要理解建筑过程的各个环节，如建筑准备、选址与地基确定、调查、规划、绘制草图、形成计划、管道系统、电力配置、框架构筑、垂直保障等，体会这些环节对建筑技术的重要影响。

建筑技术的重要环节是框架构筑与计划。在这样的活动中，学生将面对一套标准仓储大楼的建筑图纸，包括地基、楼层、梁柱和立视图。图纸标明了大楼的各个部分。学生需要按照预定的规格尺寸尝试着列出建楼所需要材料清单。

学生可独立地或与他人合作完成模型制作，或撰写实际的建筑案例报告，以此来体现他们理解建筑技术概念的实际水平。我国 2003 年制定的《普通高中技术课程标准（实验）》通用技术部分，在建筑及其设计模块下就设置了建筑与文化、建筑结构及其简单设计、建筑材料及其加工、建筑构造及其设计等主题活动。

4）交通运输技术

学生在这个领域需要了解陆地运输、水上运输、空中运输和太空运输的技术应用，理解各种与运输相关的系统与方法。

要体会与学习交通运输技术，可通过设计与建造一种具有运输功能的模型装置活动来进行；也可以将"飞行"作为运输技术入门的主题；还可以利用与航空运输有关的材料，来研究运输技术的环境影响和社会意义。为了理解可运载货物和人的运输资源，可以组织学生建造各种样式的运输车辆模型，并写出报告，对这些不同样式模型的用途、相关的安全考虑以及对于社会和环境的影响等进行比较。

　　对有志于从事交通运输职业的高中生，还可以根据条件，安排他们参加能再现运输系统重要作用的模型制作或实际考察活动，如高速公路、运河、桥梁、发射塔、推进系统、巡航系统、控制系统、悬置减震系统、承重结构等这些运输支持系统的模型。由此，可以使学生更好地理解运输技术。

　　5）生物技术

　　生物技术的主要技术介质是动植物活体（或活体部分）以及细菌，因而，它与农业有着密切的联系。在《美国国家技术教育标准》中，生物技术就与农业技术放在了一起，作为标准15。学习这个领域，学生将能够理解生物技术的应用，理解并解释农业、生物加工业、健康和医药等与生物相关的行业中有关的生物技术和方法；学生要理解微生物加工过程（如发酵、生物加工），知道利用活的有机体来进行生产的过程与方法；还要理解生物医学技术过程（如基因工程、人工器官工程、生物遥测技术）。这些技术能生产出人类和工业需要的产品。

　　可以安排技术教学活动，让学生独立地或与他人合作，完成一项生物加工活动来生产发酵产品，或者作生产一种基因工程产品（如植物制剂药品），或者一种人工器官，或者设计能三维活动的人工器官活动模型，或开发并利用生物遥测技术系统记录生理活动，如遥测温度计。

　　6）动力与能源技术

　　在这个技术领域，学生需要学习动力与能源的来源与设施，包括电力、太阳能、热能、水力发电和风能利用。通过学习，能理解目前正在使用的能源和正在研究的新能源（如可耗尽能源、不可耗尽能源和可再生能源等），并且能知道几种不同的能源及其优缺点；结合物理课程的学习，学生可加深理解能量转化过程（如化学能转化为机械能、机械能转化为电能、热能转化为电能）和能量传输机制（气体动力方式、液压方式、机械方式）；还要理解能源开发的过程与方法（如开煤矿、收集太阳能、钻探油井、收获农作物等）；要理解能源节约系统构成（居民、商业、工业、传输）和能量储存方式（电能、机械能、化学能）。

　　开展动力与能源技术教育活动，可以通过运用不同方法合作建设一套能源系统模型，如小型汽轮机、气动技术、机器模型、航空模型等，研究它们是怎样工作的，各种材料（如油料）各起怎样的作用。也可以合作建造相应的工作模型，分析实际的能源开发、加工过程和储藏系统，并结合在模型活动中的发现撰写报告。还可以分析一个能量守恒概念的实际例子来加深对能量转化与守恒的理解。

7）材料技术

通过这个技术领域的学习，学生就能理解来自动物、矿物和植物的原材料是怎样被收集、加工，并生产出合成物、金属、木材、橡胶等这类工业材料的。还能理解并解释生产过程中的材料加工与检测方法，理解常见工业材料的循环利用。

材料的循环利用是材料技术领域很好的学习主题。学生面对教师提供的各种材料，要能够正确地鉴别出哪些材料能被循环利用。

2. 综合技术素养与职业素质

当代技术教育还强调学生要具备综合技术素养。以美国加利福尼亚州教育部 1993 年制定的面向高中生的"核心技术"（technology core）教育计划为例①，对中学生提出的综合技术素养包括 12 项要求：

（1）学生理解普遍的问题解决系统模型，包括输入、加工、结果和反馈。他们通过口头或书面形式，在通信、运输、能源、生产和生物技术领域的至少两个领域的技术活动中，能独立或在团队中与他人合作运用问题解决的系统模型。

（2）学生明白他们生活在一个持续变化中的世界，新技术层出不穷并影响着他们的生活方式。他们能识别影响所在世界的最新的和潜在的技术变化。

（3）学生明白计算机在目前和未来技术领域中的应用，他们能通过实际操作或者书面方式，在通信、运输、能源、生产和生物技术中的至少两个领域的技术活动中，能独立或在团队中与他人合作运用计算机软件、硬件和外围设备。

（4）学生理解普遍的绘图惯例和符号，他们能通过口头或书面的方式，在通信、运输、能源、生产和生物技术中的至少两个技术领域活动中，能独立或在团队中与他人合作来证明他们的理解。

（5）学生理解工具与机器在当今技术世界中的作用与功能，在通信、运输、能源、生产和生物技术中的至少两个领域的技术活动中，能选择并正确、安全地使用工具和机器。

（6）学生理解企划活动的本质（如决策、管理、商业计划、市场调研）和相关的经济功能（如释放企业能量、供与求、商业周期、纪录保持），这些经济功能创造了新行业、新工作和新理念。他们能通过口头或书面的方式，能独立或在团队中与他人合作来证明他们的理解。

（7）学生理解既定技术领域的产品研究与设计策略。他们能在通信、运输、能源、生产和生物技术领域的技术活动中，将这些策略（如形成概念、绘制草

①　California Department of Education. 1993. Technology core. Draft Report. 17～20

图、研究模型、确定最终草图、原型评价）与产品开发中的普遍的问题解决策略（输入、加工、结果、反馈）相结合。

（8）学生了解技术的发展与演化，他们能辨别和列举主要的技术形成和快速发展时期。

（9）学生理解消费者的概念（见多识广的购买者、消费者权益），并能将这种概念应用于购买工业产品和材料的行动中。他们在通信、运输、能源、生产和生物技术中的至少两个领域的技术活动中，能将消费者概念运用于真实的或模拟的获得开发产品所需材料的活动中。

（10）学生理解学问或职业路径的重要性和功能，他们能独立或与他人合作发展与维持个人的学问或职业路径，或者按线性课程计划来获取文凭。

（11）学生理解技术发展对过去、现在和未来的环境影响。他们能通过口头或者书面报告的方式，在通信、运输、能源、生产和生物技术中的至少两个领域中，建立技术与环境相关联的概念（如生态保护、污染治理、循环利用、资源、废物处理）。

（12）学生理解技术活动中资源的本质（如时间、合适的技术、替代能源、替代材料、有效性、逆向工程）。他们能通过口头或者书面报告的方式，在通信、运输、能源、生产和生物技术中的至少两个领域中，能提出适宜的资源利用方案。

此外，当代技术教育还普遍重视培养学生的职业素质，要求学生具有良好的个人品质、人际交往能力、思维与问题解决技能、沟通与交流技能、职业安全意识。具体来说，就是学生要具有积极的态度、自信、诚实、坚持不懈和自律等品格；要学会协商，灵活处理冲突，能够与他人合作共事、共担责任、接受监督和承担领导作用；必须具有批判性和创造性思维技能、具有逻辑推理能力和问题解决技能；懂得怎样进行有效的沟通与交流；能安全地操作机器以免身体在工作环境中受到伤害，还能恰当地处理危险的材料。同时，还要理解顺利就业所需要的职业路径和策略，并在工作中能识别、学习和运用新技术来改进工作业绩。

所有上述七大技术领域，连同综合技术素养与职业素质要求，代表了当今高中技术教育关于技术课程内容领域的概貌。

（四）从领域到模块

高中技术教育的基本内容领域，指明了高中技术课程开发的内容范围。但要实践技术教育，还需要将可能的技术领域开发成具体的可执行的模块。因为，每一个领域都太大了，难以操作。模块可以理解为表达技术领域的"课程组织者"，也可以理解为一门具体的课程（course），而它又通过若干主题来体现，主题是表达技术课程的最小教学单位。从领域到模块再到主题，即"领域—模块—主题"这样一个过程，是技术领域越来越具体、内容范围越来越精确的过程，当然也越来越具有可操作性的课程意义。我国教育部 2003 年推出的《普通高中技术课程标准（实验）》，采用"领域—模块—专题"来表达课程内容。但这个"领域"的意义是指整个"技术"学习领域，不是指前面阐述的通信技术、制造技术、运输技术、建筑技术等基本技术领域。虽然整个技术领域是由若干基本技术领域组成的，但行文意义有所不同。不过"主题"与"专题"并没有什么不同，只是个语言习惯问题。2004 年出版的《上海市中小学劳动技术课程标准（试行稿）》采用"一级主题"和"二级主题"的方式来表述课程内容。当然，这个主题概念特别是"一级主题"概念与前面的"主题"、"专题"概念又不一样，但由"一级主题—二级主题—教学内容"也是体现了越来越具体的课程思路。前面的"主题"、"专题"与此处的"教学内容"相通。体会技术课程的用语风格很有意思，是本书所能带来的一种风味。

以模块的方式表达技术课程比较普遍。1991 年，加拿大新布仑瑞克省教育部制订了一项"初级中学技术"教育计划，所提供的技术课程包括 5 个必修模块和 9 个选修模块，所有学生必须完成 9 个模块（包括 5 个必修和 4 个选修）。[①]

5 个必修模块是：①工业技术 1；②家庭生活资源；③工业技术 2；④生活资源；⑤商业技术入门 1。

9 个选修模块是：①儿童和你；②服装选择；③能源；④企划；⑤食物发展趋势和生活方式；⑥图表信息表达；⑦工业生产；⑧商业技术入门 2；⑨理解事物关系。

（五）技术课程实践

1. 美国中学最普遍开设的技术课程 （类）

在基本技术领域范围内，设计多少个课程模块？每一个模块的具体内容又包括哪些主题（专题）？每个主题又怎样展开？这并没有一个统一的权威标准。即使是《美国国家技术教育标准》，它对各州也是一个参照性标准，不少州根据自己的情况，开发了自己的技术课程标准，如犹他州、得克萨斯州、新泽西州、康涅狄格州、加利福尼亚州等都建立了自己的技术课程标准。特别是实际采用

---

① New Runswick Department of Education. 1991. New Brunswick Junior High School Technology: Curriculum Guide. Frederication，NB：New Brunswick-Department of Education，Program Development and Implementation Branch

的技术课程名称，更是五花八门。甚至一个地方的模块名称，到了另一个地方只是一个主题，基本技术领域的名称也经常以模块的"身份"出现在技术教育实践中，问题的关键就在于其名称下所"填充"的具体内容是怎样的。美国学者桑德斯 1999 年对 1468 所美国中学（半数以上为高中）所开设的技术课程名称及其寓意进行调查研究，结果产生了一个高达 1756 门课程名称的清单。由于课程名称过多，于是他们将所得到的课程清单分类，相近课程构成一类。结果发现美国中学最普遍开设的前 20 种技术课程（类）如表 5.4 所示。

表 5.4　美国中学最普遍开设的 20 种技术课程（类）

排序	技术课程（类）名称	排序	技术课程（类）名称
1	一般技术教育（429）*	11	建筑（35）
2	设计/计算机辅助设计（261）	12	运输（35）
3	木工技术（180）	13	材料与加工（34）
4	金工技术（74）	14	动力（意指机动车）（24）
5	建筑绘图/建筑设计（70）	15	焊接（24）
6	电子学/电子线路（62）	16	摄影（21）
7	制造（57）	17	技术教育标准模块（20）
8	通信（53）	18	计算机（20）
9	机动车（49）	19	技术原理（19）
10	绘图（45）	20	建筑（不包括绘图/设计）（17）

*括号中的数字表示此课程（类）下所代表的名称相近的课程（courses）数量

资料来源：Sanders M. 2001. New paradigm or old wine? The status of technology education practice in the United States，Journal of Technology Education，12（2）：35～55

如果考虑到"技术教育"就是由传统"工艺教育"发展而来的，则开设率最高的"一般技术教育"就很容易令人联想起在 20 世纪六七十年代最普遍开设的"一般工艺教育"。加之木工技术、金工技术这样的传统工艺教育内容依然位置列前，显然，即在当今技术教育的内容中，传统工艺内容不但没有消失，而且还依然备受宠爱。这与另一项调查形成了互相印证。2002 年，一项关于美国密歇根州中等技术教育计划的调查表明，木工实验室仍然是技术教育领域设立最普遍的实验室，开设率占 67.9％。[1]这说明传统工艺内容仍然是技术教育的重要内容，这对我国开展普通高中技术教育也有很重要的启示。

2. 关于计算机技术

事实上，在美国中学目前的技术教育中，有 88.6％的技术教育计划采用了基于计算机的教学活动，平均有 40.1％的技术教育计划是以计算机为工具进行

---

[1]　Cardon P. 2002. Technology education curriculum designs in michigan secondary education. The Journal of Technology Studies，28（2）：145

问题解决的。①特别需要指出的是，在运用计算机完成问题解决的过程中，对于计算机的使用早已经超出了文字处理或网络信息搜索等这些中小学技术教育中常规的应用方式。计算机辅助设计（CAD）和辅助绘图已经成为高中技术教育中运用计算机的新型方式与重要内容，还可以将它安装在技术实验室以联通网络。计算机技术的广泛运用，已经成为当代技术教育超越传统工艺教育的标志之一。

对基于计算机应用的信息技术教育，要从理念上分清作为工具的信息技术手段与作为学习对象的信息技术内容这两个不同的概念。当学生还缺乏基本的计算机知识与技术时，不可能用它作为工具去完成有关的技术任务，而当学生具备了相关的计算机技术知识后，计算机就可以作为完成其他相关技术活动的工具。那些计算机教育开展较早且普遍的国家（如美国），到了高中阶段，一般不再将计算机技术单独设立为特殊的技术领域，而是与整个技术教育整合在一起。反观那些计算机开展较晚且不很普遍的国家（如中国），则往往将与计算机相关的教育与其他的技术教育在形式上分开。即便如此，两者之间的联系依然还是非常密切的。如我国教育部 2003 年制订的《普通高中技术课程标准（实验）》，就将"信息技术的部分相关内容安排在'通用技术'科目中，在其必修模块'技术与设计 2'中就设置有'控制与设计'主题，在选修部分中设有'电子控制技术'和'简易机器人制作'两个模块"②，体现了基于计算机应用的信息技术与通用技术之间的紧密联系。

3. 我国技术课程内容简评

20 多年来，"劳动技术教育"一直是高中进行技术教育的主渠道。由于观念陈旧，以及我国科技与经济的整体落后，我国传统的劳动技术课程内容所存在的最大问题就是科技含量不高。

劳动技术课程的主要内容如下③：①农作物、蔬菜种植类和花卉、草木的种植、栽培、管理；②家禽、家畜的饲养和观赏动物（如金鱼、热带鱼、鸽子等）的养殖；③常用木工工具（锯、刨、凿、斧、锉、尺等）的使用和木工基本技能常识，油漆的基本知识；④常用金工工具（钢锯、台钳、锉、钻等）的应用和实际使用方法、技能；⑤照明电路及电表、烙铁等常用电器的使用、安装；⑥烹饪、缝纫、刺绣、编织等基本常识和技能；⑦阅读、绘制平面图、二视图、

---

① Sanders M. 2001. New paradigm or old wine? The status of technology education practice in the U-nited States. Journal of Technology Education，12（2）：35～55

② 教育部 . 2003. 普通高中技术课程标准（实验）. 北京：人民教育出版社，8

③ 蒋文立 . 1993. 中学劳动技术教育的研究与实践（下）. 上海教育科研，（5）：23～25

三视图等，并按图加工简单零件；⑧常用测量工具的使用；⑨车床的使用及简单机械，如电动机、水泵、内燃机等的使用和维修；⑩电子技术的基础技能；⑪英文打字；⑫微型计算机。

这些内容基本反映了我国劳动技术课程内容的概貌。在"实用"的名义下，这些课程在理念上显然还没有脱离技能型课程模式的束缚，课程目的是让学生掌握工农业生产和日常生活的基本技能，课程架构没有突出问题解决能力与批判性思维能力的发展。

《普通高中技术课程标准（实验）》规定的内容：2003年，我国教育部推出《普通高中技术课程标准（实验）》，普通高中开设的技术课程分信息技术和通用技术两大类。其中，信息技术部分包括一个"信息技术基础"必修模块和"算法与程序设计"、"多媒体技术应用"、"网络技术应用"、"数据管理技术应用"、"人工智能初步"等五个选修模块；通用技术部分包括"技术与设计1"、"技术与设计2"两个必修模块和"电子控制技术"、"建筑及其设计"、"简易机器人制作"、"现代农业技术"、"汽车驾驶与保养"、"服装及其设计"、"家政与生活技术"等七个选修模块。每一个模块又分设若干专题，如"现代农业技术"模块设绿色食品、品种资源的引进与保护、无土栽培、营养与饲料、病虫害预测及综合治理、农副产品营销等六个专题。

显然，从内容上看，《普通高中技术课程标准（实验）》现代科技气息明显增强，课程结构体系规划基本合理。它无疑称得上是我国普通高中教育历史上设计得最好的一个技术教育蓝本，与传统的劳技课程内容形成明显的对照，反差强烈，其可圈可点之处甚多。不过，金无足赤，仍有几个问题值得思考：

第一，《普通高中技术课程标准（实验）》规定的技术课程模块，两个部分共计15个，其中必修模块3个，选修模块12个，模块数量总体来说还是提供得太少了，学校根据自己的条件进行选择的余地太小了。除必修模块外，只能在信息技术的5个选修模块里再至少选1个，在通用技术的7个选修模块里选择若干或不选。本来，选修的模块应该是由学生自己来选的，同一年级学生甚至可以在同一时间选修不同的模块，这一点很值得教育改革者注意。但由于历史的惯性和教学管理成本的原因，所谓的选修模块其实是让学校选的或者说是学校统一替学生选择，然后统一开设。更为关键的问题在于，我国的课程标准不是参照性示范文本，而是推行文本，是政策性文本。全国各地普通高中进行技术教育一般都要按照这个文本执行。但我国实在是太大了，面积接近于欧洲，人口比整个欧洲还多，各地差异无须赘述。用这样模块数量与必选修规定就"统一"偌大中国的高中技术教育，难免要让不少地方的高中削足适履。

第二，通信技术、制造技术、建筑技术、交通运输技术、生物技术、动力与能源技术、材料技术等 7 个领域，是国际普遍的中学技术教育的课程内容领域。若再计入信息技术，则为 8 个领域。同时，还关注综合技术素养和职业素质。瑞森（Aki Rasinen）通过研究澳大利亚、英国、法国、荷兰、瑞典和美国等 6 个国家的技术教育课程，发现尽管其表述方式彼此不相同，但这些国家的技术课程所强调的技术内容领域并没有显著的差别。[①]尽管这些技术领域也未必是技术课程设计的金科玉律，但它终归还是有相当的权威性，完全可以为我国普通高中的技术课程设计提供领域范围的参照。若以此对照我国的《普通高中技术课程标准（实验）》，则可发现，八大技术领域只有信息技术、建筑技术得到了比较充分的体现。制造技术、通信技术体现不充分。材料技术体现不明显，不过相信在实施时会有体现。但交通运输技术、动力与能源技术、生物技术则没有体现，难免显得技术领域结构尚欠完善。《普通高中技术课程标准（实验）》明显关注了学生的生活与职业素质，为此在通用技术部分设立了 3 个模块，即汽车驾驶与保养、服装及其设计、家政与生活技术。

第三，传统工艺内容失缺。前面提到，即使是像美国这样的发达国家，"木工"之类的内容依然是今天高中技术教育的重要组成部分。而我国的《普通高中技术课程标准（实验）》中，却没有"木工"技术，"金工"技术也是包含在"技术与设计 1"中。[②] 当代技术教育与传统工艺教育是继承与发展的关系，而不是割裂与抛弃关系。木工之类的工艺内容，应该还是高中技术教育的常规内容。

第四，技术教科书的编排问题。《普通高中技术课程标准（实验）》"通用技术"部分安排了两个必修模块，即"技术与设计 1"和"技术与设计 2"。根据江苏教育出版社出版的配套教科书的内容编排，本书研究者发现其用意显然是让学生学习设计与问题解决的一般过程与方法，掌握基本的技术系统与结构，用意非常好，符合普通高中技术教育的性质与特点，与本书前面的研究结论也是一致的。但是，从所设的选修模块来看，其用意又在于具体内容。过程与内容是统一的，是一个问题的两个方面。既然如此，在编排课程时，是不是还要同时安排侧重于"过程"的模块和侧重于"内容"的模块？本书以为，从课程安排的便利角度，不必这样。要么在具体"内容"模块的学习中把握问题解决的

①　Rasinen A. 2003. An analysis of the technology education curriculum of six countries. Journal of Technology Education，15（1）：31~47

②　顾建军 . 2004. 普通高中技术课程标准实验教科书《技术与设计 1》. 南京：江苏教育出版社，143

过程与方法及相应的技术系统；要么以"过程"为主线，将有关的内容结合进来。但无论采用哪一种方式，培养学生的问题解决能力都是普通高中技术教育的首要目标。

（六）高中技术课程的可选模块

美国"2061"计划的系列著作《科学素养的基准》一书的第三章，主要论述了技术学习的内容，包括技术的性质、技术与科学、设计与系统、技术中的问题，第八章则阐述了几个主要的技术领域：农业、材料与制造、能源及其利用、交流、信息处理、保健技术。《美国国家技术教育标准——技术学习的内容》用五章 20 个基准阐述了技术学习的内容框架：技术的本质、技术与社会、设计、应付技术世界所需要的能力、设计世界。其中，设计世界阐述了医疗技术、农业技术与相关生物技术、能源与动力技术、信息与通信技术、交通运输技术、制造技术、建筑技术。澳大利亚现行的高中技术教育主要涉及农业、计算/信息技术、家庭经济、媒体、工艺、设计与技术等。2001 年英国设计与技术协会提出，电子和通信技术、运输技术、食品、生物、医学技术和建筑技术都可以成为技术教育的新领域。

参照国际技术教育的权威文件和发达国家技术教育的经验，结合我国是一个地域大、差异大的农业国家的基本国情，本书提出普通高中技术课程的 32 个可选模块，供各地高级中学依据自身实际、按照国家或地方政府规定的学分要求进行选择。这 32 个模块是：①制造技术探索；② 计算机基础（软件与硬件）；③金工技术；④农产品加工经营；⑤电子控制系统；⑥通信技术探索；⑦农林园艺技术；⑧木工技术；⑨图表数据处理技术；⑩无土栽培技术；⑪现代农业管理；⑫动力与控制探究；⑬航空模拟技术；⑭机器人设计；⑮环保技术调研；⑯多媒体技术；⑰交通运输技术探索；⑱能源技术探索；⑲生物技术研究；⑳建筑技术研究；㉑绿色食品生产；㉒电力和电工技术；㉓互联网技术；㉔电脑排版印刷系统；㉕计算机制图；㉖收音机/电视机装配；㉗商业技术；㉘空气动力学技术；㉙计算机辅助制造/计算机辅助设计；㉚激光技术应用；㉛问题解决程序设计；㉜家政与职业技术。

以上 32 个技术模块，是高中技术课程的可选模块，具有普适性，但适当向我国的国情进行了倾斜。

但这 32 个模块并不是要每所高中都要开齐，而是在提出最低学分要求（如每模块 2 学分，最低毕业要求为 8 学分）的前提下，由学校根据自己的生源、当地经济技术特点、本校可利用的技术教育资源和条件许可，在其中选择若干模块提供给本校学生，提倡适当多选。也可由各地规定一些必修模块，以保证最低要求。每个模块可设若干主题（专题），如"家政与职业技术"模块就可考虑设汽车驾驶、服装设计、营养保健、居室设计等主题。

第六节　我国普通高中技术课程模型构想

作为普通高中教育的一部分，技术教育以培养学生的技术素养为根本目标。技术素养表示一个人理解、使用、管理和评价技术的能力与水平，它代表个体对技术演化、技术革新的理解与掌握，以及运用工具、设备、方法和材料来满足人类需要的能力。技术素养体现为一系列的能力："基本的操作能力、批判性思维能力、建设性的工作习惯、一套概括性的运用技术手段进行工作的能力、实际的技术能力、关键的人际交往与团队合作能力以及独立学习的能力。"①具有技术素养的高中生，应该有从事技术性职业的兴趣，并具有基本的就业素质。

一、构建我国普通高中技术课程模型的基本思考

每个国家都可以提出自己的课程主张，展示自己的课程特色。综合前面的研究，我国普通高中的技术课程模型，其结构应该包括以下几个部分。

（一）课程目标

我国普通高中技术课程以真实问题或拟真问题为契机开发技术课程，重视技术和学生生活经验的紧密联系，培养学生关于现实世界的真实经验为目标。这样，技术学习就可以成为有意义的学习。实施技术教育最为重要的就是让学生学会制定和提出技术问题的解决方案，使他们成为具有辨别力和见多识广的技术使用者与富有革新精神的"创新思维者"（creative thinker），同时在理解技术的过程中，形成一定的职业素质。

（二）课程活动

技术的开放性、实践性、综合性、创造性和体验性特点，要求技术教育活动形式多样。问题解决、示范/模仿、手工操作作业、自选项目设计、产品设计与开发、社区问题讨论、职业信息讲座等都是有效的技术教育活动方式，其中以各类问题解决活动为最基本的活动方式。

---

① Wanami S I. 1995. Middle School Technology Education Curriculum Model for New Brunswick. A Thesis Proposal Submitted in Partial Fulfilment of the Requirements for the Degree of Master of Education in the Faculty of Education. The University of New Brunswick. 56

（三）课程资源

技术教育如果缺乏相应的课程资源支持，那么，再好的课程蓝图也未必能实现其教育目标。相对于其他教育领域，技术教育尤其需要课程资源的支持。而且这一点对于我国现阶段还具有特殊的现实意义。技术实验室、工具机器/设备、互联网、科技场馆等都是重要的技术课程资源形式，此外，技术师资则是其中最关键的资源。

（四）相关知识

普通高中的技术教育是连通其他科目的一个强大而活跃的链条，各种知识和技能通过技术而得到纵横联合，从而为学生提供跨学科的宽厚基础。科学、数学、语言与文学、人文与社会、艺术、体育与健康、综合实践活动等都可以为技术教育提供知识基础和相关的技能。同时，通过技术教育活动，又可促进对其他学科的理解。由此，普通高中的技术教育就要与其他的学科领域、特别是与科学领域加强联系，让学生在技术学习的同时，体会和理解隐藏在技术中的社会、政治、经济、文化、美学和环境意义。

（五）课程内容领域与模块

通信技术、制造技术、交通运输技术、建筑技术、生物技术、动力与能源技术、材料技术等七大领域是国际高中技术教育课程开发的主要内容领域，我国高中的技术教育要体现国际视野、把握技术教育的时代气息，就必须参照这些领域。另外，还要立足于本土，考虑我国的实际情况。21世纪，我国占最大数量的从业人员将分别是农业、建筑、生产制造、交通运输、通信和销售人员。我国作为一个农业大国的国情将长期不会改变，但又不会停留于传统农业的发展水平，所以农业技术应是我国普通高中技术课程内容的首选领域。

基于计算机应用的信息技术已经成为现代工农业生产和社会生活的基础性技术，是几乎所有现代技术领域的支撑手段，它可以融入其他技术领域中。但我国目前依然是一个信息技术教育不发达的国家，特别是小学和初中的信息技术教育，欠缺较大。这就使得大部分学生来到高中以后，仍然缺乏最基本的信息技术知识和技能，更谈不上与其他技术融合。因而，信息技术还是需要作为一个特殊的技术领域。通过这个领域的学习，学生能理解信息与信息技术的概念与过程，熟悉信息技术工具，掌握信息的获取、加工、管理、表达与交流的基本方法，知道最重要的信息资源所在以及进入方式，能快速高效地采集、储存和加工所需要的信息。

材料技术，主要是新材料技术。对于我国普通高中的技术教育而言，主要是利用现有材料，从事技术教育活动，尚不具有开发新材料的可能。故而，材料技术暂时不宜列入我国普通高中技术教育的内容领域。同时，在常见的技术教育活动中，如金工、木工加工，也可以学习一定的材料知识。

这样，我国普通高中技术课程的内容领域就可确定为八大领域：农业技术、制造技术、通信技术、信息技术、运输技术、建筑技术、动力与能源技术、生物技术。围绕这八大领域，可开发出若干课程模块。前面第五节所提出的 32 个可选模块，就是基于这八大技术领域。

二、普通高中技术课程模型

基于上述构想，本书设计了普通高中技术课程模型，如图 5.1 所示。

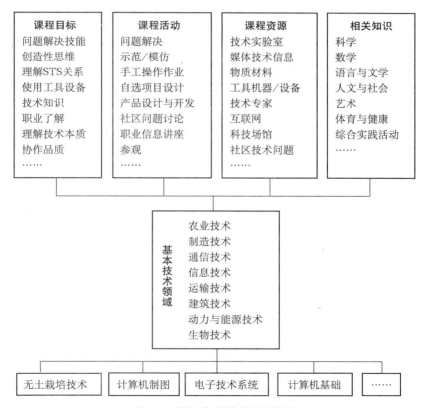

图 5.1 普通高中技术课程模型

图 5.1 是高中技术课程的一个示意性模型，具有一定的普适性。但技术领域的设置则是充分考虑了我国实际情况的结果，其模块的设置可参考上一节提

出的 32 个模块内容。

构想蕴涵了理想，21 世纪我国普通高中技术教育即使达不到国际水平，至少也不能落后太远；构想也蕴涵了努力方向，一味地束缚和迁就种种现实，就可能什么事也做不了，刚刚开始的技术教育也可能会夭折。

这个模型能展示出这样的理念：普通高中技术教育既可以向学生提供就业和适应技术世界所必需的知识、技能和态度，又能发展和培养他们的心智过程与方法，提高其批判性思维和创造性思维的水平，发展问题解决能力。技术教育本身可以向学生提供独特的知识体系，但也需要其他学科的知识融合。它给学生提供合作学习的经验，培养他们作为团队一分子的共事能力，通过交流与沟通，最终合作解决问题。技术课程以灵活的模块方式，向学生提供关于基本技术领域的经验。通过技术教育，学生在高中毕业后能较快地适应职业生涯，实现从学校到工作或从高中到大学的转移，成为一个技术社会中的有技术素养的公民。为实现此目的，就要充分发掘和利用各种技术教育资源，从工具、设备、场地、师资、信息等方面，加强资源条件建设。更为关键的是，要研究和运用有效教学策略，必须将技术课程的理念融入技术教育的实践活动中。

第六章 技术教育的实施

技术教育在世界各国的学校课程中，都是一个独特的领域，在我国则是一个新领域，对于在实践中究竟怎样进行技术教育，还缺乏理论研究与实践经验。

第一节 实施技术教育的主要路径

技术教育走进普通高中，改变了传统的高中课程结构，必然会带来课程之间的关系调整。技术课程与其他课程是怎样的关系，会不会引起资源冲突？或者与其他课程成为亲密朋友甚至联姻?! 关系调整的过程也是技术教育生存与发展的过程。在技术教育调整自身与其他学科的关系、寻觅自己的生存空间的同时，它也会形成并展示自己独特的魅力。

在普通高中实施技术教育，主要有四种路径：

第一，将技术教育贯穿于全部课程。把技术教育贯穿于整个学校课程，所有学科均尽其所能，在各自的领域里，以自己的方式促进学生的技术素养；

第二，将技术教育融于 STS 教育。从科学、技术、社会互相联系即 STS 教育的角度，进行技术教育。特别是技术教育要与科学教育结合起来，在普通高中就是要与理科教学结合起来。

第三，设置独立的技术课程。设立独立的技术课程，将技术“学科”与其他学科（如科学、数学）并列，与科学教育同等并行地进行技术教育。

第四，中心项目活动。在年级或班级里，开展综合性的、时间相对较长的、有一定活动量的技术活动项目。

一、将技术教育贯穿于全部课程

假如在普通高中不设独立的技术课程，我们还能不能进行技术教育？答案是肯定的，能！设置独立的技术课程，可以使技术教育拥有"合法有效"的载体。但没有独立的课程，也依然可以进行技术教育。技术教育可以在学校的全部课程中找到支撑点。

（一）技术的开放性与多学科研究视角

技术是一种复杂的人类活动，它具有开放的界面和多样的"神经树突"，使它与其他领域保持着天然的联系。如果被局限于一个具体有限的时空，技术就不可能得到充分的训练和理解。

技术是一个多面体，具有多维的放射方向和研究视角。不同的学科可以从不同的角度对技术进行解释、描述和运用，并为技术的功能发挥做出贡献。科学致力于发现和解释技术运用中的自然规律；数学和数学模型对技术系统的操作过程做出解释；语言和艺术用来对技术及其影响进行描述和刻画；社会研究描述技术是什么、技术有哪些内容、它是怎样影响人类和社会的、人类和社会又是怎样影响它的。

同一个问题，可以从纯粹技术的角度去研究，也可以从其他的学科角度去研究。我国近几年受到关注的高速铁路技术或磁悬浮技术，就可以从纯粹技术、经济、人类文明、社会和历史等角度去研究。因此，技术教育的路径是宽广的，其载体也是多学科的。高中技术教育所涉及的资源、知识基础和内容领域，几乎遍及普通高中的全部课程。

（二）各门不同学科都是技术素养的源泉

培养有技术素养的人是普通高中技术教育的终极目标。围绕这个终极目标，本书前面曾提出了12项技术教育目标体系，它大体可以划分为四个互相联系的部分，即技术知识、技术能力、技术意识和技术品质。所谓技术知识，可以解释为熟悉某一领域的技术内容和方法，包括技术知识基础：科学知识、数学知识及其他学科知识；所谓技术能力，指识别问题、设计和实施问题解决方案的能力，包括使用工具和设备的能力以及基本的就业能力；所谓技术意识，是指能体味到技术发展的个人意义、道德意义、社会意义、伦理意义、经济意义和环境意义，能理解技术之于社会和环境的"双刃剑"本质；所谓技术品质，是指在技术活动中能够与他人愉快地合作、有效地沟通与交流，能发挥独特的领导作用，能综合权衡各种方案并做出折中性决策。其中，技术意识是技术素养至关重要的部分。

技术知识、技术能力、技术意识和技术品质的培养，离不开其他的学科。特别是技术意识，尽管在普通高中可以开设独立的技术学科，借此可培养学生的技术知识和技术能力，但技术意识的养成还是"应该在大多数学科背景和学习领域中，通过历史、地理、英语和各门科学学科来培养"①。各个学科所蕴涵的知识、技能、品质，本身就是技术素养的基础。特别是数学、科学知识更是技术的"血液"，从科学那里获得的科学知识，是解决技术问题的一种至关重要的资源。

技术并不是一个孤立的知识体，它与其他的知识领域有着极其密切的联系。信息技术与各个学科的整合更使它成为各学科不可分割的一部分。由此，学科的技术教育意义更加彰显。几乎所有的学科，都是技术素养的源泉。

（三）每门学科都可以进行技术教育

在普通高中，几乎所有的学科都可以作为技术教育的路径，承载技术教育的任务。普通高中所开设的语言、数学、外语、政治、物理、化学、地理、生物、历史等课程，都可以成为技术教育的渗透渠道。所谓渗透，就是在原有的学科载体中，融入技术教育的目标意识，结合学科内容的特点，将技术教育的有关理念和内容和谐而有机地融入学科教学，在实现学科教育目标的同时，在一定程度上实现技术教育的目标功能。由此，通过多学科的合力实现或接近实现高中技术教育的目标。我国上海市徐汇区自1998年以来，在全区30多所中小学进行了通过各门不同学科渗透技术教育的探索，取得了宝贵的经验和丰富的成果。

通过各门学科教学，全面渗透技术教育，基本不打破原有的教学秩序。这主要是通过课堂教学的主渠道，结合学科教学的内容，适当地发掘、插入、引申和融合相关的技术内容。以高中语文为例，高中语文是一门看似与技术距离较远的一门课程，然而它仍然可以以特有的方式进行技术教育。不少语文课文都蕴涵着技术教育的可用元素，需要教师将其发掘出来、插入进去、引申开来、融为一体。如《景泰蓝的制作》是著名教育家叶圣陶先生写的一篇介绍我国传统工艺品制作的说明文。叶圣陶先生在这篇文章里，用生动形象、通俗易懂的语言，清楚地说明了景泰蓝生产的全过程，学生可从中了解景泰蓝生产的工艺技术。《南州六月荔枝丹》是作家贾祖璋写的科普小品，文章条分缕析地介绍了荔枝生态、生产的有关知识。文章中还提出了发展荔枝生产、满足百姓生活需

---

① Association for Science Education. 1988. Technological Education and Science in Schools. Report of the Science and Technology Sub-committee. Hatfield：ASE

要的建议，形成了一个以"荔枝生产"为主题的技术链条。《人类的出现》是我国著名地质学家李四光写的一篇说明文。全文紧紧抓住"制造工具"这一关键问题，来说明人类出现的过程和发展变化的原因，在一定程度上揭示了技术之于人类出现、人类文明的意义。其他一些课文，如《一个好树种——泡桐》、《蝉》、《一次大型的泥石流》等课文也都蕴涵着很丰富的科技知识，都可以在一定程度上激发学生探索科学奥秘、寻求技术解决方案以"趋利避害"的求知欲望。

　　类似的学科还有美术，美术与技术有相当的同源性。"art"一词既有美术、艺术之意，也有技术、巧妙之涵。如果说，以名画著称于世的达·芬奇能出色地绘制人体结构图还不会令人意外的话，那么，他曾为米兰的天主教堂设计过一部升降机，他设计过飞机、降落伞和坦克的史话，就出乎常人的意想了。"他的名画流传千古自不必说，他在工程技术、物理学、生理学、天文学方面的思想，在科学史上也具有划时代的意义。"①语文、美术尚且能与技术教育联系起来，更不必说高中物理等科学学科与技术的关系是怎样紧密了。我国 2003 推出的《普通高中物理课程标准（实验）》，在其选修模块 1-1 中，设有电磁技术与社会发展、家用电器与日常生活主题；选修模块 1-2 中设有热与生活、能源与社会发展主题；选修模块 2-3 中设有光与光学仪器、原子结构与核技术；选修模块 3-2 中设有传感器；选修模块 2-1 中设有电路与电工、电磁波与通信技术两个主题。这些主题与技术教育的联系一目了然，有的几乎就等于是完全意义上的技术教育。

（四）提升高中课程文化的技术品位

　　传统高中课程是学术理性的课程，这种课程处处透露出崇尚学术的价值理念，强调对学术成就和恬静生活的关注，技术知识不具有学术知识那样的地位。如果这种课程文化理念不能改变，那么，在普通高中进行技术教育就不能得到观念上的理解、制度上的保证和资源分配上的平等。技术不仅仅是实用的，更是智性的，技术教育所培养的能力包含着高层次的智力。

　　更新技术教育理念，进而改变学校陈旧的课程文化，是一个长期的目标。重建课程文化，不是要将现有的课程文化全部取缔，而是要在技术与学术并重的理念支配下，使现有的课程文化得到提升，把技术实践能力看做是学术成就向更广阔的设计世界的延伸。为此，不论是语文教师、艺术教师，还是物理教师、化学教师，都可以结合自己的学科特点，提高所在学校重视技术

---

① 　吴国盛.2002.科学的历程.第二版.北京：北京大学出版社，174

知识的风气。科学教师可通过科技竞赛、参观访问、工业体验等活动，加强科学与技术的联系；语文教师可以考虑布置关于技术产品说明的作文；艺术与技术原本同源，可让学生思考某产品的美学效果与功能效果是否完美结合。由此，不仅科学，所有学科都明确地体现重视实践能力的学校文化特色，明确地支持一门称之为技术的学科，则重视技术知识的高中新型课程文化可望建立起来。

二、将技术教育融于 STS 教育

将技术教育融于 STS 教育，这是国际普遍进行技术教育的重要方式和途径。

20 世纪六七十年代以来，出于对科学技术发展所带来的严重消极后果的忧思，教育领域兴起了以深刻揭示科学、技术和社会的相互关系为宗旨的教育思潮，即所谓的 STS 教育。STS 教育内涵丰富开放，研究视角多重，具有广泛的衍展价值。STS 教育于 20 世纪 90 年代中后期在我国形成高潮，随即融入世纪之交各种形式的教育改革中。特别是 2001 年我国推出的《基础教育课程改革纲要》（试行）和随后的各学科课程标准，更是蕴涵了 STS 教育的理念。2001 年 7 月颁布的《全日制义务教育科学（7～9 年级）课程标准（实验稿）》的第五部分，就主要阐述了科学、技术与社会的关系。在 2003 年中华人民共和国教育部制定的《普通高中技术课程标准（实验）》中，也明显贯穿了 STS 教育理念。《普通高中技术课程标准（实验）》中指出：技术课程"应当通过具体的技术实践使学生理解技术与科学的联系与区别，以及两者对于社会发展、人类生活所具有的同等意义上的重要作用"[1]。可见，STS 理念是指导世纪初课程改革特别是科学教育和技术教育改革的重要理论基础。

将技术融于 STS 教育的方式进行普通高中技术教育，可以通过开发 STS 课程来实现，也可以通过具体的理科教学过程渗透进行。

（一）通过开发 STS 课程进行技术教育

STS 课程不同于传统意义上学科形态的科学课程或技术课程，也不是单纯强调社会问题的课程，它是具有多样的形态和开放的内容结构，强调和揭示科学、技术与社会之间相互联系、相互影响的错综复杂关系的一种新型课程范式。

1. STS 课程类型

STS 课程在实践上，往往侧重于从课程属性上进行分类。STS 课程一般有

---

[1]　教育部.2003.普通高中技术课程标准（实验）.北京：人民教育出版社，64

以下几种类型[①]：

（1）实用性 STS 课程。此类课程是依照传统的科学课程框架，将有关科学概念的技术及其实践应用纳入其中，强调科学原理的技术应用、科学技术在生产和生活中的应用，并体现科学与技术在社会中的地位与作用。此种课程不打破传统科学体系，构建方法也相对简单容易，但它却很难将科学与技术真正地深入到社会领域中去，因而也难以深刻揭示科学技术与社会的关系。

（2）职业性 STS 课程。此类课程通过向学生提供工程、医学等与科学和技术密切相关的职业性科目，熟悉和了解未来工作中可能遇到的科学、技术和社会问题。这类课程以其职业性的特点，强化了与社会的联系，也更加清楚地体现了科学与技术在社会中的地位与作用。但也正是由于该类课程的职业性，该课程受职业要求的局限，并不容易形成关于科学、技术与社会的批判意识。

（3）人文性 STS 课程。此类课程理解难度较大，它主要是运用历史的、哲学的和社会分析的方法构建课程，强调对科学技术发展的背景分析与理解，如"科学技术史"、"环境哲学"、"健康和医学的社会学"等课程就属于人文性 STS课程。人文性 STS 课程强调科学与技术的社会背景、社会影响和社会关心，突出政治、经济、文化对科学技术发展的巨大影响作用，强调从社会结果和社会价值选择的角度来审视科学与技术的发展。

（4）专题性 STS 课程。此类课程以人类发展所面临的现实问题为核心而构建课程，如环境问题、人口问题、贫困问题和战争问题等。这些问题有许多是由不适当地发展和使用了科学技术所造成的。解决的办法是反思科学技术的两面性，作出发展科学技术的明智决策。此种课程最大的优点是易于呈现自然世界的本来面目，体现出科学、技术与社会诸方面的紧密联系。缺点是由于许多问题的复杂性而不能够分析清楚，进而影响学生对科学、技术与社会相互关系的把握。

2. STS 课程内容

STS 教育理念本身决定了 STS 课程在内容上呈现一个开放的、动态的结构体系。在科学、技术与社会相互作用的概念框架下，STS 课程的内容可以是STS 相互关系的任何一个主题领域。每个主题都为学习者探索人与自然的关系和深刻理解科学、技术与社会发展之间的相互关系提供一个独特的视域，它可以是科学的、经济的、环境的、技术的、伦理的、社会的和价值观的。

就 STS 课程的内容选择问题，不少专家学者提出了有影响的主张。加拿大

---

① 孙可平先生划分了五种类型，参见孙可平．2001．STS 教育论．上海：上海教育出版社，224～226

课程专家埃肯海德教授（G. S. Aikenhead）于 1987 年提出，STS 课程内容应包括以下主题：①科学和技术的关系；②技术/民主决策；③科学家和社会决策；④科学/技术和社会问题；⑤社会对科学/技术发展的影响；⑥科学家的社会责任；⑦科学家的动机；⑧科学家和他们的个性特点；⑨妇女在科学、技术中的作用；⑩科学技术的社会性；⑪科学知识的特点。[①]美国著名科学教育专家拜比（Bybee）在 80 年代初以"与科学和技术相关的全球性问题"为题，对 41 个国家的 262 位科学教育工作者进行了广泛的调查研究，调查结果得出了一个有关STS 教育的内容领域。[②]该调查结论也被公认为是选择和确定 STS 课程内容体系的重要参考标准。STS 课程按重要程度依次排列如下：

（1）世界饥饿和食物资源（食物生产、农业、耕地保护）；

（2）人口增长（世界人口、移民、承载能力、远景容量）；

（3）空气质量和大气（酸雨、CO_2、臭氧层衰竭、地球变暖）；

（4）水资源［废物处理、河口（港湾）、供应、分配、地下水污染、肥料污染］；

（5）战争技术（神经错乱性毒气、核发展、核武器威胁）；

（6）人类健康和疾病（传染和非传染病、紧张、噪声、饮食和营养、锻炼、精神健康）；

（7）能源短缺（合成燃料、太阳能、化石燃料及保存、石油生产）；

（8）土地使用（水土流失、开垦、都市发展、野生生物损失、砍伐森林、盐碱化）；

（9）有害物质（废物垃圾场、有毒化学药品、铅漆）；

（10）核反应堆（核废料管理、增殖反应堆、建设价格、安全、恐怖主义）；

（11）植物和动物灭绝（遗传多样性下降、野生动物保护）；

（12）矿物资源（非燃料矿物、金属和非金属矿物、开矿、技术、低品位沉积物、再循环重复使用）。

除了这种全球性的重大课题以外，学习者所处地区、社区所面临的问题，甚至学校生活中所遇到的问题，都可以成为 STS 课程主题的内容领域，这一点对于地区发展极不平衡的中国尤其重要。

3. STS 课程实施策略

STS 课程的教学组织形式不外乎课堂教学、STS 专题活动和社会实践三种

① 周勇 . 2002. 加拿大的 STS 科学课程 . 全球教育展望，31（4）：29～34

② 梁英豪 . 2000. 科学教育发展的一个重要方向：科学—技术—社会（STS）. 课程·教材·教法，(5)：54～58

形式。但由于 STS 课程形态的多样性和内容主题的开放性，STS 课程的教学策略远比传统的科学课程要丰富多彩。除课堂讲解外，讨论与交流、问题解决、实验、场景模拟与角色扮演、专题讲座、实地调查、甚至指导科技阅读等都是实施 STS 课程的可选方略。讨论与交流乃至争论是实施 STS 课程的有效方法，对于意见冲突较大的问题，还可通过场景模拟与角色扮演的方式进行讨论与交流。这样能使学生认识到自己以及他人想法的长处与局限，有助于促进学生对于问题的认识和对他人的理解，并认识到 STS 所涉及的问题常常没有什么唯一正确的答案。问题解决特别是开放性问题的解决，尽管常常需要消耗较多的时间，但它对于培养学生创造性实践的能力，却有着特别的价值。这些策略和方法对于培养和发展学生的语言表达能力、逻辑推理能力、问题解决和决策能力以及合作精神、社会责任感、对科学与技术的正确理解等均大有裨益。

加拿大学者爱克霍夫（Eijkelhof）和考特兰德（Kortland）于 1987～1988 年对一个 7～12 年级 STS 物理课程项目的实施情况进行了调查研究。通过比较不同的实施方式，他们从中发现了一种具有示范与推广价值、有助于学生成功地学习 STS 课程的实施模式：开始时向学生提出一项社会性的课题，该课题的解决总是把学生导向某种技术；接着使学生产生学习相关科学内容的需要，并且在此基础上使学生对相关的技术进行更加深入的调查研究；最后，学生对该项社会性课题获得更加深入的理解。于是，他们设计了这样一种实施模式：社会性内容—技术性内容—科学内容—更高层次的技术性内容—更深层次的社会性内容。著名学者埃肯海德（G. S. Aikenhead）对此实施模式进行了讨论，并进行了清晰的阐述[①]：

第一，在一个 STS 单元或一节课的开始阶段，让学生思考一个社会性课题或者日常生活中经常发生的事件。例如，醉酒驾驶的法律案件或者居室、学校和企业内的照明问题。

第二，学生开始了解与此相关的技术，如酒精含量测定，或者建筑设计与商业照明设备等。

第三，社会性课题或日常事件以及相关的技术，使学生产生了对科学知识的认知需要。科学知识可以帮助学生理解社会性课题或日常事件以及相关技术的意义。例如，要想理解醉酒驾驶的法律案件以及酒精含量测定技术，就需要知道混合物、氧化还原反应、电子移动的概念以及人体生理系统知识；要想解决照明资源问题，学生就需要知道光度测定、眼球生理学、光的性质以及电磁

---

① 周勇.2002. 加拿大的 STS 科学课程. 全球教育展望，31（4）：29～34

波方面的知识。

第四，具备了相应的科学知识，学生就可以重新思考原来的技术问题，或者学习探索更复杂的技术。

第五，学生回过头来重新思考开始提出的社会性课题或日常事件。在这个阶段，学生通常需要对此做出相应的决策。例如，应当开发出一种镇静药或者新的酒精含量测定技术吗？或者，家庭应该购买哪种类型的灯泡？当学生对解决这种社会性课题或日常事件的科学知识基础有了深层的理解，掌握了与此相关的技术，并且意识到各种决策选择中所蕴涵的社会主导价值时，就会在深思熟虑之后做出决策。

类似这样的 STS 课程实施模式可以确保科学内容按照对学生有个体意义的方式统一起来，而不再是分门别类和相互孤立的。当然，这种实施模式需要组合多种教学策略和方法。

（二）通过理科教学渗透技术教育

开发 STS 课程实施 STS 教育，需要较大的资金与人力投入。世界各国在实施高中 STS 教育的过程中，还探索出一种更现实的方式，即通过理科教学来渗透技术教育，进而体会科学、技术与社会的关系。特别是当科学教育强调科学知识的应用时，它就成为技术教育的良好栖息地。科学教育中的许多活动，如科技实践、科学实验，本身就非常接近于技术教育。

1. 现实与可行的选择

无论是在普通高中设置独立的技术课程，还是通过开发 STS 课程来进行技术教育，都需要相当的人力与物力支持。尽管那样做对开展技术教育有许多优势，但当一个国家或地区经济落后、教育的整体水平不高或受到其他类似班额较大导致设备缺乏等类的条件制约时，可能会遇到较大困难甚至不可能。此时，将技术教育与科学教育结合起来，通过理科教学来渗透技术教育，就成为一种在普通教育中实施技术教育的可行的现实选择。

要通过理科教学来渗透技术教育，容易想到的办法就是改革传统的偏重学术体系的科学课程大纲，使技术教育成为新型科学课程大纲的目的之一，使大纲服务于科学教育和技术教育的双重目的。当然，新型科学课程还要符合国家的经济发展和科学与技术特点，符合国家的需要，并能引起学生的兴趣。例如，在波斯瓦纳，水资源很缺乏，太阳能装置正在日益变得随处可见，自行车还是一种主要的运输工具，基本的卫生医疗，尤其是肠道传染病防治还具有非同寻常的重要意义。根据这种情况，波斯瓦纳教育部开发了一套面向中学生的科学统整课程方案，目的是培养学生生活经验中那些最需要的科学和技术知识。①其实，像波斯瓦纳那样的地区，在我国也是存在的。在这样的地区进行技术教育就要适度考虑现实约束。此外，我国的普通高中特别是那些"升学率"较高的农村地区的"名牌"高中，都存在班额超大的问题。在这种情况下，要真正地按标准要求来实施技术教育，所需要的资源建设是可想而知的，而普遍的情况却是此前基本没有技术教育的资源基础。这也是我国普通高中实施技术教育的困难之一。

但要大幅度地改革科学课程大纲，不仅需要相当的投入，而且也未必那么容易获得同意。甚至，一旦处理不好，就可能损害科学的学术逻辑体系，得不偿失。于是，保持科学教育的体系不做大的改动，结合理科教学渗透技术教育，就自然地涌上"桌面"。而且，技术的本质也决定了这条路径的可行性。技术课程的理念是整体性的、问题解决式的、行动导向的，更重要的是普通教育中的技术教育是基于科际间整合的，其他学科特别是技术的"近亲"——科学和数学完全可以，而且应该与技术教育整合起来。相互联系在技术教育下的各门学科，都可以从不同角度进行技术教育，从而形成一张技术教育之网。这正如智力和原材料之于机器设计、资金流动和订单之于市场协调，科学等其他学科知识之于技术的基础性作用是明显的。这样，就提供了一种不设置独立的技术课程也可以进行技术教育的可能，至少从理论上给了这样的鼓舞。特别是当开发STS课程或独立设置技术课程或大幅度改革科学课程纲遇到了难以克服的现实困难时，通过理科教学来渗透技术教育就成为摆在我们面前的一条既现实又可行的技术教育路径。而且，这样还可以避免在本来就已经超负荷的课程中再挤进一位新成员。

2. 通过理科 STS 教学专题渗透技术教育

通过理科教学来渗透技术教育，需要先找出与技术相联系的科学知识点，然后，再提出要研究的问题。问题是技术教育的"入口"，而问题的投射角度可以是学生感兴趣的与科学、技术有联系的社会问题，也可以从技术活动进入，进而探寻技术的科学基础和社会意义，也可以从科学原理的实际应用入手。20世纪二三十年代，苏联在普通中学进行综合技术教育时，就十分重视普通中学数学、物理、化学、生物等学科的综合技术教育原则。仅 6～10 年级物理课程，就包括 600 多个物理知识与技术、工艺、经济组织以及现代工农业生产相联系

---

① Nganunu M. 1988. A attempt to write a science curriculum with social relevance for Botswana. International Journal of Science Education，10（4）：441～448

的机会。[①]其后，随着 STS 教育的兴起，将学科教学特别是理科教学与技术、经济和社会发展相联系的教改探索一直没有停止过。

20 世纪 90 年代以来，结合 STS 教育理念，我国也有不少高级中学进行了理科课程 STS 教学改革尝试，取得了很好的成绩。武汉市武汉中学经过分析与研究，列出了高中物理进行 STS 教学的 40 个知识结合点。[②] 对每一个结合点，他们都提出了进行 STS 教学的课题、内容以及 STS 教学的形式。如对于"温度"，他们以"种类繁多的测温仪器"为题，以"板报专刊"的形式，向学生介绍温度计的家族：液体温度计、热电偶、电阻温度计、双金属温度计、压力温度计、气体温度计、二极管温度计、磁温度计、辐射高温计、光学高温计、快速扫描温度计等。这不仅让学生了解了温度测量技术，也体会到了物理知识的技术应用。

3. 通过课堂渗透进行技术教育

除了结合学科特点开展专题性的活动外，课内渗透是结合理科教学进行技术教育的主要形式。澳大利亚芬尼格罗夫州立高中（Ferny Grove State High School）的一节题为"液态氮"的科学课授课实录。教师在这节课里不显山、不露水地融入 STS 理念，渗透技术教育，甚至还巧妙地渗透了职业气息，不仅使学生学到了"活"的科学知识，也体会到了科学知识的技术应用。如液态氮的医学用途、美国有大约两公里的用液态氮来冷却输电线的试验工程等，都体现了利用科学教育来渗透技术教育的做法。[③]

三、设置独立的技术课程

前面两种实施技术教育的路径，强调了技术的整体性、复杂性与多维性，说明了技术与科学原理和数学以及其他学科的关联性。这两种路径无疑可以增强学生对技术的理解，也能在一定程度上促进学生的技术知识，提高学生的技术素养。特别是科学与数学，它们是与技术联系最紧密的基础知识，技术与理科教育的结合，是技术教育的一条现实且经实践证明有效的路径。

但是，还存在一个问题，那就是这两个路径能在多大程度上给学生以技术实践活动的机会，是值得怀疑的。或者说，这两个路径能不能发展学生的具有操作意义的技术能力是难以得到保证的。

---

① 刘世峰 .1993. 中小学劳动技术教育 . 北京：人民教育出版社，69

② 中国教育学会物理教学专业委员会，湖北省教学研究室 .2000. 物理教育中的科学·技术·社会 . 北京：人民教育出版社，33～38

③ 杨震云 .2003. 一节澳洲科学课的授课实录 . 外国中小学教育，（5）：42～44

（一）设置独立的技术课程是实施技术教育的保证

知识是一回事，理解是一回事，而行动是另一回事。现实世界的确存在着关于如何做事的不可替代的那种行动知识——技术技巧。技术在过去经常被误解或者被歪曲，比如，被当作"仅仅是应用科学"或者被拘泥于狭隘的职业上的考虑。其实，技术是一种独特的认知方式和知识解释与表达的方式。科学与数学知识对于技术的基础作用，并不表示科学和数学一定能促成技术行动的意图，更不代表会做、真做。技术作为一种独特的知识方式和认知方式，是独特的和不能被忽视的。技术获得的过程，就如同编织技术之网的过程与方法不可能轻易地被从内容和背景中抽取出来或编织进去一样，其中蕴涵着复杂的人类工程学原理。科学加上数学，哪怕再加上其他几门学科，也不等于技术。这就决定了 STS 教育和学科渗透的技术教育与真正意义上的技术教育还不是同一个意味。

另外，如果不是真正地建立了技术教育的概念，理解了技术教育的意义，并且活动组织者本人也有一定的技术素养。那么，无论是技术教育贯穿于全部课程，还是将技术教育融于 STS 教育，其活动的最主要动机大多未必是让学生获得问题解决能力和技术知识；其活动的出发点更多是出于让学生对知识的复杂性和整体性有所认识，扩大学生的视野；通过理科教学渗透的技术教育，也难免带有"附带"的性质，其活动动机大多也是服务于学科教学，增强学科的理解力，而不是出于技术学习。无论怎样，语文不是技术，物理知识也不会自动变成技术知识。同理，语文教育终归不是技术教育，物理教育也不会成为技术教育，无论它们靠得多么近。而且，技术过程中的那种独特体验、收获，也难以通过技术活动以外的其他学科活动来获得。技术实践能力具有和认知成分同样重要的意动因素，实际参与和真正行动的信心，只有在亲身参与技术任务中通过反复的成功体验才会出现。特别是，当学习资源（人员配备、工具设备、场所提供、时间安排）发生冲突时，技术教育很容易因其缺乏安身立命的"合法"载体而受到排挤，甚至找不到立足之地。

因而，要真正地实施普通高中的技术教育，就必须设置有独立"合法"地位的技术课程。只有允许技术在自己的课程空间里发展，才有可能发挥出它对普通高中教育的独特作用。

（二）技术课程教学活动的独特性

技术课程与其他课程特别是与物理、化学等科学课程存在着紧密联系，熟练运用实验方法和对科学现象进行概括和理解的能力是技术活动的主要智力资源，这预示着技术教育与科学教育可以发展成为一种和谐的共生关系。但这种共生关系是和而不同的。技术实践表明，在特定的技术任务中，大量的学术性科学知识只有经过重新构建，才能与技术设计活动高效地结合起来。

技术教育与科学教育和而不同的关系，决定了无论与科学教育靠得多么近，技术课程的教学活动依然会呈现出自己的独特性。这一点对于普通高中技术课程具有重要的教学意义。

1. 概括水平的调整

尽管技术活动也需要而且能够培养抽象思维能力，但技术课程的教学目的却在于帮助学生沿着抽象的梯子再返回到具体真实的情景中，并且能够判断在哪里停下来，清楚哪个层次对于一个特定的技术目的是最适合的。假如要培养学生理解热现象的分子运动理论，物理教师就要从分子运动机理讲述热的传导。而要研究如何提高一座建筑物的隔热绝缘效果，减少热量损耗，那么，一个简单的热流模型可能也就足够了。同样地，为新大楼设计照明和电力系统的工作，也不可能依靠一个电流模型——电子围绕原子核运动的电子云，因为它太过复杂和抽象了。

2. 知识的重新组织

技术知识不同于科学知识的组织方式，也不同于教科书知识内容的编排方式。解决一个技术问题所需要的各种知识，可能来自于不同的抽象水平和不同的学科领域，然后还要再针对具体技术任务重新进行组织。但组织的目的不是为了学术体系的逻辑关系，而是为了解决问题。以设计制造一种儿童游泳辅助器为例，研制者需要把有关各种材料性能的知识、物理学概念（如密度）和原理（如阿基米德原理）、对使用者肌肉运动的生理学和解剖学特点的理解，连同使用者在水中感觉自信和安全的要求，都要统统考虑进去。技术课程的教学活动特别是项目式教学活动，一般都是综合性的，其道理就在于此。

3. 再情景化

科学通过对复杂的真实生活情景的简化或曰非情景化而实现探索世界的目的。非情景化，就是把知识从特定的经验中分离出来，这也是科学教育最成功的策略之一，也叫理想方法。在高中物理课程中，横梁总是绝对的刚性，杠杆没有弯曲的，沿着斜面滚下的球或圆柱一定是十足的圆，并且不受空气阻力和摩擦力的阻碍，运动的火车甚至可以想象为一个抽象的质点。而要解决技术问题，就必须把真实生活中所有复杂的因素再回归到情景中去，也就是通过再情景化，把知识简化的过程再倒转回来。在这个意义上，科学知识具有普适性，而技术知识只能存在于特定的情境中。技术课程的教学活动必须注意它的具体情境性。

一般来说，初中以下阶段的技术教育，大多设"科学与技术"教育领域，这主要是由于义务教育的基础性质使课程更多考虑其综合性。而到了高中阶段，由于高中生发展的多样化，无论是升学还是就业，都呈现出多元取向，这就要求高中教育要提供多样的生涯发展路径与课程组合，此时课程设置就要正视学科的分化与相对独立。这并不是说高中的课程就可以不要综合性，而是其综合的形式发生了变化，技术课程就部分地承担着学科整合的职能。况且，高中技术教育还有它独特的目标领域与目标体系。因而，高中阶段一般设置独立的技术教育领域，并构建相应的技术课程体系。

四、通过项目活动进行技术教育

前面三种路径，要么贯穿于全部学校课程，要么设置独立的技术课程，要么借助于开发 STS 课程，因而，可以称之为技术教育的课程路径。技术教育其实还有另一种重要的实施路径，可称之为项目路径，即通过项目活动进行技术教育。

项目不仅是科学研究的形式，也是培养技术能力的重要形式。在某些项目活动中，甚至还可以既培养科学研究的能力，也能培养技术能力。项目其实也可以解释为一种课程形态，但相对于常态课程，项目明确地指向问题解决。项目活动是技术教育的常见形式。这里所指的项目，主要是指在年级或班级里开展的综合性的、时间相对较长的、有一定活动量的中心项目。当然，也不排除一般性的技术活动项目。

（一）以色列的热气球项目

技术活动离不开心智因素，但技术能力更倾向于关注那些最独特的东西。例如，构建一个可以按要求正常运转的系统/装置或其他人工制品的能力，对所需零部件和工具的规格及成本的考虑、安全意识等。另外，按照建构主义学习观，技术学习需要一个富有情景的环境，在这个环境中，学习者与他人相互影响、合作进行真实的活动，有机会观察别人的行为，练习他们所看到的技能，提出建议并且接受别人的指导。技术教育活动不仅要促进学生的思维向更高水平发展，而且还要从"教师中心"取向转向师生合作共同解决问题。技术能力和技术教育活动的独特之处，在设计、制作、试飞和再试飞热气球的过程中得到了淋漓尽致的体现。

1. 热气球项目简况[①]

1996 年，以色列推出一项面向中学的"科学与技术教育"新计划。该计划以"热气球项目"为载体，整合中学的物理教育与技术教育。实施该计划，是

---

① Barak M, Raz E . 2000. Hot-air balloons: project-centered study as a bridge between science and technology education. Science Education, 84 (1): 27~42. 原文研究的视角是科学教育与技术教育的相互联系，内容主要针对初中学生，本部分参考该文撰写并采用原文示意图。但本书的用意主要是强调项目活动是技术教育的有效路径之一。热气球项目对于实施我国普通高中技术教育同样具有很大的启发意义和借鉴价值

想达到这样的目标：给学生呈现具有挑战性的课题，通过热气球的设计、制作与放飞，把科学和技术中的多个主题联系在一起，并借此把学生带出教室和学校，向社会展示自己的成就，唤起社区的关注与兴趣。

热气球项目是令人兴奋的，它可以激发想象力。因为，在热气球项目的实施过程中，不仅要涉及各种物理主题，如球内温度测量及其对气球上升的影响、热的传导与对流、气球所受到的浮力与自身重量的关系问题等，也要涉及一些实际问题，如一个能真正载客的热气球是非常大的，大约直径为 8 米，高 20 米，而且花费会相当昂贵。那么，学校能拿出这笔预算吗？接下来又必然会面对这样的问题：气球能飞起来吗？起飞条件是什么？它能在空中持续飞行多长时间？还能控制它吗？它对操控者和环境有危险吗？这些问题构成了参与者的兴奋点。经过讨论，项目组织者设计了一个大小和成本都适合中学预算限制的专门用于该项目的所谓"教育用热气球"。气球的高度是 8 米，最大载重量是 15 千克，装有一个容量为 1.5 千克的丁烷汽缸。能控制火焰加热空气的电子控制系统被放在一个篮子里，这个系统可通过地面上的一个无线电遥控器来控制，进而控制气球的运动与升降（图 6.1）。

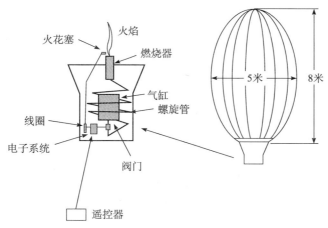

图 6.1　教育用热气球及其点火加热系统

在试点学校，该项目一般持续一个学年。期间，学校将原来用于物理和技术的上课时间都分配给了项目所涉及的主题，包括物理科学主题和技术主题。其中，最重要的技术主题包括：①电工学和电子学知识；②电子遥控；③材料特性以及可用作气囊的织物选择；④燃烧系统的设计和建造。在学年中的最后几个月，主要致力于制造和放飞热气球。

该项目在以色列北部进行。第一年只有一所试点中学、学生共计 40 人（分

4 组制作了 4 个热气球）、一位教师参加。到了第三年，参加学校已经达到了 10 所、涉及 200 名学生和 19 名教师，制作了 16 个气球。项目影响逐渐扩大。

2. 项目试点的过程情形

以色列的热气球项目在试点的第一年，只有一所中学的 40 名学生参加，对做成的气球会是什么样子，以及这项活动是否会成功都没有把握。学生们带着极大的热情开始学习物理和技术课程。试点班的老师有一个独特的背景：他是一个在电机工程和物理两方面都有学位的大学毕业生。一些学生和他们的老师参与了最初几次的气球放飞，经历了失败，也发现了一些设计缺陷。其中有一次，尽管尽了最大的努力，气球还是没从地面上飞起来，因为火焰离气囊太近，气囊被烧了几个洞。还有一次，学生们亲眼目睹了因为过热其中一个零件熔化的现象。

40 名学生被划分为四个项目小组，每一个小组由 10 名学生组成，他们再划分成 3 个次级小组：一个小组负责做篮子；一个小组负责点火系统；一个小组负责电子系统；剩下的一个学生则把工作进展的各个阶段记录备案。在整个设计和制造过程中，学生和老师经常面临很多问题，尤其是电子系统和点火系统经常出现各种故障。在最后阶段，当所有的系统都开始正常运行，试飞就要开始时，全班学生的热情和参与度达到了前所未有的高潮。由于天气状况所限，四个气球选择在早上 6 点放飞。在年终举行的毕业典礼上，学生做的四个气球都放飞了。而包括学生家长和所有教职员工在内的 100 多位客人参加了典礼。这个活动还得到了当地新闻界和电视广播网的关注，学生们充满了成功的喜悦。

3. 热气球项目的意义

像热气球这样的项目活动，可以促进学生的综合技术素养的提高。尽管中学生对与热气球有关的物理学知识都已经基本领会，包括热、凝结、冷却和阿基米德原理，但要成功地升起热气球，还需要懂得热气球的基本技术原理，如由火焰提供的热量和气囊的热损失之间必须保持平衡；气囊因排开空气所受到的浮力要不小于自身的重量。

在以色列实施热气球项目的过程中，中学生参加了加热系统的设计和制造，直接接触了与燃烧器有关的问题。在热气球中用来加热空气的能量来自一个盛有丁烷的金属汽缸。在设计与制造过程中，曾多次试图通过扩大喷嘴来增加气流速度以增强火焰，结果却发现，当喷嘴扩大后，气流速度不是增强反而降低了。喷嘴气流增强问题解决后，急速的气流需要汽缸里的液体丁烷以高速蒸发才能满足气流所需。但丁烷高速蒸发所需的热量又只能从其周身环境中获得，这又使汽缸急剧降温，并在输气管上结冰。汽缸温度的降低又导致液体丁烷蒸发速度下降。这样，火焰起初很大，而后却逐渐地小了。结果是气球只能在空中飞几分钟就落了下来。学生们想了很多的解决办法，如使用电力供热器、上面装上会聚阳光的镜子以利用太阳能、同时用几个汽缸等。在经过几次失败的尝试之后，他们终于找到了一个创造性的解决办法，如图6.1所示，即把气缸倒着安装，把管子从底部到顶部以螺旋方式安装在气缸上。铜管的表面积和里面所盛的气体的容量之比远远大于汽缸外表面积与里面的丁烷量之比，蒸发气体所必需的热能从大气中比以前更高效地被吸收。铜管的温度只有略微下降，但是，气缸本身几乎不会冷却下来。这样，就保证了燃烧过程中所需要的气流流速。显然，尽管学生已经明白解决问题的科学原理，但是，在特定的技术情形下，要找到最佳的解决方案，还是需要其他重要的东西。

同时，像热气球这样的项目活动，还可促进科学原理的学习与理解。仍然以热气球为例加以说明，能实际载客的热气球，操作员是通过调节火焰的大小来控制气球升降的。而在上面所谓教育用的热气球里，通向燃烧器的气流是通过一个电磁阀控制的。热气球制造之初，需要一个点火器件，为了它，学生们利用一个摩托车发动机点火装置的零部件，制造了一个包含一个线圈和一个插头的点火装置电路。又在一家航模爱好者商店里买了一个遥控器，用来控制为燃烧器产生火花的振荡器和主气阀。当然，要完美地造出热气球，对中学生来说并不是那么容易的事，因为他们还缺乏完成如此大的一个项目所必需的理论知识和实用知识。在试制中，学生最初设计的电路非常简单，也不稳定。为了使学生熟练操纵热气球的电子线路，"科学与技术教育"计划安排了电学、磁学和电子学入门知识的学习。就像通常的物理学习，利用学校里通常的物理实验设备，学生们做了电磁感应实验。在技术老师的帮助下，学生们还学会了使用计算机模拟设计和分析电子线路。老师还准备了专门材料来教授电子控制系统入门知识。最终，学生们把线路中的各个零部件组装在一起，连接成为一个完整的系统，检查了它的运转情况，并进行调试至最稳定有效。

可以看出，像热气球这样的项目活动，既可以促进技术素养，也可以促进科学学习。它比较适合于在普通中学进行，因为普通中学的技术教育毕竟是在普通教育的背景下进行的。由此，进行普通高中技术教育不能、也不可能割裂技术教育与科学教育之间的联系。从学生的观点看，在类似热气球这样的项目活动中，也没有必要区分一个特定的问题究竟是科学的还是技术的。因为，在活动中，不论是科学知识还是技术知识，都是解决问题所需要的。

（二）通过项目活动进行技术教育的优点

项目活动，无论是个人独立的还是学生合作或师生合作的项目，都一直被认为是技术教育最重要的方式之一。在上海市华东模范中学考察时，该校的技术教师单明达老师就告诉我们，他们主要是以产品为载体实施技术教育。一个产品，从功能构想、结构设计、材料选择到最终成品，其实就是一个项目。

1. 项目活动能培养学生多方面的能力

在项目活动中，学生需要运用各种知识并调配各种资源包括智力资源，才能完成任务。同时，通过完成项目，学生也可以得到多方面的锻炼。按照克罗斯（Cross）和麦考米（McCormick）的看法，通过项目进行技术教育，能培养学生的多方面能力：①运用知识解决特定问题的技能；②与他人合作的能力；③通过对直觉产生的灵感、猜测和意外事件予以适当考虑所形成的发散思维能力和聚合思维能力，以及通过一步步逻辑推理训练所形成的能力；④自律和责任感；⑤创造能力，同时发展进取心和奉献精神；⑥深入思考的能力以及心灵手巧。[①]

2. 项目学习方式吻合了技术课程的性质

综合而言，通过项目来进行技术教育，具有以下优点：

项目能集中地体现更复杂和更高级的学习。这种学习需要将各种观点和知识融合在一起，从而有利于高中生将各科知识融会贯通，提高学习效果和质量；

项目是评价学生学习成效的一种优质手段，它打破了纸笔测验的局限；

项目能培养学生多种自我管理技能、智力技能和操作性技能。这些技能不论继续接受高等教育还是从事实际工作，都非常关键；

项目能调和学习风格和技能水平的差异，能使更多的学生在完成有趣且富有挑战性的任务中体验到成功，同时学会互相理解与尊重、学会沟通交流与合作；

项目能直接地、切实地和有目的地与校外社区资源发生联系，突破学校的局限。学生、班级、学校和社区通过技术项目这一线条联系在一起。学生由此可以进一步地接触当地的工业发展过程和技术水平，还可以提高学生学习技术的热情并感到技术的价值。

不仅如此，通过项目活动进行技术教育的方式，吻合了技术课程的综合性、实践性、创造性和体验性等性质，使这种方式成为技术教育最重要的方式之一。美国得克萨斯州伍德兰市的麦库夫（McCullough）高中就曾为学生组织过一项航空模拟活动。开始时该项目仅作为一个班级的活动，但很快就扩展为一项实际上涉及全校的综合性活动项目。由于这个项目与真实世界相关，所以，它在教师与

---

① Cross A，McCormick R．1986. Technology in schools．Milton Keynes，UK：Open University Press．104～121

学生之间引发了强烈的兴趣与协作愿望。[①]《美国国家技术教育标准》中也介绍了一个高中技术项目活动——"美洲杯挑战赛"，它也是一项相对综合的项目活动。

3. 小型项目活动亦可展示技术教育的魅力

组织相对大型的项目活动，当然需要的技术资源也较多。当没有制造热气球的条件时，一般的项目甚至是小型的项目活动，也同样具有技术教育的优点，孔明灯的设计与制作就是一例。制作孔明灯这样的小型项目活动，一样可以激发学生的兴趣，并培养学生的动手制作能力。

孔明灯可以说是原始的"热气球"，其物理原理与热气球类似，并不高深，主要就是阿基米德原理。孔明灯的体积一般相对较大，即它排开冷空气的体积大，受到的浮力因而也大。当灯的质量很轻时，加热灯内空气所形成的浮力，即易于超过灯自身的重量而升空。江苏常州百丈中学的龚云良老师就曾指导学生用大号塑料薄膜袋制作并成功放飞了孔明灯（图6.2）。[②] 孔明灯的制作器材要求不高：薄绵纸或大号塑料薄膜袋、细竹丝、细铜丝、棉花、适量酒精或煤油、圆皿（易拉罐底部截下）、锥子（铝质圆皿穿孔用）。取大号塑料薄膜袋，将用细竹丝扎成的圆圈固定在袋口，在袋口用细铜丝绑上圆皿。在圆皿适当位置扎孔，并倒入适量酒精，棉花团点燃后，热空气逐渐充满薄膜袋。继续对袋内空气加热，当"热气球"受到的浮力大于其自身重量时，"热气球"便徐徐上升了。类似的项目，还有"走马灯"的设计与制作，都能起到一定的技术教育作用。

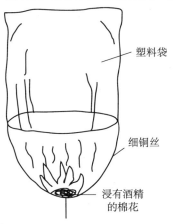

塑料袋

细铜丝

浸有酒精的棉花

图 6.2 孔明灯

① Johnson S D. 1992. A framework for technology education curricula which emphasizes intellectual processes. Journal of Technology Education，3（2）：29～40

② 龚云良. 1998. 孔明灯起飞条件和简易孔明灯制作. 物理教师，19（4）：22

以上所述的四种技术教育路径，每种路径都可以从不同的侧面很好地发挥技术教育作用。但若能同时在不同的路径上展开，那么，技术教育的效果当然会更好。

第二节 技术教育的教学原理

技术教育也要遵从普通教育活动的一般性原理与要求，如掌握知识与发展智力相统一、教育的启发性原则等，也同样适用于技术教育。甚至通常意义的教学方法，如讲授法、讨论法、直观演示法、示范与指导练习法、实验法以及参观、考察等也是技术教育的基本方法。所有常规的教育渠道与教育活动都可以以一定的方式增进学生的技术素养。但技术教育终究有其特殊性，这集中体现在其教学原理的若干方面。

一、技术学习的基本原理

技术教育从早期的手工艺训练经工艺时期发展到今天的技术教育，在其100多年的发展过程中，尝试和采用过许多教学方法与策略。随着学习心理理论对学习机制的研究日益精细，当代技术教育的教学策略普遍建立在学习心理学原理的基础之上。在目前的专业文献中流传的教学模式与策略，如抛锚式教学、认知学徒模式、学习者共同体、协作学习、发现学习、经验学习、两人一组的问题解决、互教互学、反思学习、具体情境学习、基于工作的学习等提法，无不基于学习理论。列举的这些模式也大致反映了技术教育领域关于教学研究的概貌。

综合分析专业文献中关于技术教学不同模式的内涵，可以发现技术教育的教学主要体现了四种基本的学习原理。

（一）情境学习原理

教育心理研究已经形成了一个共识，即学习时所处的情境会对今后回忆和使用所学知识的效果产生影响。如果学习发生在真实的情境中，那么，所获得的知识和技能就比在人工情境或设计的情境中所学的东西更容易记住，也更善于使用。换句话说，学习并不是孤立地发生的，而是与环境相互作用的。这条原理解释了为什么学徒模式更容易产生有效的学习，即学徒是在一个真实的情境中观察别人工作、练习所看到的技能、主动地使用工具和接受指导的。

前文已经指出，与科学的普适性不同，技术是情境性的。情境性的知识学习当然更容易受所处情境的影响。因而，技术教育要提高实效，其教学场景应该尽可能地发生在真实或接近于真实的情境中。基于情境学习原理的技术教学方法有具体情境学习（situated learning）、抛锚式教学和认知学徒模式。

（二）伙伴学习原理

个体在学习中，除了要与环境发生相互作用以外，还要从所交往的人身上学习知识，这也是社会建构主义所揭示的基本原理。当我们与别人打交道时，也就有机会向他们学习，分享他们的知识，与之竞争、协作和会话。在交流自己的想法的同时，也会了解到别人的想法，知识的获得就是这种社会性协商的结果。而且，一旦我们向别人陈述自己的想法，自己原本不太清楚的思维就有可能变得更加清楚，因而也就有可能监控与调整自己的思想。

在技术学习中，无论是操作活动还是设计活动，一般都是一种群体性的活动，很少有一个人关在房间里从事技术工作的现象。而在群体性的活动中，有关工具使用、操作经验的交流、设计概念的争论等，都从根本上促进了技术学习的质量。基于同伴学习原理的教学策略有互教互学、学习者共同体、协作学习、两人一组的问题解决等。

（三）行动学习原理

行动学习原理基于这样的理论，即知识不是可以从一个容器倒入另一个容器的某种东西。只有学习者主体能亲身体验到它的时候，学习才会真正产生效果。从经验层面上说，从事过技术工作的人都有这样的体会，当我们实际地使用一项技术时，尽管开始时不太熟练，但我们很快就能掌握这项技术，说明了行动对于技术学习的意义。

行动学习原理与"从做中学"是相通的，与技术的本质也是吻合的。技术的本质特点在于它的实践性、综合性、创造性和体验性，归其一点，行动学习原理在于技术从本质上说是一种行动知识。技术的行动本质彰显出行动学习原理之于技术教育的重要意义。基于行动学习原理的技术教育方式大致有在岗培训、学徒、发现学习、经验学习、项目学习和基于工作的学习，这些教学方法都强调经验的重要性。

（四）反思实践学习原理

"具有某一方面的经验和从该经验中学到什么，这其间有很大不同。"[1]除非学习者能对自己获得的经验进行反思，否则，即使是采用最合适的教学方式让

---

① Marsic V J，Watkins K E. 1991. Continuous learning in the workplace. Adult Learning，3（1）：9～12

学生获得技术经验，所期望的技术收获也未必能产生。我们学到了什么以及能做什么，在很大程度上取决于我们对自身经验的反思。反思可以使自己更加清楚自己知识、技能和思维上的不足。

上面这四种基本的学习原理，构成了技术教育的教学论基础，它们体现了技术教育的情境性、社会性、行动性和反思性本质，是指导技术教育教学模式和教学设计的理论基础。各种教学方法与模式，可以在这四种基本原理的基础上发生、延展、组合，从而促成技术教育的最佳教学效果。

二、基本教学模式

所谓教学模式，是具有操作意义的教学方法体系，它包含了多种相关的教学方法、策略。技术的复杂性决定了技术教育不存在唯一的理想模式。教学模式只能根据技术内容的特点、学生特点和技术资源的许可，选择和组合出相对合适的教学模式。最终所用的教学策略有时也可能是一种折中性的选择，就像技术问题的解决方案常常是权衡折中的结果一样。

一定要选出一种技术教育的代表性教学模式，并不是一件容易的事。因为，选择视角和基准不是唯一的。不过，在包容性的意义上，认知学徒模式或许可以权作技术教育的基本教学模式，其他各种教学模式可以在它的框架下生存和作为。

（一）认知学徒模式

普通高中技术教育要致力于培养学生的心智过程，提高其问题解决能力，相应的教学模式也要服务于这个目标。同时，又要符合技术的特点。最符合这种要求的技术教学模式，当属认知学徒模式。

传统的学徒制教学包括三种基本成分：示范、指导和淡出。在传统学徒制教学中，师傅一边向学徒示范怎样做工的标准行为，一边解释正在做的和为什么要那样做。通过观察，学徒学会了正确的行动方式和做事程序，然后尝试在类似的工作任务中进行模仿。师傅则在实际工作中通过提示和必要的校正性反馈来指导学生进行练习。随着学徒的技艺越来越熟练，师傅则越来越多地通过具体任务来训练和管理学徒，而自己则淡出，"消失"在幕后。学徒制教学的另一个重要方面是强调"真实世界"的活动，活动内容与难度由师傅掌控和安排，以适应学徒当前的能力水平。

认知学徒模式也是由示范、指导和淡出等环节构成的一种教学范式，也要运用许多传统学徒制的教学策略。但它强调认知技能而非动作技能，意在提高学生的问题解决能力。在认知学徒制教学的示范阶段，教师在给学生描述活动时，要给学生展示怎样完成一项任务或解决一个问题。与通常的学校教学相比，活动示范是在真实世界或高度拟真的情境中进行的。例如，一堂关于"废物循环利用"的课，提供给学生的教学活动就要围绕一个真实的问题来设计，如社区废物循环利用项目的开发。为了引入这节课，教师就要与学生一起先研究一个类似的问题，为学生示范怎样思考问题解决的办法。通过给学生示范，学生可以学会如何收集并使用信息来解决技术问题，也会发现解决问题的方式其实有很多，会看到教师在解决问题的过程中也会犯错误，还会体会到看似简单的问题在真实世界里其实很复杂，甚至有些问题很不好解决。

紧随示范环节之后，认知学徒制教学的第二环节是指导。这就需要观察学生的实际操练、分析他们的表现、给予提示和提供必要的帮助。最终，当学生的认知技能发展得越来越复杂时，学生也就不那么需要教师的指导了。于是，学习的责任就逐渐地由教师转移到了学生身上，认知学徒教学的"淡出"环节也就自然地来到了。

除了示范、指导、淡出这三种基本成分外，认知学徒教学模式还有其他特征，包括课堂的灵活性与多样性、激发内在动机、协作学习等。这正是认知学徒教学模式的包容性所在。

（二）教师的作用

为了有效地培养学生的心智过程，提高学生的问题解决能力，技术教育的教师必须将技术教学看做是师生之间协作学习的过程。教师的作用并不是将技术知识简单机械地传授给学生，而是要与学生一起共同探讨解决问题的各种方案。教师是一个为学生的技术学习提供帮助的人（facilitator），是一个技术学习和问题解决的指导者（guidance counsellor），是一个技术教育活动的组织者。

教师的作用还在于，他可以就技术学习的内容提出权威性意见，组织和安排有意义的技术课程经验。教师可以在与学生协商的基础上，参考学生的意见，提出技术教育活动的计划，设定活动时限、地点和组织方式。技术教育活动结束后，教师也可以组织学生谈谈感想、收获和下一次活动的建议。教师的作用还在于通过问题激励学生的思维，鼓励学生尝试解决不熟悉的技术问题，不怕走弯路、不怕犯错误。

（三）教学设计

技术教育的教学设计没有固定的程式。

就教学的组织形式，一般将学生分组，人数视技术活动的性质与内容而定，一般是 2 人一组。但在实际的技术课堂上，这种分组是相对的，在开放灵活的气氛下，学生可随机临时组合在一起，进行探讨。技术教育的教学方法多样，讲解、多媒体演示、计算机辅助教学、示范、操作练习等，都是技术教育常用的教学方法。基本特点是普遍以小组的形式"从做中学"，强调问题解决能力。

技术教育不存在标准的教学设计模式。技术教育的教学设计，要致力于培养学生的技术素养，提高他们的问题解决能力。按照塞卫（E. Savage）和斯特瑞（L. Sterry）1990 年的研究，高质量的技术教育计划必须注意以下几点[1]：①将教学重点放在培养学生的问题解决能力上；②开展探索活动，包括做模型和绘图；③安排目标导向和任务驱动的教学活动；④鼓励合作学习和小组互动；⑤发展学生的认知策略；⑥鼓励高质量的口头交流活动（讨论与咨询）；⑦注重跨学科和技术之间的相互联系；⑧运用多种评价策略（设计文件夹、项目型工作、个人和小组工作、表现测试）。

这几点堪作技术教育教学设计的基本要求。当然，至于具体的教学活动设计，还需要教师根据具体情况灵活处理。

三、问题解决活动的教学过程

问题解决能力是普通高中技术教育的主要目标，问题解决过程（problem solving process）是技术教育活动的主要方法。在美国目前中学技术教育计划中，平均 56.9％的技术教学时间用于安排学生的问题解决活动，有 1/3 的技术教育计划其问题解决活动时间甚至占到了 80％～100％。[2]可见，问题解决活动之于技术教育是何等的重要。

（一）问题解决的含义

问题解决与人的思维活动紧密相连，是人类思维活动的普遍表现形式。人的智慧和创造力都突出地表现在问题解决水平上。但问题解决是一个复杂的心理过程，对于它的理解，存在多个维度和多种表述。我国著名心理学者梁宁建先生是这样界定其含义的："问题解决（problem solving）是指由一定情境引起，按照一定目标，应用一定认知操作或技能活动，使问题得以解决的过程。"[3]实际上，心智过程的核心内容就是"问题解决"，在一定意义上，两者可视为同一概念。

---

① Savage E ，Sterry J. 1990. A Conceptual Framework for Technology Education. Reston，VA：International Technology Education Association. 9

② Sanders M. 2001. New paradigm or old wine? The status of technology education practice in the United States. Journal of Technology Education，12（2）：35～55

③ 梁宁建 . 2003. 当代认知心理学 . 上海：上海教育出版社，276，277

（二）问题解决活动的教学过程

1. 精确界定问题

任何一个遇到了挑战性问题的人，都需要准确理解问题，以避免偏离目标。技术社会中的许多问题，只要能够充分地界定，并确定问题的范围，一般就有希望解决，比如废物处理问题。显然，这个问题可以界定为一个怎样开发一套有效的废物处理系统，或者废物利用的建设性方案，或者找出一个办法来减少废物形成量。对这个问题的这三种不同的界定，就会产生不同的方案标准。

2. 设立方案的目标要求

方案要根据条件限制设立一个现实的目标或预定结果。要考虑到未来实施的适应性问题，还要对完成过程设立一个时间表。要考虑方案想要完成什么？要达到一个什么样的精度？方案与其他的因素怎样相互作用？有什么限制条件吗？如成本、尺寸大小。就像前面所述的以色列热气球项目，之所以最终只设计高为 8 米的气球，而不是 20 米高的载人气球，主要就是成本的限制。还要考虑按照这个方案所制成的产品能方便运输吗？它对环境有什么不良的影响吗？如果方案需要什么机器设备，那么这种机器设备容易得到吗？有什么潜在的安全问题吗？等等。

3. 研究所有可能的方案

用头脑风暴法寻找所有意识到和没有意识到的潜在可能方案。在寻找可能方案的过程中，基本不设什么规则，而是放开大脑，自由联想。大脑基本不受局限，追求的是学生所能想到的方案的数量而不是质量。还要查找信息，这个问题以前研究过吗？他人的错误能给我们带来什么教训？到哪里去找这些信息？

4. 遴选方案

给每一个方案制订小组以表达与交流的机会，介绍本组制订的方案。一个好的方案，必须要有清晰的流程设计和调查研究做支撑。于是，为了劝说别人接受自己的方案，就必须具有较强的交流技能。经常见到这样的现象：一个方案本来不是最佳的，但由于它被介绍得很充分，结果给选中了；而有的方案，本来不错，但由于陈述介绍得很糟糕，结果却没有被选中。

5. 建立一个工作组织

经典的问题解决活动，一般要选出一位项目领导者，负责组织大家共同努力。团队还要就个人承担的任务做出安排，同时要求个人工作的方式要符合团队问题解决的要求。对于可能出现的问题，还要准备应对方略。为了团队的目标能实现，每个人都需要他人的帮助，同时也向他人提供可能的帮助，以最终解决问题，实现共同的目标。

6. 评价最终的结果

将最终的结果与前面制定的目标要求相对照，如果它不符合要求。那么，就需要进行再设计和再思考，也可能要重新评价前面选定的方案。如果结果符合要求，那么，这个方案还有需要改进之处吗？会不会这个问题解决了又惹出了新问题？也许还要重新考虑预定目标。

问题解决的过程是一个理解问题、提出思路、精确方案和实施方案的过程，也是一个提高领导技能、交流技能、表达技能和劝导技能的过程。问题解决的过程还经常需要学生自己做出决策，这将提高他们的自信心和自我满意度。上海市延安中学蔡华强老师指导学生以"机器人跨越宽 30 厘米、深 15 厘米的壕沟"为课题，开展问题解决研究。他记录了学生设计这个问题解决方案的过程：学生每 4～5 人为一个小组，搜集资料，设计方案，分析其可行性，选择最佳方案进行实践制作。学生们经过对比多个方案，形成一个共识，即机器人采用轮子滚动运动比采用履带式灵活、阻力小。但是各种方案都有问题，没有完美无缺的方案。有的方案中机器人在到达沟前需要停顿做翻身式等其他动作，很耗时间，不可取。有的同学用两个直径为 60 厘米的自行车车轮做机器人行走部分，并分别连接电机和链条，用两个电机控制两个车轮的前进后退、左右转动。同学们还用所学的知识，用作图法计算出机身的长、宽、高，并用继电器安装在电路中以解决控制线中电能损耗大的问题。似乎问题解决了，但是，在实际操作中又遇到了难题：机器人在起步、左右转弯或停止运动等运动状态发生变化时，由于惯性的作用，机身摇晃得太厉害，无法控制……这样，在"设计—实践—发现问题—探索解决问题的办法—新设计—不断完善"的过程中，最后形成了较为完善的设计方案。[①]这个过程与前面以色列热气球项目中学生问题解决的过程表现很相似。

四、培养问题解决能力的教学原则

任何一所高中，不论工作做得多么出色，也不可能将学生未来可能需要的所有知识都传授给学生。因而，持续学习的能力对于学生迎接未来的挑战是非常重要的素质。而问题解决能力是其持续学习能力的最重要的标志。有了这种素质，当学生遇到了问题时，他就可以通过自主的有选择的学习，重新组合原有的知识和汲取新知识，以应对面前的问题。技术教育聚焦于问题解决能力的培养，其意义也正在于此。

---

① 蔡华强 . 2003. 注重劳技教学过程中对学生研究性学习的指导 . 上海教育科研，(6)：73，74

普通高中的技术课程既然以培养和提高学生的问题解决技能为主要目标，那么，其教学也要围绕这个主要目标来展开。根据有关学习原理，结合前面关于普通高中技术教育的认识与论述。以培养学生问题解决能力为主要目标的技术教育，要遵循和体现以下四条基本教学原则。

（一）帮助学生整合技术知识

要提高学生的问题解决能力，就要减少他们对具体知识的记忆负担，使之能集中精力，思考问题解决的方案。学习理论揭示，专家在解决问题时能处理大量的信息，而新手在面对大量信息时，则常常不知所措。其原因就在于专家能将大量的信息有序地组织起来，对具体信息的记忆负担很小，而新手则做不到这一点。减少记忆负担的方式之一是采用外部记忆，问题解决者借此可以更加清楚地思考解决问题的过程。外部记忆可以简单的如工程材料清单，也可以复杂的如电子设备线路图或社会系统。概念图是另一种外部记忆的形式，它可以帮助学生组织新的知识信息。

技术知识是一个综合性的知识体系，技术问题的解决常常需要整合各种知识。因而，技术教育的教学就要促进学生对各种知识信息的心智加工能力，使之理解知识之间、当前问题信息与已有知识之间的联系，从而减少学生记忆的负担，提高学生问题解决的能力。

（二）将新技术与"先行知识"建立联系

学习理论揭示，学生获得和使用新知识的能力，在很大程度上受学生原有知识基础的影响，学生利用他们已有的知识来解释和理解遇到的新问题。技术知识的学习也是同样的道理。如果学生没有合适的"先行知识"（prerequisite knowledge）基础，学生在理解新技术时就会遇到很大的困难。

从根本上讲，学生预先获得的技术知识就像"锚"一样，可以用来保持和联系新技术知识。如果学生的记忆中没有这样一个"锚"，那么，新的技术知识就会很容易漂流掉。所以，技术教育的教师必须确保学生具有当前技术学习所需要的"先行知识"。技术教育中的"抛锚式教学"，其理论基础就在于此。符合这个原则的基本教学策略有两种："先行组织者"策略和"类比"策略。

（三）强调技术过程与方法

强调技术过程与方法，是普通高中技术教育的重要特征，它与问题解决能力的培养紧紧地联系在一起。这也是本书所强调的一点。

技术是一个系统，技术系统概念本身就包含着过程的意义，体现为一个环节与另一环节的联结，一种知识与另一种知识的联系。根据前面的研究，技术过程和方法与技术学习过程中所需要的心智过程和方法是互相融通甚至是一致的，它们都是以技术思维能力为核心的心理操作能力。在技术教育的教学过程中，为了让学生理解技术过程与方法，教师就要帮助学生精心梳理所学的知识材料。梳理就是要认真思考、探寻所学技术内容与其他知识材料之间的关系，将新技术知识与已经熟悉的知识建立联系，产生与所学技术内容有关的预期和问题。

除了帮助学生梳理知识，直接而明确地向学生教授有关的认知策略，对于提高学生的问题解决能力同样至关重要。技术教育的教师应该向学生清楚明白地教授有关的策略与技能，不仅要讲清楚认知策略是什么，还要讲清楚怎样、何时、在哪里以及为什么要使用某种认知策略。由此，学生可以掌握具有迁移意义的问题解决策略，而不是孤立片面的某种动作技能。这就好比那句古老的谚语："授人以鱼，仅供一饭之需，而授人以渔，则终身受用无穷。"

（四）在行动中学习技术

技术在本质上是关于行动的知识体系，听技术、画技术、看技术在一定的意义上，虽然也是技术教育的有效教学方式，也可以促进学生的技术素养。但是如果停留于此，那么，技术教育的效果难免空泛，缺乏实效意义。由此，技术教育要坚持行动原则，倡导"从做中学"，即从做中理解、从做中设计、从做中提高操作能力，从综合的实践中体会"学会做事"的意义、体会解决问题的复杂性与现实性。

在行动中学习技术，既是技术教学论的要求，也是技术教育的魅力所在。普通高中技术教育要致力于培养以问题解决为核心的、在未来社会具有广泛适应性的那些技能，其中包括团队合作的有关技能，这是当代技术教育的一个重要方面。在行动中学习技术，特别是在一个综合性的项目活动中学习技术，学生需要经常与同伴、与其他人士进行劝导、交流与合作，共同探寻解决问题的方案，以实现共同的目标。这就意味着技术教育不仅需要团队合作技能，而且也能培养团队合作技能，包括领导技能、沟通技能、表达技能和劝导技能。这些技能不仅是技术活动所需要的，对于商界、学术界、工业界、政界等行业的工作，也都是至关重要的。

由于知识信息的更替在加快，在今天的技术领域，没有哪一个人再期望自己能够掌握一套"足够"的知识体系。对于一位 20 世纪 50 年代的工程师，会要求他具有机械设计、钢铁锻造和水力学等方面的知识和技能，而在今天，这种要求转变为数字控制、计算机辅助设计、数据交流标准程序、光敏传感与压力传感、无线电频率干扰等方面的知识与技术，其知识背景涉及伦理学、哲学、社会科学，还要将这些学科中与技术相关的知识相互联系起来。然而，即使是一位天才的工程师也不可能具备所有这些领域的知识与技术。但如果将这些学科领域里的专家组织起来，共同工作，发挥每一个人的长处，那么，方案设计就可能做得很成功。因此，团队合作的相关技能也应作为技术素养的重要内容，作为普通高中技术教育的功能与追求。

第三节　技术教育的实践形态

除了技术课程模块，技术教育还有综合实践活动（研究性学习）和校本课程等形态与载体，它们从不同的角度开启了技术教育的别样天地。

一、作为综合实践活动领域

综合实践活动是根据《基础教育课程改革纲要（试行）》，在小学至高中均设立的一种独特的学习领域，是《普通高中课程方案（实验）》规定的八个学习领域之一，是基础教育课程体系中的必修课程。

（一）综合实践活动的性质

在高中现行课程方案中，综合实践活动被作为高中生的必修课程。那么，综合实践活动是什么性质的课程呢？"所谓'综合实践活动'，一言以蔽之，就是超越了传统的课堂教学制度—学科、课堂、评分的束缚，使学生置身于活生生的现实的（乃至虚拟的）学习环境之中，综合地习得现实社会及未来世界所需要的种种知识、能力、态度的一种课程编制（生成）模式。"[①] 综合实践活动基于学生的生活经验，体现对各种知识与智慧的融合。相对于分科课程，它是一门综合课程；相对于学科课程，它是一门经验课程；相对于国家详细规定内容的课程，它是一门尊重学生愿意的课程。综合实践活动的内容领域为研究性学习、社区服务和社会实践。

设立综合实践活动的目的，在于希望学生通过实践，增强探究和创新意识，掌握基本的实践与服务技能，发展发现问题和分析问题的能力，发展综合运用知识的能力，增进学校与社会密切联系的认识。同时，还要培养学生的社会责任感，并在活动中发展团队合作与交流的技能。

综合实践活动虽然是国家课程方案中规定的课程，但它却没有自己的课程

---

① 钟启泉.2002.综合实践活动：涵义、价值及其误区.教育研究，(6)：42~48

标准和配套教材，只有实施指南。这决定了它是一种没有预设目标的生成性课程，是学校自己开发的课程领域。综合实践活动的主题内容具有整体性和开放性的特点，不同学科的知识在其主题内交叉融汇；其开展形式具有活动性特点，强调亲身实践，亲历体验；其活动过程具有生成性，不受预定计划的控制和束缚；而其自主性特点则体现了综合实践活动对学生意愿的尊重。

（二）技术教育作为综合实践活动领域的适宜性

显然，从课程性质、目的和特点来看，综合实践活动与技术教育颇有相通之处。普通高中的技术教育，其课程性质具有综合性、实践性、创造性和体验性特点；技术教育的活动过程也不受预定计划的约束，具有较强的灵活性与生成性；技术教育的问题解决强调以学生为主体的探索，真正尊重学习者的主体地位。表面上唯一不同的是，技术教育有国家课程方案所预先规定的课程内容标准，而综合实践活动则主要由学校根据学生的兴趣自主开发。但也正是这一点不同，为技术教育作为综合实践活动领域提供了机会。从整体来看，技术教育与综合实践活动在课程属性上非常接近，某些主题领域完全可以重合。当综合实践活动强调如何做事的方法、策略时，也就蕴涵了技术教育的意义。

技术教育以学生的亲历实践、手脑并用为特征，强调学生动手与动脑相结合，倡导以问题解决为载体的活动形式。它在高中阶段虽然是被作为独立的学习领域，但联想到在初中阶段，"劳动与技术教育"被规定为综合实践活动四大指定领域之一，再考虑到两者课程属性上的接近、某些主题领域完全可以重合，那么，技术教育的教学活动完全可以在综合实践活动的理念框架下展开，结合技术教育内容和学生的兴趣，开发综合实践活动主题。技术教育完全可以作为高中综合实践活动的领域，而且是非常适切的重要领域。

技术教育作为综合实践活动的关键，在于找到能激发学生兴趣的技术教育切入点，以此组织综合实践活动。不过，从实践经验来看，这一点并不难。在《美国国家技术教育标准》中提供了一个经典案例，即学生为新机场选址。[①]该活动意在让学生了解在为一个当地机场选址过程中所产生的不同问题。老师鼓励学生考虑所有的问题，并关注技术的应用如何给他们所居住的地区带来文化、社会、经济和政治变化。在我国高中教育改革的实践探索中，以综合实践活动为载体的技术教育，也不乏成功的范例，湖北省武汉市江夏区一中就成功地组

---

① 国际技术教育协会.2003. 美国国家技术教育标准——技术学习的内容. 黄军英等译. 北京：科学出版社，62

织学生进行过"废旧电池的回收与利用"的实践活动①，它显然是一个带有公益性质的社会实践活动案例。

二、作为研究性学习领域

虽然研究性学习属于综合实践活动领域，但相对于社区服务和社会实践，它仍是一个比较特殊的领域，也是我国课程改革的一个亮点，故以下对其进行专门探讨。

（一）研究性学习的含义

研究性学习是指学生基于自身的兴趣，在教师的指导下，从自然、社会和自身的实际生活中选择和确定研究课题，主动地获取知识、应用知识、解决问题的学习活动。它强调学生通过探索性实践，树立探究意识，掌握研究方法，发展综合性运用知识的能力。研究性学习一般采用课题活动或项目研究的方式进行探索。

社区服务与社会实践，主要是强调让学生加深对于社会的认识与理解，增强社会责任感。而研究性学习则强调它是一种学习，是以求知为目的的。但这种学习又不同于通常意义上的学习，它是研究性的。所谓研究性学习，有两层含义：作为学习方式的研究性学习；作为学习内容的研究性学习。前者，什么内容都可以拿来用"研究"的方式来学习；后者，就特定的内容，不能预知结果，即结果未知的学习。两层含义都有意义，本书倾向于后一解读。那么，既然是结果未知的学习，那当然只能是探索性的学习。所以，研究性学习就是探索性的学习。

研究性学习成为热点以来，不少学者一直想探寻如何翻译"研究性学习"。先后有过"problem-based learning"、"project work"、"research studies"等译法。或许，较为贴切的译法应该是"exploratory studies"。提出此种译法的主要用意在于向读者求教，同时，也想指明研究性学习的最突出特征就是探索性。

（二）技术教育作为研究性学习领域的适宜性

研究性学习的内容主要根据学生自己的兴趣和现有条件来确定研究项目，其内容不一定要在基础课程清单中清晰地列出来，也不预先设定学生要掌握的知识与技能，它完全是探索性的、研究性的、尝试性的。研究性学习可以按照学生的兴趣，开展范围广阔的主题研究活动，从而扩展学生的视野。不仅可以加强和巩固已有的学科知识，还"可以打开新知识与新技能领域的大门，能拓

---

① 　廖先亮.2003.综合实践活动课程案例.武汉：武汉大学出版社，103～113

宽学生步入成人社会后所需要的学术、职业和某种职业可能性的认知范围"①。

研究性学习与技术教育具有很强的一致性。它们都强调学生要综合运用已有的知识和经验，亲身参与和经历实际活动，并掌握综合运用知识的研究方法，发展批判性思维和创造性思维。一方面，从活动组织形式上看，技术教育活动一般也是通过项目或课题以小组合作的方式开展活动，这与研究性学习是一致的；另一方面，在一些国际技术教育专业文献中，面向中学的技术课程常常被定性为"探索性课程"（exploratory curricula），这显然与研究性学习的探索性本质是相通的。因而，技术教育也完全可以作为研究性学习的重要领域。

与前面的阐述一样，如何把学生的研究兴趣吸引到技术教育的内容领域中，寻找技术教育与研究性学习的恰当结合点，是将技术教育作为研究性学习领域的关键。上海市格致中学高一学生唐明婕曾以《上海近代建筑的演变——西方建筑在上海的发展及影响》为题，成功地组织同学进行了研究性学习活动②，是一个将建筑技术作为研究性学习内容的经典案例。

三、作为校本课程开发领域

"校本课程开发"一词最早是由菲吕马克（A. M. Furumark）和麦克米伦（Mc-Mullen）等学者于 1973 年在爱尔兰阿尔斯特大学召开的国际课程研讨会上提出的。③其英文表述是"School-based Curriculum Development"，意为"学校本位的课程"。这一概念的提出，体现了学校对课程设计自主权的呼声，显示了学校作为课程开发主体的地位愈来愈受到承认与尊重。我国《基础教育课程改革纲要（试行)》提出，实行基础教育课程国家、地方和学校三级管理的体制，大概就是响应这种呼声的结果。

(一) 校本课程含义解读

什么是校本课程？它是不是指学校自己开发的课程？校本课程就是具有学校个性的课程，是学校个性、风格和特色在课程上的体现，或者反过来说，校本课程即是赋予学校以个性、风格和特色的课程。可见，校本课程主要是指学校课程整体意义上的与众不同，是个性化的学校课程。它与学校自己开发的课程还不能画等号。

但是，如果没有一点学校自己开发的课程，那么，至少从课程结构上，这

---

① California Department of Education. 1987. Caught in the Middle: Educational Reform for Young Adolescents in California Public Schools. Sacramento: Author. 10

② 张民生 . 2001. 普通高中研究性学习案例 . 第一辑 . 上海：上海科技教育出版社，120～124

③ 吴刚平 . 2002. 校本课程开发 . 成都：四川教育出版社，38

样的学校课程就没有什么个性可言。根据结构决定功能的系统观，结构没有特色的学校课程，其课程文化一般也不会有特色。因而，尽管不能说学校自己开发的课程就是校本课程，但它却是校本课程的激发因素或校本课程的结构性标志。也正因为如此，现实中常常将学校自己开发的课程视为校本课程。

（二）技术教育作为校本课程开发领域的适宜性

"从理论上说，校本课程开发的范围主要有以下三类：一是课程方案中的选修Ⅱ；二是综合实践活动领域；三是其他七大类学习领域中相关科目或模块及其具体内容。"①这段话，再加上前面已经论述了技术教育适宜作为综合实践活动（研究性学习）的领域，这就已经非常清楚地说明了技术是普通高中校本课程开发的重要领域。

一方面，从实践来看，校本课程开发的内容主要集中在非学术领域，学校实际开发的课程也大多是非学术性课程，而技术恰恰就是与学术性课程相异的课程，技术是非学术的，它理应是校本课程开发的重要领域；另一方面，技术是人类文化知识的一个特殊领域和特殊形态，其内容的综合性、复杂性、开放性和非意识形态性，为学校展示自己的特色和创造力提供了广阔的空间。这一切都使得技术教育成为校本课程开发最适切的领域之一。

上海市华东模范中学多年来以"双通道"办学模式为突破口，坚持校本课程开发的学校个性，使技术教育成为该校办学特色的突出亮点之一。除课程文件规定的"劳动技术"课程外，该校在自主拓展型课程和研究型课程方面，向学生提供了摄像、摄影、家电维修、木工、金工、布艺、汽车驾驶和信息技术等技术类课程。随着办学思想的进一步更新，他们又将"双通道"办学理念提升为"为学生多样化发展提供个性化教育服务"，在技术教育的课程设置上又有改革和提高。以2005学年为例，他们向高中学生提供了8个模块的自选型拓展课程。在8个模块中，各分布着9种技术教育主题（表6.1）。

表 6.1　上海市华东模范中学 2005 学年技术类自选型拓展课程

课程主题	执教老师	适用班级
模拟驾驶与机器人	高虹　王勤	高中一年级
网页制作	胡慧荣	高中一年级
FLASH 动画	马燕飞	高中一年级
服装设计	韩芬芳	高中一年级
玻璃仪器加工	许颖如	高中一年级
生活中的物理	杨晓春	高中一年级

① 钟启泉，崔允漷，吴刚平.2003.普通高中新课程方案导读.上海：华东师范大学出版社，227

续表

课程主题	执教老师	适用班级
走进纳米	陆文璐	高中二年级
生活中的化学	施峻菁	高中二年级
气象环保监测	史俊	高中二年级

这些校本性质的技术课程，再加上基础型课程中所规定的"劳动技术"课程，则该校构建了相对比较完善的技术教育体系，使该校呈现出鲜明的办学特色。据悉，上海市华东模范中学是全市唯一一所进入实验性示范性普通高中行列的原非重点中学，足见其办学特色已经得到了社会各界的广泛认同。类似地，还有北京市十一学校开发的"设计与制作"校本课程，也典型地体现了技术教育可以作为校本课程开发的领域。①

四、作为模块课程

普通高中技术教育的主渠道显然是技术教育课程，而技术课程一般是以模块为单位安排的。在美国，有 48.5％的中学技术教育计划拥有专业公司制造的模块工作站（vendor-created modular work stations），72.5％的中学技术教育计划拥有由教师创建的模块工作站（teacher-created modular work stations）。② 这反映了模块是实施技术教育的最普遍的课程单位。

（一）模块课程的性质

模块是实施技术教育的课程单位，其内容是相对具体的技术领域，也可称之为主题性技术领域。由于技术的行动性本质，它必须立足于实践，又由于它的教育属性，它不可能全部或主要在真实的技术现场中进行。围绕模块课程的技术教育活动只能主要地依靠技术实验活动——它毕竟是发生在普通中学的教育活动。因而，模块课程是一门基于技术实验室的、以行动为特征的、以问题解决为导向的探索性课程。其目的就是通过这样的课程，将学生引入到技术领域中来。

（二）技术试验室建设

根据模块的属性，技术试验室是不可缺少的技术教育资源，是普通高中技术教育最重要的物质条件。

---

① 周温钰，张瑞钤. 2002. 中小学校课程开发与示例. 北京：清华大学出版社，277～280

② Sanders M. 2001. New paradigm or old wine? The status of technology education practice in the United States. Journal of Technology Education，12（2）：35～55

1. 工具设备建设

建设技术试验室需要相当的投入。裁缝笔、工程笔、刻度刀、工程直角器、金属切割机、钻孔机、焊接设备（如电烙铁）、锉刀、手锯、扳手、钳子、缝纫机和测量工具等常用工具自不必说；一般还要具有车床（包括数控车床）、小型电机、汽车模拟驾驶器、烘烤箱、电冰箱、计算机等工具设备；常用的电子产品如二极管、三极管、数码相机也是不可缺少的。同时，还需要一些软件工具，如文字处理、桌面排版、图表与多媒体、计算机辅助绘图与设计、电子制表、数据库、信息交流和网页制作等软件。技术试验室一般还需要准备木料、纤维或布料、土壤、金属、塑料、食物、植物、化肥等原材料。此外，还应当有一些安全用具，如护目镜、面罩、护耳罩、手套等。当然，更准确详细的需要还要看具体建设要求。

2. 技术试验室建设

美国犹他州盐湖城在 20 世纪 90 年代初期实施了"技术试验室 2000"项目。"技术试验室 2000"是一种教授技术的成套系统，它包括八个模块、一个装配中心、一个无土栽培温室区、一个实验性建造区。每个小区域都包括三个工作间，并且这三个工作间还可以重新组合成不同的活动空间。每个模块活动区都有一个呼叫系统，以方便学生在有问题时联系老师。当然，技术试验室的规模和装备标准要视学生人数、模块数量、标准要求和学校的财力而定。但模块布局与设备配置要合理设计。要根据各模块的技术内容属性，适当安排合适位置，技术相近的模块可考虑安排在相邻或相对独立的区域。

每个模块区一般是两人一组，共同利用设备合作进行技术活动。一般还应该安装微机与局域网连接，作为获得技术资源的途径。每个模块可再按照主题单元的不同，提供针对性更强的设备。特别需要指出的是，不一定全部学生都要同时学习同一个模块（甚至主题），而且也不应该这样做。学生可以选择自己喜欢的模块进行探索，这一点其实非常重要，特别是对于选修模块。当然，这会增加教学管理成本。当学生完成了一个模块的学习后，即进入下一轮次其他模块的学习，甚至也可以重新选择合作伙伴。

3. 我国技术实验室（基地）建设概况

目前，我国普通高中技术实验室（基地）建设大致有三种情况：

一是按照行政区划隶属关系，在一定区域范围，设立职业技术或劳动技术培训中心。这样的中心一般规模大，设备齐全，可为辖区内十几所乃至更多的中小学提供技术教育服务。我国上海市黄浦区、嘉定区等，都设立了职业技术培训中心，有的青少年活动中心也面向普通中学提供技术教育服务，有些高中的技术教育就委托给这些中心进行。

二是学校自己建立技术实验室，为本校技术教育服务，如江苏锡山高级中学，就规划建设了技术实验室。上海市华东模范中学很早就建有自己的技术实验室。但从国家课程改革实验区反馈的不完全调查信息看，大多数高中尚未建立通用技术实验室。

三是本地尚无技术教育培训中心，而自身又没有能力马上建立技术实验室，甚至根本就没有想过要建实验室的，则可以考虑利用当地中等职业技术学校的师资与设备优势，进行校际技术教育合作。

当然，建立技术实验室还需要国家提出参照性标准。据悉，我国部分省、市已经出台了相应的标准文件，南京市已经出台了《普通高中（通用技术）课程仪器设备工具装备规范及标准（试用稿）》，国家层面的"规范或标准"也在酝酿和论证中。

（三）模块教学

模块教学的执行过程其实并不复杂，主要有三个环节：确定模块（主题）、问题解决探索、评价学习成效。模块的确定主要是由学生自主选择，也可以由教师帮助确定。开始学习前最好要诊断学生关于本模块的已有基础，若已经达到相当的水平，则一般可直接进入评价环节，通过者免去本模块学习，获得学分；问题解决的探索阶段，是针对每一个主题内容展开问题解决的探索活动，问题解决的过程前面已经论述过，在此不再赘述；至于评价环节则是考查学生是否达到了学习要求。学生也可以自由地在某模块领域内选择或提出自己的课题（主题），然后在教师的指导下进行活动。

第七章　问题与展望

技术教育研究在我国尚属相当薄弱的领域，技术教育的实践也才刚刚开始。因而，关于它的研究，路还很长，天空也很广阔。

第一节　相关问题讨论

由于技术教育课题的开放性和复杂性，更由于本书仅是初步的粗疏探索，我们的研究留下了不少问题需要继续努力。这些问题大致可以分述如下。

一、技术教育评价研究

普通高中技术教育在我国才刚刚起步，评价问题似乎还不是当前普通高中技术教育的焦点问题。但作为课程研究活动，评价是一个难以回避的问题。

随着高中现行课程的推行，技术教育的评价问题会逐步地凸显出来。究竟如何评价技术教育的质量，通过任务？通过项目？或者通过产品？这都是可选的方法。但这样评价技术教育的成效，还是带有结果评价的味道。技术学习中的过程体验是技术教育所追寻的重要价值所在，那么，怎么评价学生在技术学习过程中的体验？是由学生诉说，还是师生共同探讨或是通过小组的方式？但有一点是肯定的，即传统的纸笔测验对于技术教育评价的有效性是相当不可靠的，至少不能成为主要的方式。再者，我们怎样给学生的技术学习评定成绩？这个成绩对于其毕业或升学有没有作用？同样是值得探索的问题。

更为重要的是，由于以毕业考试和高考为核心的评价制度对于课程改革实践的强大推力，技术教育的评价可以起到"以考评促实施"的关键作用，这已由大量的调查信息得到证实。因此，尽快进行普通高中技术教育评价研究，建立相应的评价体系与操作实施办法，是推动普通高中技术教育的关键。特别是正在改革中的高中毕业会考和高考怎样对待技术课程的问题，将直接影响技术教育的顺利实施。

二、技术教育科际整合与教师合作研究

（一）技术与科学殊途同归

从人类文明的起源来看，技术的产生先于科学，并对科学的产生与发展起到了非常重要的促进作用。技术产生于人类的实践活动，而科学则产生于技术发展到一定水平之后人类对宇宙世界的认识与探索需要。两者在最初所经历的发展路径并不相同，科学一产生，其出身似乎就比较高贵，它成长于哲学怀抱并逐渐从中分离出来。只是到了近代，在科学的实验方法建立起来之后，科学才逐渐向实践靠拢。而技术则一直经历着自己的实践路线。于是，科学与技术在实践中"相识、相爱"，逐渐至今天"难舍难分"，出现了基于科学的技术和技术化的科学。当代意义上的技术，多指以科学为基础的技术。一般意义上的"科学技术"也正是科学与技术界线模糊的体现。科学可以为技术的发展提供原理与理论基础，而技术则为科学探索提供工具手段，使得科学与技术形成你中有我、我中有你的局面。

但是，两者再怎么紧密，其品性还是有所不同的。科学的作用在于探索、认识、解释和描述自然世界，而技术的作用则在于利用、改造、调整和干扰自然世界。

（二）技术教育并不是孤立的教育领域

在普通高中设立独立的技术领域，并不等于从此技术教育就可以自我发展了。技术教育既是独特的领域，又是一个特别需要合作伙伴的领域。不能将问题看成是一个非此即彼的问题，即要么技术是一个独立的学科，要么将它融于或贯穿于其他课程。当这样的想法出现时，我们就要思考这样的话："每当一个理论在你看来是唯一可能的理论时，就需要把它看做是一个前兆，即你既没有理解这个理论，也没有理解它打算要解决的问题。"①同样的道理，如果我们那样去看待问题，那么，说明我们既没有理解技术这一门课程的性质，也没有理解技术教育的目的。

---

① Popper K. 1972. Objective Knowledge：An Evolutionary Aapproach. Oxford：Clarendon Press

科学对于技术能力的发展不仅是必要的，而且的确在许多方面可以促进技术能力的发展。它不仅与人们容易想到的物理、化学、生物、数学有着天然的渊源，而且，普通高中技术教育与社会教育和人文艺术教育之间，具体来说，与语文、艺术、政治、历史、地理等也有着很密切的关系。信息技术中的许多主题内容与物理学中的电子线路和数学中的逻辑运算；通用技术中的现代农业技术与生物学；建筑设计与数学和地理；汽车驾驶与保养则与物理学和交通法规；技术设计与艺术设计等，都有着广泛的联系。技术就像一张无缝之网，成功的技术学习依赖于由各种课程经验所构成的宽厚基础，同时，又使各种知识经验在技术这里体现和表达其实践价值。

普通高中技术教育怎样与其他学科教育形成整合效应，特别是怎样与科学教育形成和谐共生关系，将是普通高中教育的一个长期课题。

（三）技术教育需要教师之间的亲密合作

合作是当今时代的主流概念，普通高中技术教育尤其需要合作理念。由于传统的习惯心理，每位学科教师的心中都守护着一方学科疆土，学科间森严壁垒，甚至"老死不相往来"。从事科学教育的教师往往以技术疏于学术性而不屑，从事技术工作的人则以科学理论不实用而不以为然。在以色列热气球项目中，曾有如下有趣的记载[①]：

> 物理教师 D："A 老师和我都在同一所学校已经教了 10 年了，但却没有过联系。由于热气球项目，我第一次去了学校的技术工厂。我从没拿过一个钻机或者一个烙铁，造热气球对我来说是一次新鲜的经历。这次，我们一起工作。这真是一次令人精神焕发的经历。"

> 技术教师 A："我总是关注实用的一方面，与理论拉开了距离。开始在热气球项目中学习物理时，我和学生在一起我感觉到更加自信了——当学生问我物理上的问题时，我尽力去回答，但是有时我告诉他们我不能确定，得问问 D 老师，我并不隐瞒物理不是我的强项，而且我正和他们一起学习这个材料。重要的是学生们很欣赏 D，而我在和他一起工作。"

教师合作的意义还在于，由于技术的复杂性与开放性，试图靠一位教师完成技术教育任务是不切实际的，而合作有利于技术教育任务的完成。能教技术、又能教科学，甚至还有人文艺术素养，这样的教师尽管理想，恐怕也不好找。

---

① Barak M，Raz E. 2000. Hot-air balloons：project-centered study as a bridge between science and technology education. Science education，84（1）：27~42

实际的情况是，即使物理教师也并不是对所有的内容都"拿手"，可能是某一部分内容很"拿手"，而其他内容则一般。类似地，电子技术很"拿手"的教师，可能不善于机械技术，反之亦然。甚至机械与电子都"拿手"，对于化工技术则又一无所知。因此，凡有一定技术专长的教师，不论他是教什么、做什么，都是技术教育的可用资源。

据我们对山东省的不完全调查，目前，专职的高中技术教师队伍正在建立过程中，各地发展不均。发达城市较好，如山东青岛已经全部开设了通用技术课，经济落后地区有的尚未起步。在现已担任普通高中技术教育的教师中，其专业背景按比例由高到低依次为计算机（信息技术）、物理、电化教育（教育技术）。如果考虑到教育技术与信息技术的相通性，则专业背景主要集中于计算机和物理。这其中有专职，更多是兼职，也有同时担任信息技术和通用技术的。由于专业背景的局限，要独自承担技术教育这一开放性和综合性工作，恐怕相当困难。访谈时就有技术教师表示自己对技术课程也有些迷惑。

为了顺利实施普通高中技术教育，需要全体教师、职工、管理人员、有特长的学生共同参与其中。还可以考虑充分发掘学生家长的职业技术特长，形成校内外和谐互动、技术教育资源充分利用的技术教育格局。

三、技术教育资源建设问题研究

据调查，高中信息技术教育开课和实验室建设情况良好。但通用技术实验室建设则基本处于刚刚起步、有些地方还未起步的状态，开课情况也很不理想。在对山东省各地市的调查中，有两个地市称有通用技术实验室，而一个称其技术实验室是由原来的劳动技术室改造的，相当简陋，另一个称有部分试验设备，但是没有专用场所。

顺利实施普通高中技术教育需要政策驱动，特别是考试政策的驱动；同时，普通高中技术教育资源建设需要建立参照标准。如果有了这两条，那么，接下来就是资金筹措和建设方略的问题。我们认为，技术教育的政策支持需要尽快确定。对于标准问题，国家可以提出参照性标准，不宜统一规定，这与前面我们对技术课程的内容研究也是一致的，实际执行的课程模块和相应的技术实验室建设标准可考虑将决策权交由地方，由各地方政府根据各地实际建立执行标准，国家可只作学分规定。

由于建设资金的普遍紧张，技术实验室建设与规划方略也是一个需要认真考虑的问题。在学校相对集中的区域建立公共性技术实验室；或在某一所高中建立核心实验室，向周围同等学校提供部分服务，其他学校则只建立最基本的小规模实验室，或每校建立自己的技术实验室，或结合当地资源条件，与厂矿企业附属培训机构或当地职业技术学校，进行技术教育合作。这几种办法都是可以认真考虑的选项。

四、技术教师专业发展研究

教师专业发展是课程与教学改革中一个不可忽视的问题，这个问题在高中技术教育中尤为突出。与其他学科教师的专业发展问题不同的是，技术教师的专业发展问题首先是专业存在与专业承认的问题。由于高中技术教育在我国刚刚开始进入实验阶段，并不是每所高中都有专职技术教师。技术教师还没有形成一个独立的专业群体，技术教育也未被视为一个专业存在，当然也没有自己的专业协会。在部分领导、教师心目中，技术根本不是像物理、化学、语文那样的专业学科，师范院校没有技术专业的客观现象似乎也支持了这种认识。因而，技术被部分人看做是高中教育的附属内容。

在专业生存与专业承认都成问题的情况下，从事技术教育的教师感到没有地位，年轻教师甚至对自己的职称评定归属哪一个学科都有些困惑。已经做了和可能要做技术教师的，大多感觉自己专业发展的底气不足，甚至那些具有较高技术素质的、最合适的、本该发挥出作用的老师，对于自己的专业发展问题也感到很无奈甚至伤感。山东省莱芜市一位高中技术教师曾在反馈邮件中写道：

> 我从事教育已20年，在此教授技术课前，我教高中物理。我实践动手能力强，曾从事电工职业，教授过电子技术、电工、建筑力学等课程，也曾经做过发明设计，技术素质相对高，对技术有深厚感情。我爱好广泛，知识丰富，对该课讲授有扎实的实践基础和体验。我感到要教好通用技术，必须有这样的素质，遗憾的是学校难有这样的教师，这也是感到难以讲授的原因。如果省领导足够重视，学校还开设该课，我就是专职教师了。

第二节　21世纪技术教育展望

当代技术教育的主要目标是培养人的问题解决能力，但问题解决活动的实际设计方案会受到许多因素的影响，包括新技术、新资源和新环境。在学生还没有走出校门去面对新技术、新环境和新资源之前，通过设计良好的技术教育课程，让他们预先准备下应对未来挑战的基本素养，则可以使学生进而使整个社会能预防或减少由于环境的变化所带来的不适甚至痛苦。

一、当代科技的快速发展愈加彰显技术教育的意义

我们已经步入 21 世纪，新世纪的技术必定会给新世纪的技术教育带来新的发展动力与发展契机。

（一）技术进步在加速

社会在发展，技术在进步，而且革新的步伐愈来愈快。人类社会从蒸汽机时代进入今天的信息时代，其间共经历了四次重大科技革命。第一次发生在 18 世纪 60 年代的英国，其主要标志是蒸汽机的发明与广泛使用，谓之"蒸汽时代"；第二次发生在 19 世纪下半叶的主要工业国家，其主要标志是发电机和电动机的发明与使用，谓之"电力时代"；第三次发生在 20 世纪中期，主要标志就是原子能的发展与应用，谓之"原子能时代"；而几乎就在同一时期，电子计算机的发明、发展与广泛应用，又将人们带入了"信息时代"，称之为第四次科技革命。这四次科技革命其间经历了近 200 年的时间。

但是，自从人类社会进入 20 世纪中期以来，重大科技革命接连出现，自原子能的利用开始（1945～1955 年），现代科技又经历了几次重大革命：以人造地球卫星的成功发射为标志，人类开始摆脱地球引力向外层空间进军（1955～1965 年）；以重组 DNA 实验的成功为标志，人类进入了可以控制遗传密码和生命的新阶段（1965～1975 年）；以微处理机的大量生产和广泛使用为标志，揭开了扩大人脑能力的新篇章（1975～1985 年）；以软件开发和大规模产业化为标志，人类进入了信息革命的新纪元（1985～1995 年）；以克隆羊的培育成功为标志，开创了无性繁殖的新天地（1996 年）。上述科技革命哪一次给人类社会带来的影响都不亚于 18～20 世纪中叶的四次科技革命中的任何一次，而且其间隔仅为 50 多年。

（二）21 世纪技术发展之于技术教育的意义

21 世纪的技术主要体现为计算机、电子技术、信息技术和生物技术的综合应用，它们将推动 21 世纪走向经济与社会发展的新的顶峰，预示着制造技术、通信技术、交通运输技术、农业技术、建筑技术、动力与能源技术将呈现出新的风貌。21 世纪的技术发展对工业、农业、生活所能产生的可预见的影响，对于我们设计面向未来的技术教育具有重要的意义。以电子技术为例，电子技术的发展已经使计算机广泛应用于工农业生产、学校教育、企业管理和生活的各项活动之中。它还改变了传统的工业生产方式，使得按消费者个人需要量身定

做来组织生产成为可能，因为这种生产方式的改变只需要改变一下程序设置，而不再需要更换生产线。可以想象，计算机技术将是未来技术教育最重要的课程内容之一。

21世纪的技术发展对于技术教育的另一种意义在于，信息将替代金钱、商品和资本等物质性财富而成为最重要的资源。21世纪最需要的技能是将已有知识与信息获取结合起来以解决问题的技能，高中生学会学习的意义就在于此。网络为信息处理带来了便利，21世纪的工作场所将是网络化的场所，工作人员需要处理大量的信息，人们职业生涯的成功将取决于个人利用信息解决实际问题的能力。人们不仅可以在家里通过网络或通过其他通信方式进行信息操作，利用无线设备，即使身处偏远，也一样可以获取和处理工作信息。与这种网络化工作场所相联系，通信技术系统将变得非常重要，利用便利的通信技术，未来的工人可以面向全球市场提供生产设计服务。在企业内部，生产的高度自动化替代了大量人力，设计与问题解决将成为未来生产技能的核心。而设计与问题解决能力正是技术教育所倾力追求的目标。

全球还面临着一个共同的危机——能源危机。全球每年消耗的能源相当于100万年由陈腐物形成的石油资源。能源危机不仅引起了经济的通货膨胀，而且引起了工业化国家和石油生产国之间的冲突。能源危机既是传统技术大量消耗能源的后果，也是新能源技术得以产生和发展的刺激点之一。寻找无污染的、可再生的新能源是当代世界所面临的共同课题。不仅风能、水能、太阳能、潮汐能等这些自然能源的开发价值越来越大，而且人类探索新型能源的步伐从来就没有停止过，和平利用原子能就是这个征程中的一个重要的里程碑。现在人们又将目光投向一种新型能源——氢。氢能源是一种真正的无污染、可再生的能源。不过，要真正地使氢能技术得到实际推广和使用，还要考虑设计与氢能技术相适配的技术体系。

在世界各国都在研究新型能源技术的形势下，让高中学生接受有关能源开发的技术教育，使他们具有初步的能源意识和基本的能源知识，了解一些基本的能源开发方法，对于他们成为21世纪有所作为的人，显然是非常重要的。

二、未来技术教育的主要特征

社会的变化，技术的进步，必然会使21世纪的技术教育带上时代特征，体现在以下几个方面。

（1）将更加强调问题解决能力的培养。由于技术应用的普遍性和所遇问题的不可预测性，要求就业者既能使用技术，又有高水平的问题解决能力。为此，技术教育将更加积极地向学生传递基本技术系统的过程知识，发展其心智过程，提高其思维水平。同时，还要努力提高学生关于"科学—技术—社会—环境"相互联系的意识，使他们能从更宽广的视野来看待技术问题。

（2）将更加强调理解和使用计算机系统的能力。目前，各种公司、组织，无论大小，都在使用以往只有大公司才使用的基于计算机的技术系统。所以，为了增强学生的社会适应能力，必须在高中阶段就接受计算机使用方面的教育，特别是要发展利用计算机系统生成电子表格和进行设计与加工制造的能力。

（3）将更加强调信息技术与通信技术教育。信息技术与通信技术的飞速发展，要求学生在掌握了最基本的相关技术后，还要尽可能了解与掌握目前最流行的技术和新出现的技术，以获得更多的就业机会。

（4）将更加强调新型能源技术的学习。在传统能源日益危机的情况下，新型能源技术将会越来越受到重视。寻找廉价的、环保的、可再生的新型能源是世界各国所共同关心的课题，也将是技术教育的重要内容。

（5）将更加强调新型农业与生物技术的开发与利用。新型农业与生物技术的开发与利用，将使传统农业重放异彩。生物技术在农业中的应用，将大大提高农业产品的品质与产量。绿色产品之于健康的重要作用将使绿色消费成为未来消费的核心理念。特别是像我国这样的农业大国，强调农业与生物技术教育意义格外重大。

（6）将更加强调计划能力的培养。为了顺利解决问题，必须调配和利用好技术资源。为此，必须具有预先计划和综合协调的能力。这有利于提高资源利用率、节约资金、降低成本、提高效益。

（7）将更加强调科学、技术和数学的跨学科技术活动。技术本身就是一种综合的知识体系，具有跨学科的本质特点。技术教育的跨学科活动将使技术教育保持旺盛的生命力。

（8）技术实验室将成为学校技术教育的中心。在技术实验室，学生可以在技术探索活动中发展多方面的基本技能。或许，技术教育可以成为 21 世纪重构学校教育与学习生活的基本价值理念和概念框架。

结　语

　　技术教育首先表现为一种价值判断，它与科学教育、人文教育、美育、德育一样，是普通中学必不可少的教育领域。建立了这样的概念，方可再考虑技术教育的事实安排。不论以何种形态存在，技术是普通高中课程结构不可或缺的重要组成部分，它代表了与传统学科的学术品性相对应的另一种课程品性——实践与行动品性。技术教育活动并不是单纯机械的技能训练，也不是纯粹抽象的心智发展，它是动手（hands-on）与动脑（minds-on）相协调的活动。由"劳动技术教育"到"技术教育"基本表征了我国普通高中技术教育的发展轨迹，这与国际技术教育由工艺教育到技术教育的发展路线虽"同归"而"殊途"。传统"劳动技术教育"折射了我国高中教育曾有的语境与思维，今天，从概念名称至理念内涵，它已不合时宜。我国普通高中技术教育需要也正经历着概念重建的苦乐之旅。技术素养教育已经成为当代技术教育的主旋律。普通高中技术教育是学生全面发展的一个独特的知识领域。虽然技能发展依然是其目标之一，也不排除学生从中接受一定的职业训练。但是，其最主要的目标却在于发展学生的以问题解决能力为核心的技术素养，发展学生的心智过程是普通高中技术课程设计的基本价值理念，这是当代技术教育的目标转向在高中教育中的体现。高中阶段的技术教育还要树立科际整合思维，要培养学生敏锐地理解技术与其他学科（如物理、数学、化学等）的关系。构建普通高中技术课程，既要重视"内容"，更要重视过程。学生问题解决能力的发展与具体的技术内容是融合在一起的。制造技术、通信技术、交通运输技术、建筑技术、动力与能源技术、农业与生物技术已成为技术课程开发的主要技术领域。信息技术可以与所有技术领域相结合。技术课程一般以模块作为实施单位。实施普通高中技术教育的路径有多种，除专门设置独立的技术课程外，技术教育还可以贯穿于全部学校课程，也可以将技术教育融入 STS 教育，还可以通过中心项目的设计与制作活动来进行技术教育。技术教学有独特的理论基础。在课程形态上，技术教育可以作为综合实践活动（含研究性学习）的领域，也可以作为校本课程开发的领域。当然，它更主要地呈现为模块课程。

技术是实际做事的系统性行动知识，它一般要涉及工具、材料、设备、资金等资源的配置与操控。当代技术与科学有着十分密切的关系，但总体来说，两者并不完全相同。技术与科学的根本不同，在于它的行动本质。技术的课程与教学论意义在于，它不仅凝结了人类的文化与智慧，是高中课程开发的重要内容，而且还是独特的知识融合与智慧统整的大熔炉。技术与各种知识、智慧错综复杂地"纠缠"在一起，形成做事的行动智识。技术既是各种智识的"凝结体"，也是各种知识的组织者。就做事的意义而言，没有了技术，其他智识就是一片散沙，甚至不称为智识。技术过程本身提供了一种全息的、统整的和行动的课程经验，代表着组织、表达、传递和解释知识的一种独特方式，代表着课程与教学理论研究的新视阈、新范式和新天地。

普通高中技术教育具有独特的功能与价值。同时，它还具有学科整合的功能与价值。技术教育可以与科学教育、人文与社会教育协调整合，与科学、数学、历史、社会学、文学、艺术等相结合。由此，技术教育可以恒久保持其生命力，学校也因而能发挥其综合培养力，为学生适应快速变化的技术世界打下了坚实宽厚的技术素养基础。技术教育的理论与实践存在一定的落差，这本属正常。但我国技术教育理论研究的薄弱，加重了国际最先进的技术教育理论与我国技术教育现实的反差。这个反差既体现在目标理念上，也体现在课程开发及实施上。在我国，普通高中技术教育还没有成为一种为了学生的终身发展而自觉地进行的行动。目前我国正在进行的普通高中技术课程实验，"信息技术"情况良好，而"通用技术"状况堪忧，师资调配与实验室建设是其最主要的资源瓶颈。顺利实施普通高中技术教育需要配套政策的支持与驱动，尤其需要以高考为核心的考试政策的推动。

技术是人们用来拓展人类能力以及满足人类需要和欲望的过程，是多种多样的知识的集合，它表征着人类解决问题的行动方式。今天的技术愈益彰显其复杂的社会属性，不仅意味着设计与技能，还涉及管理、规划、资金和调研等活动。面对国际技术教育的发展和我国课程改革实践的需要，我们应该放眼国际动态，把握时代脉搏，革新思维方式，立足本土行动，以独特的智慧，去开拓我国普通高中技术教育的未来！

参考文献

爱德华·B. 泰勒 . 2004. 人类学 . 连树声译 . 桂林：广西师范大学出版社

鲍龙 . 1997. 我国劳动技术课发展方向探讨 . 课程·教材·教法，（5）：51，52

贝尔纳·斯蒂格勒 . 2000. 技术与时间 . 裴程译 . 南京：译林出版社

编辑部 . 2002. 非洲的科学、技术和数学教育状况 . 全球教育展望，31（2）：21～23

伯恩茅思·伯勒，卡比尔·谢赫 . 2002. 科学、技术和数学教育的全球展望 . 全球教育展望，
  31（2）：17～20

布鲁贝克 . 1998. 高等教育哲学 . 王承绪译 . 杭州：浙江教育出版社

蔡华强 . 2003. 注重劳技教学过程中对学生研究性学习的指导 . 上海教育科研，（6）73，74

陈昌曙 . 1999. 技术哲学引论 . 北京：科学出版社

陈桂生 . 1989. 略论我国中小学劳动技术教育的演变 . 课程·教材·教法，（10）：13～16

陈玉琨，钟海青，江文彬 . 1998. 90 年代的美国基础教育 . 桂林：广西师范大学出版社

成有信 . 1983. 马克思主义的综合技术教育理论 . 教育研究，（2）：13～17

程可拉，胡庆芳 . 2005. 美国高中课程百年发展轨迹的原因分析与启示 . 比较教育研究，（2）：
  29～34

程显毅等 . 2001. 软件 agent 是一个计算实体 . 计算工程与设计，22（1）：41～47

从立新，章燕 . 2005. 澳大利亚课程标准 . 北京：人民教育出版社

崔允漷，柯政，林一钢 . 2004. 我国普通高中课程计划的历史演变 . 教育研究，（1）：86～91

丁邦平 . 2002. 国际科学教育导论 . 太原：山西教育出版社

丁曙 . 1998. 俄罗斯新的基础教学计划 . 课程·教材·教法，（9）：58～61

高宇征 . 2001. 20 世纪中国中小学课程标准·教学大纲汇编，音乐·美术·劳技卷 . 北京：人
  民教育出版社

官必京 . 1995. 劳动技术教育新论 . 南京：南京师范大学硕士学位论文

龚威 . 1987. 美国在中学里开设《技术原理》. 外国中小学教育，（5）：35

龚云良 . 1998. 孔明灯起飞条件和简易孔明灯制作 . 物理教师，19（4）：22

顾建军 . 2002. 世界各国高中技术类课程设置及其启示 . 职教通信，（1）：57～60

顾建军 . 2004. 技术知识的特性及其对职业教育的影响 . 教育与职业，（29）：16～18

顾建军 . 2004. 普通高中技术课程标准实验教科书《技术与设计 1》. 南京：江苏教育出版社

顾建军.2004.普通高中技术课程标准实验教科书《技术与设计2》.南京：江苏教育出版社

顾建军.2004.新课程结构中的普通高中技术课程.人民教育，(24)：31，32

郭华.2005.评教学"回归生活世界".教育学报，(1)：17~26

国际21世纪教育委员会.1996.教育——财富蕴藏其中.北京：教育科学出版社

国际技术教育协会.2003.美国国家技术教育标准——技术学习的内容.黄军英等译.北京：
　科学出版社

国家教委基教司高中处.1989.关于普通高中性质、任务、培养目标、办学模式、课程设置等
　问题的调查.课程·教材·教法，(11)：5~9

国家教育委员会基础教育司，课程教材研究所.1997.普通高中课程改革研究与实验.北京：
　人民教育出版社

哈贝马斯.1999.作为"意识形态"的技术与科学.李黎，郭官义译.上海：学林出版社

韩达.1956.苏联实施综合技术教育的经过及其现状.北京：新知识出版社

胡军.2000.加拿大安大略省科学技术课程改革评价.课程·教材·教法，(6)：56~61

胡塞尔.1992.纯粹现象学通论.李幼蒸译.北京：商务印书馆

华东师大教育系教育学教研室.1980.教育学参考资料.北京：人民教育出版社

江山野.1992.美国高中的课程门类.课程·教材·教法，(6)：57~60

江山野.2001.外国中学课程设置.石家庄：河北教育出版社

蒋民华.1996."863"计划中的新材料技术.百科知识，(5)：17，18

教育部.2003.普通高中化学课程标准（实验）.北京：人民教育出版社

教育部.2003.普通高中技术课程标准（实验）.北京：人民教育出版社

教育部.2003.普通高中课程方案（实验）.北京：人民教育出版社

教育部.2003.普通高中生物课程标准（实验）.北京：人民教育出版社

教育部.2003.普通高中物理课程标准（实验）.北京：人民教育出版社

教育部基础教育司，师范司.2004.技术课程标准研修（通用技术）.北京：高等教育出版社

金含芬.1991.国外中学教育.北京：中国科学技术大学出版社

克鲁普斯卡雅.1959.克鲁普斯卡雅教育文选.北京：人民教育出版社

拉塞克S，维迪努G.1992.从现在到2000年教育内容发展的全球展望.马胜利，高毅等译.
　北京：教育科学出版社

劳凯声，肖川，丁东.1998.教育与生产劳动相结合问题新探索.长沙：湖南教育出版社

李臣之.2004.普通高中综合实践活动课程目标与内容浅析.教育科学研究，(8)：36~39

李慧君.2001.20世纪中国中小学课程标准.教学大纲汇编.课程（教学）计划卷.北京：人
　民教育出版社

李骏修，吴锦骠，张社.1998.中小学科技教育的实践思考.北京：科学出版社

李约瑟.1986.李约瑟文集——李约瑟博士有关中国科学技术的论文和演讲集.潘吉星，陈养
　正等译.沈阳：辽宁科学技术出版社

李约瑟，王玲.1990.中国科学技术史.北京：科学出版社

李泽鹏.1992."中学毕业文凭要成为进入工作场所的证书".课程·教材·教法，(3)：56

联合国教科文组织国际教育发展委员会 . 1996. 学会生存 . 华东师范大学比较教育研究所译 . 北京：教育科学出版社

梁宁建 . 2003. 当代认知心理学 . 上海：上海教育出版社

梁英豪 . 2000. 科学教育发展的一个重要方向：科学—技术—社会（STS）. 课程・教材・教法，（5）：54～58

列宁 . 1956. 论综合技术教育 . 教育译报，（1）：1，2

林永丰 . 2002. 后期中等教育课程的改革趋势——一个泛欧洲的观点 . 教育研究集刊（台湾），（1）：35～63

刘潮 . 1989. 国外普通教育劳动技术课初探 . 外国教育，（5）：45～48

刘世峰 . 1993. 中小学劳动技术教育 . 北京：人民教育出版社

刘世峰 . 1996. 中国教劳结合研究 . 北京：教育科学出版社

吕达 . 1989. 英国第六级及其课程与考试（上）. 课程・教材・教法，（7～8）：51～56

马开剑 . 2005. 劳动技术教育反思与重建 . 中国教育学刊，（9）：45～48

马克思 . 1957. 给临时中央委员会代表的关于几个问题的指示 . 教育译报，（1）：1，2

美国科学促进协会 . 2001. 科学素养的基准 . 中国科学技术协会译 . 北京：科学普及出版社

美国科学促进协会 . 2001. 面向全体美国人的科学 . 中国科学技术协会译 . 北京：科学普及出版社

南京师范大学教育系 . 1984. 教育学 . 北京：人民教育出版社

潘可扬，潘卫东 . 2001. 跨世纪日本的技术教育改革对我们的启示 . 苏州教育学院学报，18（3）：80～83

亓殿强 . 1998. 中小学现代科技教育导论 . 青岛：青岛海洋大学出版社

乔治・巴萨拉 . 2000. 技术发展简史 . 周光发译 . 上海：复旦大学出版社

让・特拉利尔 . 1997. 科学和技术对文化的挑战 . 吕乃基，王卓君，林啸宇译 . 北京：商务印书馆

汝骅 . 2002. 俄罗斯中小学的劳动教育与综合技术教育 . 苏州教育学院学报，19（1）：96～99

上海市教育委员会 . 2004. 上海市中小学劳动技术课程标准（试行稿）. 上海：上海教育出版社

斯卡特金 M H. 1982. 现代教学论问题 . 张天恩译 . 北京：教育科学出版社

斯托弗 C P. 1987. 技术的概念 . 见：邹珊刚 . 技术与技术哲学 . 北京：知识出版社

宋景文 . 1995. 中小学劳动及劳动技术教育的困境及出路 . 教学与管理，（1）：11～13

孙国友 . 1995. 对普通高中选修课程理论和实践的思考 . 基础教育研究，（2）：6，7

孙可平 . 2001. STS 教育论 . 上海：上海教育出版社

唐以志 . 2000. 关键能力与职业教育的教学策略 . 职业技术教育，（7）：8～11

土井共志智，长谷川淳 . 1983. 技术学科教育法 . 应俊峰译 . 上海：华东师范大学教育科学研究所

托・亨・赫胥黎 . 1990. 科学与教育 . 单中惠，平波译 . 北京：人民教育出版社

汪霞 . 1992. 英国第六学级的课程设置 . 外国中小学教育，（2）：6～8

汪霞.1998. 国外中小学课程演进. 济南：山东教育出版社

汪亚利.2004. 英国第六学级的课程改革研究. 上海：华东师范大学硕士学位论文

王斌华.1994. 澳大利亚中学普通教育与职业教育的一体化趋势. 现代教育论丛，(5)：45～52

王斌华.1995. 今日美国综合中学. 外国中小学教育，(3)：7～11

王斌华.1996. 奥地利普通教育与职业教育的一体化趋势. 外国教育资料，(1)：13，21～25

王斌华，马小文.1996. 中学普通教育与职业教育一体化的综合研究报告. 外国教育资料，
(5)：46～52

王定华.2003. 美国中小学课程考察. 课程·教材·教法，(12)：59～66

王继麟译.1958. 综合技术教育问题讨论的几个结论. 教育译报，(2)：11～13

王娟娟.2004. 美国高中职业技术教育改革的新进展——生计和技术教育. 西南民族大学学
报，(3)：380～384

王凯.2002. 英国普通高中课程研究. 全球教育展望，31 (3)：12～17

王治君.1999. 英国公立普通中学的课程设置. 课程·教材·教法，(3)：58～61

吴昌运.1985. 教学改革要重视综合技术教育. 课程·教材·教法，(4)：1～3

吴刚.2002. 知识演化与社会控制. 北京：教育科学出版社

吴刚平.2002. 校本课程开发. 成都：四川教育出版社

吴国盛.2002. 科学的历程. 第二版. 北京：北京大学出版社

吴靖国.2002. 技职教育哲学探究——亚里斯多德对技术的阐释. 科技学刊，11 (3)：227～233

细夫俊夫，肇永和.1984. 技术教育概论. 王立精译. 北京：清华大学出版社

谢伟.2000. 技术和技术结构. 科学管理研究，(5)：38～39，69

星野芳郎.1987. 技术与技术科学. 见：邹珊刚. 技术与技术哲学. 北京：知识出版社

徐国庆.2004. 实践导向职业教育课程研究. 上海：华东师范大学博士学位论文

徐玉珍.2001. 校本课程开发：背景、进展及现状. 比较教育研究，(1)：24～28

徐玉珍.2003. 校本课程的开发理论与案例. 北京：人民教育出版社

杨震云.2003. 一节澳洲科学课的授课实录. 外国中小学教育，(5)：42～44

叶飞.1987. 在普通中学开展劳动技术教育的实践和探索. 课程·教材·教法，(11)：20～23

叶澜.1999. 教育研究方法论初探. 上海：上海教育出版社

叶立群.1981. 中小学课程设计中的三个问题. 课程·教材·教法，(7)：10～15

叶立群.1987. 中小学课程改革探讨. 见：肖敬若，江山野，武永兴. 普通教育改革. 北京：
人民教育出版社

叶玉华.1985. 斯卡特金论综合技术教育. 外国中小学教育，(2)：21，22

于慧颖.2001. 深化劳动技术教育课程改革的思考. 教育研究，(12)：47～51

于慧颖.2003. 英国中小学"设计与技术"课程成功发展的策略及启示. 课程·教材·教法，
(9)：68～71

于慧颖.2004. 劳技教育教学应引导学生从"动手做"到"动脑做". 中国教育学刊，(12)：25～28

远德玉，陈昌曙.1986. 论技术. 大连：辽宁科学技术出版社

张华.2001. 经验课程论，上海：上海教育出版社

张焕庭.1980.西方资产阶级教育论著选,北京:人民教育出版社

张建成,陈溪光.2005-11-05.义乌发现最早小学劳技教科书.文汇报,第4版

张剑平.2003.信息技术教育:概观与展望.北京:高等教育出版社

张民生.2001.普通高中研究性学习案例.第一辑.上海:上海科技教育出版社

张民选.1991.技术:英国学校教育中的基础课.外国教育动态,(1):40~43

赵中建.1992.伊索克拉底教育思想初探.华东师范大学学报(教育科学版).(3):29~38

赵中建.2001.美国基础教育课程改革的动向与启示.全球教育展望,(4)17~24,39

赵中建.2002.面向全体美国人的技术——美国《技术素养标准:技术学习之内容》述评.全球教育展望,31(9):42~48

赵中建.2003.普通高中的课程设置和学分制——美国拉德纳高中个案分析.全球教育展望,(2):30~36

赵中建.2004.美国州级技术教育标准研究.全球教育展望,(1):42~47

赵中建,孙文正.2003.21世纪国际社会的战略选择——重视教育发展与人力资源开发.教育发展研究,(4~5):53~58

中国教育学会物理教学专业委员会,湖北省教学研究室.2000.物理教育中的科学·技术·社会.北京:人民教育出版社

中小幼科技教育课题组,2001.中小幼科技教育研究报告.北京:科学出版社

中央教育科学研究所《纲要》课题组.2003.青少年科普创新在行动中.北京:教育科学出版社

钟启泉.1993.国外课程改革透视.西安:陕西人民教育出版社

钟启泉.1999.素质教育与课程教学改革.教育研究,(5):46~49

钟启泉.1999关于"学力"概念的探讨.上海教育科研,(1):16~19

钟启泉.2002.科学教育中若干认识论问题的探讨.全球教育展望,31(2)6~11

钟启泉.2002.综合实践活动:含义、价值及其误区.教育研究,(6):42~48

钟启泉.2002.知识社会与学校文化的重塑.教育发展研究,(1):5~9

钟启泉.2003.国际普通高中基础学科解析.上海:华东师范大学出版社

钟启泉.2003.现代课程论(新版),上海:上海教育出版社

钟启泉.2003.寻找课程范式的转型——中国大陆基础教育课程改革的进展与问题.比较教育研究,(1):6~10

钟启泉.2005.概念重建与我国课程创新.北京大学教育评论,3(1):48~57

钟启泉,杨明全.2003.普通高中课程改革的国际趋势.当代教育科学,(22):5~8

钟启泉,崔允漷,吴刚平.2003.普通高中新课程方案导读.上海:华东师范大学出版社

周寄中,梁捷.1993.科技教育学.北京:科学出版社

周青,杨辉祥,倪俊超.2004.论技术教育的重要性.课程·教材·教法,24(9):64~68

周温钰,张瑞铃.2002.中小学校课程开发与示例,北京:清华大学出版社

周勇.2002.加拿大的STS科学课程.全球教育展望,31(4):29~34

Stone J.2004.美国职业技术教育仍处在改革时期.侯波译.世界教育信息,(12):45,46

STS 教育研究小组. 1990. STS 教育的理论与实践. 杭州：浙江教育出版社

Alexander N C, Allen M, Nelson E et al. 1998. Technology education in the United States：a national survey. Tech Directions, 57 (9)：16~19

Ames E, Eijkelhof H, Gaskell J et al. 1997. Innovations in science, mathematics and technology education. Journal of Curriculum Studies, 29 (4)：471~484

Association for Science Education. 1988. Technological Education and Science in Schools. Report of the Science and Technology Sub-committee. Hatfield：ASE

Baird D. 2009-08-12. The Thing-y-ness of things：materiality and design, lessons from spectrochemical instrumentation. http：//people. cas. sc. edu/bairdd/thing. htm

Barak M , Raz E. 2000. Hot-air balloons：project-centered study as a bridge between science and technology education. Science Education, 84 (1)：27~42

British Columbia Ministry of Education and Ministry Responsible for Multiculturalism and Human Rights. 1992. Primary through graduation curriculum assesment framework practical arts strand：Technology Education. Victoria, BC：Curriculum Development Branch, Ministry of Education and Ministry Responsible for Multiculturalism and Human Rights

Britton E H, Mary A, Weinberg A S . 1999. Connecting Mathematics and Science to Workplace Contexts. Corwin Press

BSCS. 1994. Investigating Patterns of Change：Middle School Science & Technology. Kendall/Hunt Publishing Company

Bybee R W. 2003. Improving technology education：understanding reform-assuming responsibility. The Technology Teacher, 62 (8)：22~25

California Department of Education. 1987. Caught in the Middle：Educational Reform for Young Adolescents in California Public Schools. Sacramento：Author

California Department of Education. 1993. Technology Core. Draft Report

California Department of Education Industrial Arts Curriculum Committee. 1970. Guide for Industrial Arts Education in California. Sacramento：Author

Cardon P . 2002. Technology education curriculum designs in michigan secondary education. The Journal of Technology Studies, 28 (2)：142~149

Clark S C. 1989. The industrial arts paradigm ：adjustment, replacement, or extinction? Journal of Technology Education, 1 (1)：7~21

Clucas S R. 1997. Construction as a curriculum organizer for technology education. Dissertation submitted to the faculty of the Virginia Polytechnic Institute and State University in partial fulfillment of the requirements for the degree of Doctor of Philosophy in Curriculum and instruction

Connecticut State Department of Education, Division of Teaching and Leaning. 1998. Technology Education Curriculum Framework

Cross A, McCormick R. 1986. Technology in Schools. Milton Keynes, UK：Open University Press

Custer R L. 1999. Design and problem solving in technology education. NASSP Bulletin. 83 (608): 24～33

Deboer G E. 1991 . A History of Ideas in Science Education. Teachers College, Columbia University

Dede C. 2000. Emerging influences of information technology on school curriculum. Journal of Curriculum Studies, 32 (2): 281～303

DeVore P W. 1964. Technology as an intellectual discipline. Bulletin No. 5, Washington, DC: American Industrial Arts Association

DeVore P W . 1969. Knowledge—Technology and curriculum. Addresses and Proceedings of the Thirty-First Annual American Association of Industrial Arts Conference

Eisner E W . 1979. The Educational Imagination. New York: Macmillan

Eisner E W, Vallance E. 1974. Conflicting Conceptions of Curriculum. Berkeley, CA: McCutchan

Engstrom D. 2001. Ten components of a good technology education activity. The Technology Teacher, 61 (3): 6～8

Erekson T. 1992. Technology education from the academic rationalist theoretical perspective. Journal of Technology Education, 3 (2): 6～14

Flowers J. 2001. Online learning needs in technology education. Journal of Technology Education, 13 (1): 17～30

Foster P N . 1994. Technology education: AKA industrial arts. Journal of Technology Education, 5 (2): 15～30

Fouts J T, Chan J C K . 1997. The development of work-study and school enterprises in China's school. Journal of Curriculum Studies, 29 (1): 31～46

Furlong A . 1993. Schooling for jobs: changes in the career preparation of British secondary school children. Aldershot [England] ; Brookfield, USA : Avebury

Grubb W N . 1984. The bandwagon once more: vocational preparation for high-tech occupations. Harvard Business Review, 54 (4): 429～451

Hales J A, Snyder J F. 1982. Jackson's mill industrial arts curriculum theory: a base for curriculum conceptualization. Part one of a two-part series. Man Society Technology, 41 (5): 6～10

Herschbach D R. 1992. Technology as knowledge: implications for instruction. Journal of Technology Education, 7 (1): 31～42

Hill R B, Wicklein R C, Daugherty M K. 1996. Technology education in transition: perceptions of technology education teachers, administrators, and guidance counselors. Journal of Industrial Teacher Education , 33 (3): 6～22

Hindel B. 1966. Technology in Early America. Chapel Hill, NC: University of North Carolina Press. http: //scholar. lib. vt. edu/ejournals/JOTS/Summer-Fall-2002/pdf/cardon. pdf

Hurd P D . 1975. Science, technology and society: new goals for interdisciplinary science teaching. The Science Teacher, 42 (2): 27～30

Hurd P D. 2000. Transforming Middle School Science Education. Teachers College Press

International Technology Education Association. 1996. Technology for all American—A rationale and structure for the study of technology. http：//www. iteaconnect. org/TAA/PDFs/Taa_Rands. pdf

Jenkins E W. 1992. school science education：toward a reconstruction. Journal of Curriculum Studies，24（3）：229～246

Johnson S D. 1992. A framework for technology education curricula which emphasizes intellectual processes. Journal of Technology Education，3（2）：29～40

Jones A. 1998. The development of technology education in New Zealand. The Technology Teacher，58（3）：13～18

Jones A，Moreland J. 2002. Technology education in New Zealand. The Journal of Technology Studies，28（1）：130～134

Joyce B R . 1980. Learning how to learn. Theory and Practice，19（1）：15～27

Kim Chin-Soon，Land Ming H. 1994. Recent development of technology education in Korea. The Technology Teacher，53（4）：30～33

King C. 1994. Providing advice and support for the technology curriculum. The Technology Teacher，53（5）：23～26

Kornwachs K . 1998. A formal theory of technology? Society for Philosophy & Technology，4（1）：47～64

Layton D. 1993. Technology's Challenge to Science Education：Cathedral，Quarry，or Company Store? Open University Press. Buckingham，Philadelphia

Lewis T . 1995. From manual training to technology education：the continuing struggle to establish a school subject in the USA. Journal of Curriculum Studies，27（6）：621～645

Lewis T . 1999. Content or process as approaches to technology curriculum：does it matter come monday morning? Journal of Technology Education，11（1）：45～59

Lewis T. 1996. Accommodating border crossing. Journal of Industrial Teacher Education，33（2）：7～28

Lewis T，Gagel C. 1992. Technological literacy：a critical analysis. Journal of Curriculum Studies，24（2）：117～138，134

Lynch R L. 2000. High school career and technical education for the first decade of the 21st century. Journal of Vocational Education Research，25（2）：155～198

Marsic V J，Watkins K E . 1991. Continuous learning in the workplace. Adult Learning，3（1）：9～12

Marzano R J ，Brandt R S ，Hughes C S et al. 1988. Dimension of Thinking：A Framework for Curriculum and Instruction. Alexandria，VA：Association for Supervision and Curriculum Development

Mccade J M, Weymer R A . 1996. Defining the field of technology education. The Technology Teacher, 55 (8): 40~46

McNeil J D. 1977. Curriculum: A Comprehensive Introduction. Boston, MA: Little-Brown

Merrill C. 2001. Integrated technology, mathematics, and science education: a quasi-experiment. Journal of Industrial Teacher Education, 38 (3): 45~61

New Brunswick Department of Education. 1991. New Brunswick junior high school technology: curriculum guide. Frederication, NB. New Brunswick – Department of Education, Program Development and Implementation Branch

New Jersey State Department of Education. 1996. Core Curriculum Content Standards

Newkirk L V , Johnson W H. 1948. The Industrial Arts Program. New York: Macmillan. 99~146

Nganunu M . 1988. A attempt to write a science curriculum with social relevance for Botswana. International. Journal of Science Education, 10 (4) 441~448

Ornstein A C, Hunkins F P. 1998. Curriculum-Foundations, Principles and Issues. Allyn and Bacon

Osborne M D, Brady D J . 2001. Constructing a space for developing rich understanding of science through play. Journal of Curriculum Studies, 33 (5): 511~524

Parayil G. 1991. Technological knowledge and technological change. Technology and Society, 13 (2): 289~304

Perrin J . 1990. The inseparability of technology and work organizations. History and Technology, 7 (1): 1~13

Petrina S , Volk K. 1995. Industrial arts movement's history, vision, and ideal: relevant, contemporary, used but unrecognized-part II. Journal of Technology Studies, 21 (2): 28~35

Polanyi M. 1958. Personal Knowledge: Toward a Post-Critical Philosophy. The University of Chicago Press

Popper K. 1972. Objective Knowledge: An Evolutionary Approach. Oxford: Clarendon Press

Pratt D. 1994. Curriculum Planning. Harcourt Brace College Publisher

Rasinen A. 2003. An analysis of the technology education curriculum of six countries. Journal of Technology Education, 15 (1): 31~47

Roberts P, Clark D. 1994. Integrating technology education and tech prep. The Technology Teacher, 53 (6): 43, 44

Rosengrant D. 2003. Physics in the realworld—Teaching outside the textbook. Technique, 78 (2): 58, 59

Roy R. 1990. The relationship of technology to science and teaching of technology. Journal of Technology Education, 1 (2): 5~18

Rudolph J L. 2000. Reconsidering the " nature of science" as a curriculum component. Journal of Curriculum Studies, 32 (3): 403~419

Sanders M E. 1999. Technology education in the middle level school: its role and purpose,

NASSP Bulletin, 83 (608): 34～44

Sanders M. 2001. New paradigm or old wine? The status of technology education practice in the United States. Journal of Technology Education, 12 (2): 35～55

Satchwell H, Dugger W. 1996. A united vision : technology for all Americans. Journal of Technology Education , 7 (2) : 5～12

Savage E, Sterry J. 1990. A Conceptual Framework for Technology Education. Reston, VA: International Technology Education Association

Secretary's Commission on Achieving Necessary Skills (SCANS) . 2006-06-06. Final Report Available. http: //www. academicinnovations. com/report. html

Siraj-Blatchford J, Macleod-Brudenell L. 1999. Supporting Science, Design and Technology in the Early Years. Open University Press

Smith D R. 1996. Manufacturing technology education development project. Project accomplishment summary for 91-Y12P-050-A1

Toffler A. 1990. Power Shift: Knowledge, Wealth, and Violence at the Edge of the 21st Centry. New York: Bantam Books. Pxix

Trowbridge L W, Bybee R W , Powell J C . 2000. Teaching Secondary School Science. New Jersey, Prentice Hall

Vaille D, Renato S. 2003. Western Austrailian school students' understanding of biotechnology . International Journal of Science Education, 25 (1): 57～69

Valesey B G . 1996. Maryland high school principals' perception of technology education. Dissertation presented in partial fulfillment of the requirement for the degree of doctor of philosophy in the graduate school of The Ohio State University

Villani C J . 1998. A Synthesized Curriculum for the 21st Century. University Press of America, Inc.

Wanami S I. 1995. Middle School Technology Education Curriculum Model for New Brunswick. A Thesis Proposal Submitted in Partial Fulfilment of the Requirements for the Degree of Master of Education in the Faculty of Education. The University of New Brunswick

Warner W E. 1928. Policies in Industrial Arts Education. Columbus, OH: The Ohio State University Press

Wicklein R C . 1993. Identifying critical issues and problems in technology education using a modified-Delphi technique. Journal of Technology Education, 5 (1): 54～71

Wicklein R C . 1997. Curriculum focus for technology education. Journal of Technology Education, 8 (2): 73～80

Wicklein R C, Rojewski J W. 1999. Toward a "unified curriculum framework" for technology education. Journal of Industrial Teacher Education, 36 (4): 38～56

Wilber G O , Pendered N C . 1967. Industrial arts in general education. Man, Society, and Technology, 35 (7): 207～209

Wiles J，Bondi J C. 1984. Curriculum Development: A Guide to Practice. Columbus，OH: Bell and Howell

Wright S. 2003. Advancing the concept of technology education. Technique，78（3）: 26~29

Yousef E M A . 2000. The influence of an integrated math，science and technology education program on students' performance on the state of Ohio math and science sub-sections of the 9th grade proficiency test in a selected high school. Dissertation presented in partial fulfillment of the requirement for the degree of philosophy in the graduate school of The Ohio State University.

Zargari A，MacDonald K. 1994. A history and philosophy of technology education. The Technology Teacher，53（8）: 7~11

Zuga K F. 1987. Trapped in a technocratic ideology. the American Educational Research Association Conference. Washington，DC

Zuga K F. 1989. Relating technology education goal to curriculum planning. Journal of Technology Education，1（1）: 32~53

后　记

原以为，辍笔的那一刻会有多么激动，却不想，太多的感慨，竟木然；太多的思绪，竟无语！终于画上了最后的句号，就要与读者见面了，有些高兴，更多的是惴惴。

我的导师赵中建教授一直关注着本书的写作与出版。其间，他倾其大智，诲我不倦，点钝化愚，语睿情真，唯望我早日悟慧，其情切切，其诚昭昭！更有兄弟朋友般的礼遇，常使我受宠无措；又学习、生活、工作三重关心，常令我恍如与挚友知心家常。本书字字句句，皆凝聚着赵教授的关爱与教导之情。纸短情长，书不尽言，言不尽意！

本书的出版，印证着我对钟启泉教授、夏志芳教授的由衷感激；表达着我对聊城大学副校长李剑萍教授的特别感谢；同样，感谢好友于源溟、赵长林、黄富峰、陈黎明博士/教授的真诚鼓励和热心支持。

研究与写作是艰辛的，已年过四十的我，体质添乱倒在其次，唯百感苦怀，常扰心绪。回首往事，步履曲弯，无知与幼稚一路撒满，铸就悔恨与伤感；今虽斗志犹存，怎奈时光不再回转。寒窗期间，虽清冷酷热，亦难抵亲情波澜；亲人音容笑貌、往日生活场景，幕幕常泛心间。

逝去的父亲，他在天之灵可曾感知到我对他的怀念？再贫苦的日子，也从未动过让我辍学的念头，他那时肯定未想今后多么远。忘不了小时候，每个冬天的早上，都是他给我烤好棉衣、扎好裤腿，然后催我去上学，其舐犊深情润儿心间！现已81岁的母亲每次见到儿子，脸上都闪出幸福的光芒，傻傻地，只看我，微笑着，却少语，像怕我再跑了。偶尔几句，却是重复了多少遍的关切："你的脖子还疼不？"接她来与我小住几天，就这间屋那间屋的几步，她几分钟看不到我，就要频频转头乃至起身找寻……亲娘啊，你的神情表露着人间最美的情感，让我心颤、心馋、心暖。妹妹只比我小两岁，当年与我同时上学，聪恩同我，却因家庭困难，她牺牲自己退学去挣工分，今在农村过着扛一天货包才挣10余元钱的日子——命运竟是这样的折磨人心！对爱女的想念，是我努力的根源。忘不了 2003 年 9 月我离家去沪读博时，女儿手扶阳台铁栏撕心裂肺的哭叫；忘不了仅 3 周后我径直去教室门口接她回家时，伴着一声"你终于回来了"的长哭不已。她的哭、她的泪，或许是出于本能，这本能性的东西，就是最真最纯的亲情了吧！女儿心善重情、美雅大气、聪敏好学，是我的生命延续与情感寄托。常夜半醒来，爱女恍若眼前，遂绞心、蜷身、不眠，对她发自心底的爱恋无法语言。孤灯清影的日子，我像一只失去动力的漂船，没有方向，看不见岸边。是天道不忍，送春风吹临，润枯木昭苏，使我再鼓人生风帆，步入信心的航线。

　　研究与写作过程得到了太多的帮助。感谢上海市华东模范中学给予的有力支持；感谢狄世深、张海燕、郑彩华、张正锋、孔明、吴双磊等博士（硕士）给予的资料帮助；感谢田良臣、张树德、黄和林、于家太、肖玉敏、李敏、韩亚成、陈万会、丰国欣、郭富强、李冲锋、刘炜等博士的智力支援——与他们的讨论，常使我茅塞顿开。还要特别感谢参加"2005 年普通高中通用技术新课程骨干教师国家级研修培训"山东班的学员，他们回复的调查邮件，伴着浓浓的乡情，带来了高中技术教育实践最真实的一线信息，也使本书有了说话的底气。

　　本书的出版得到了聊城大学出版基金和聊城大学课程研究中心的资助，得到了科学出版社科学人文出版中心胡升华主任和责任编辑付艳、樊飞的热心帮助，在此向他们表示衷心的感谢！

　　感谢所有帮助和影响过我的人！

　　感谢美丽的华东师大！

马开剑

2010 年 5 月 6 日